高等学校公共管理类专业系列教材

管 理 沟 通

GUANLI GOUTONG

主　编　郭玲玲

副主编　张　平

参　编　张　静　吴宪玲　牛伟盼

　　　　秦宝龙　刘世鑫

主　审　杜红梅

西安电子科技大学出版社

内 容 简 介

本书聚焦大健康行业的管理沟通，以大健康行业工作人员的从业场景为研究范畴，围绕体检中心的管理沟通、社区卫生服务中心的管理沟通、医务人员的管理沟通和大健康行业的企业管理沟通 4 个项目展开讨论。全书包括 10 个任务，每个任务前设置学习目标、课前预习、场景导入；任务中介绍相关知识，同时引用相关案例以增进读者理解；每个任务末配有内容小结和习题，以便读者梳理相关知识点，巩固所学内容。

本书可以作为高等学校医学类、公共管理类相关专业的教材，也可作为大健康行业工作人员的学习参考书。

图书在版编目(CIP)数据

管理沟通 / 郭玲玲主编. -- 西安 ：西安电子科技大学出版社，
2025. 7. -- ISBN 978-7-5606-7732-3

Ⅰ. R199.2；C93

中国国家版本馆 CIP 数据核字第 202588U60B 号

策　　划　刘小莉
责任编辑　郭　静　汪　飞
出版发行　西安电子科技大学出版社(西安市太白南路 2 号)
电　　话　(029)88202421　88201467　　　　邮　　编　710071
网　　址　www.xduph.com　　　　　　　　　电子邮箱　xdupfxb001@163.com
经　　销　新华书店
印刷单位　陕西日报印务有限公司
版　　次　2025 年 7 月第 1 版　　　　　　　2025 年 7 月第 1 次印刷
开　　本　787 毫米×1092 毫米　1/16　　　印　　张　11.5
字　　数　269 千字
定　　价　36.00 元

ISBN 978-7-5606-7732-3

XDUP 8033001-1

*** 如有印装问题可调换 ***

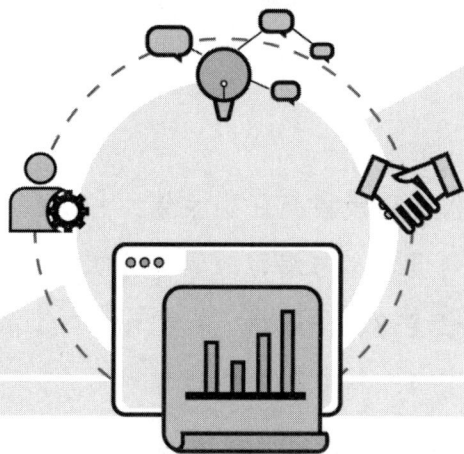

前　言

　　《"健康中国 2030"规划纲要》提出：以普及健康生活、优化健康服务、完善健康保障、建设健康环境、发展健康产业为重点。《"十四五"国民健康规划》提出：把人民群众生命安全和身体健康放在第一位，贯彻新时代党的卫生健康工作方针，全面推进健康中国建设，为群众提供全方位全周期健康服务，不断提高人民健康水平。本书是在此背景下编写而成的。本书面向大健康行业，以医药企业和大健康相关企业的管理沟通问题为切入点，以解决问题为目标，将管理沟通的基本知识及应用融入行业案例中，旨在提高学生分析问题、解决问题的能力，增强职业认同感和归属感。

　　本书在结构安排上，采用项目任务式编排方式，以具体项目和任务为主线，以基础知识和应用技能为导向进行组织和编排；在结构设计上，以学生为中心，采用课前预习任务先行，并辅以行业相关场景进行导入，每个任务末尾安排了习题，以便提升学生的综合应用能力，体现以学生的学习效果为中心的教学理念。

　　习近平总书记在党的二十大报告中指出："社会主义核心价值观是凝聚人心、汇聚民力的强大力量。"这一重要论述，深刻阐明了社会主义核心价值观的重要地位和重大意义，为我们广泛践行社会主义核心价值观，不断夯实全民族全社会休戚与共、团结奋进的思想道德基础指明了方向。本书积极响应时代号召，深入落实课程思政理念，以知识点、技能点为载体，融入思政元素，着重引领读者践行社会主义核心价值观，引导其爱岗敬业、诚实守信、换位思考、主动沟通、善于沟通。

本书由齐齐哈尔工学院郭玲玲教授担任主编，张平副教授担任副主编，杜红梅担任主审，张静、吴宪玲、牛伟盼、秦宝龙、刘世鑫参与编写。具体分工为：郭玲玲编写任务 1、任务 2、任务 3，张平编写任务 8、任务 9，秦宝龙(齐齐哈尔市龙沙区彩虹街道社区卫生服务中心)编写任务 4，牛伟盼(哈尔滨精神专科白渔泡医院)编写的任务 5、任务 6，刘世鑫(哈尔滨精神专科白渔泡医院)编写任务 7；吴宪玲(齐齐哈尔工程学院)编写任务 9；张静(齐齐哈尔工程学院)编写绪论。

由于编者水平有限、经验不足，书中难免有不足之处，恳请读者批评指正，以便再版时改进。

编　者

2025 年 4 月

目　录

绪　　论

【学习目标】

态度目标：培养管理思维，具备良好的管理沟通意识，在沟通中主动践行社会主义核心价值观。

知识目标：了解管理沟通的定义，区分管理与沟通的关系；理解管理沟通的作用，及影响管理沟通的主要因素；掌握实现有效管理沟通的策略。

技能目标：能指出案例中的沟通问题，提出解决措施。

【课前预习】

1. 什么是管理沟通？
2. 管理和沟通的关系是什么？
3. 举例说明生活中我们会扮演什么样的角色与他人进行沟通。
4. 论述在一个组织中进行管理沟通的重要性。结合生活实际，团队成员分别在组织中扮演不同角色，进行管理沟通的情景模拟，时间为 5 分钟。

【相关知识】

一、管理沟通概述

1. 管理沟通的定义

沟通是指交流信息、知识、情感或思想的过程，它是人际活动中的一个重要环节。而管理沟通则是指在组织和管理活动中，通过有效的沟通活动实现既定目标和计划的过程。著名管理学大师彼得·德鲁克(Peter Drucker)就明确把沟通看作管理的一项基本职能。无论是计划的制订、工作的组织、人事的管理，还是部门间的协调、与外界的交流，都离不开沟通。无数实践证明，良好的企业必然存在着良好的沟通机制。

管理沟通是一个满足沟通对象需求的过程，涵盖了信息传递和一系列人为活动，是信息凭借一定符号载体，在个人或群体之间从发送方传递至接收方，并获取理解的过程。管理沟通的效果受到传递信息的性质和发送方与接收方之间关系的影响。传递的信息必须清晰且明确，确保能被接收方充分理解。沟通中，用简单明了的语言和例子来解释复杂的问题，可以让沟通更加有效。有效沟通需要不断地练习和学习，人只有不断提升自己的沟通能力，才能与他人建立良好的人际关系。

2. 管理与沟通的关系

在每一项管理工作中，沟通都是必不可少的，这既包括公司内部的沟通，也包括公司与外界之间的沟通。沟通是企业组织工作的生命线，管理的过程实际上就是沟通的过程。

(1) 沟通是企业管理的核心内容和实质。缺乏沟通会导致理解的缺失，进而影响沟通双方信任的建立，最终影响工作的开展。培养良好的管理沟通意识，有目的地应用管理沟通的理论与技巧，并逐步达成在各种沟通场合下都能有效交流的效果，这是实现高效管理的关键。

(2) 沟通是企业生存发展的重要保证。日本"经营之神"松下幸之助提到，沟通一向是、现在是、将来依然是企业中的首要问题。从决策层面看，高质量的沟通能够确保企业管理层在决策时获得全面、准确、及时的信息。从团队协作层面看，团队成员之间的有效沟通能够提高工作效率，增强团队凝聚力。从客户关系层面看，高质量沟通能够提升客户满意度，促进业务拓展。

(3) 沟通是管理创新的动力源泉和必要途径。许多新的管理理念、方法、技术的出台，无不是数次沟通、碰撞的结果。企业与外部客户、合作伙伴的沟通，能够让企业及时了解市场动态、客户需求的变化以及行业的发展趋势。这些外部的信息反馈是企业进行管理创新的重要动力。有效的沟通可以使企业管理层及时了解到企业运营过程中存在的各种问题，如流程烦琐、部门协作不畅等。这些问题的暴露会促使企业进行管理创新，寻找解决问题的新方法和新途径。

3. 管理沟通的作用

美国著名未来学家约翰·奈斯比特(John Naisbitt)在其多本著作中提及管理沟通在未来发展中的重要性和影响。奈斯比特认为，未来企业的竞争将是管理的竞争，而这种竞争的重点不在于技术、资金或资源，而在于成员之间以及成员与内外部环境的有效沟通。现代企业是由多维度的组织构成的，需要利用内部和外部的资源，在多方面快速响应市场变化，使自身在竞争中占据优势。通过良好的管理沟通，企业可以在内部各层级员工之间和各业务部门之间达成协作规范、优化资源配置；同时，通过建立与外部环境和利益相关者的良好沟通管道，企业可以与外部组织之间实现信息共享与合作，提高其在市场竞争中的优势。

有效沟通在企业管理中的重要性主要表现在：

(1) 使员工思想一致、产生共识。

(2) 减少摩擦争执与意见分歧。

(3) 疏导员工情绪，消除心理困扰。

(4) 使员工了解组织环境，减少变革阻力。

(5) 使管理者洞悉真相、排除误解。

(6) 增进人员彼此间的了解，改善人际关系。

(7) 减少互相猜忌，增强团队凝聚力。

4. 管理沟通的类型

管理沟通可以从不同的角度进行分类，常见的分类方式及具体类型如下：

(1) 按照沟通方式，管理沟通可分为语言沟通和非语言沟通。

(2) 按照沟通范围，管理沟通可分为内部沟通和外部沟通。

(3) 按照沟通渠道，管理沟通可分为正式沟通和非正式沟通。

(4) 按照沟通方向，管理沟通可分为单向沟通和双向沟通。

二、管理沟通的机制与挑战

1. 管理沟通的要素和过程

管理沟通过程模型通常包含发送方、编码、媒介、接收方、解码、反馈和噪声 7 个要素。

(1) 发送方：信息的源头。在管理沟通中，发送方可能是管理者、员工等任何传递信息的个人或群体，处于信息传递的主动地位。

(2) 编码：发送方将想要传递的信息，如想法、指令、情感等，转化为接收方能够理解的形式，如语言、文字、图表、动作、表情等。

(3) 媒介：信息传递的渠道或方式，例如面对面交流、电话、电子邮件、会议、报告等。选择合适的媒介对于信息的有效传递至关重要。

(4) 接收方：信息的目标对象。在管理沟通中，接收方可以是下属、上级、同事或其他相关利益者，在沟通中处于相对被动的地位，通过听觉、视觉等感官来接收信息。

(5) 解码：接收方将接收到的信息还原为自己能够理解的内容，由于每个人的知识、经验、背景等不同，解码的结果可能与发送方的本意存在差异。

(6) 反馈：接收方在理解信息后，向发送方表达自己对信息的理解、态度或回应，使沟通成为一个闭环过程，有助于发送方确认信息是否被正确接收和理解。

(7) 噪声：在沟通中可能干扰信息传递和理解的各种因素，如环境噪声、语言歧义、文化差异、情绪因素、认知偏差等。

沟通过程模型如图 0-1 所示。反馈闭环是现代组织管理和个人职业生涯发展必备的能力之一，只有具备了这一意识，才能不断提高工作和学习效率，实现自我成长和职业发展的目标。

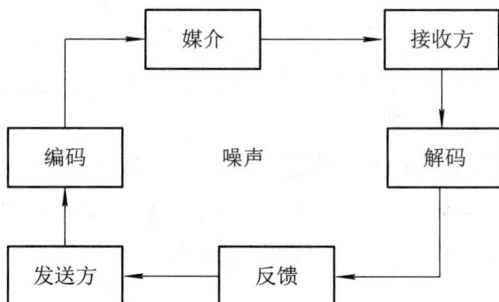

图 0-1　沟通过程模型

2. 管理沟通的主要影响因素

管理沟通的主要影响因素有认知因素、价值取向因素、任务因素与环境因素。

1) 认知因素

认知是指人类或动物对于外部或内部的信息刺激的处理，涉及知觉、注意、觉察、语言、记忆、思考、问题解决、决策制订、判断、推理等多种心理过程。人们的认知因素会直接影响沟通的效果。

(1) 在沟通过程中，需要对信息进行"解码"，这时，信息发送方的可信度，发送方对于接收方或"听众"的心理状态、理解能力和背景知识的敏感程度，都对沟通效果有显著影响。例如，若一个经理经常撒谎或提供不准确的信息，那么他的员工可能会对他的言辞产生怀疑。当这位经理再次传达重要信息时，员工可能会质疑信息的真实性，导致沟通效果不佳。相反，如果经理一直保持诚实，员工就更有可能相信他的话，从而更好地理解和执行指示。

(2) 人的背景、经历等也会影响其对信息的理解。例如，在一个多元的工作环境中，来自不同文化背景的员工可能对同一则信息有不同的理解。如果管理者没有考虑到这些差异，并使用普遍适用的语言和例子来解释信息，就可能导致误解和混淆。因此，管理者应该尽量使用简单明了的语言，并提供具体的例子来帮助员工更好地理解信息。

(3) 人们的判断力和认知能力对信息的编码与解码有很大的影响。由于同样的词语对于不同人员可能具有不同的"语义"，因而对于"同样的语言"，不同人员容易给予不同的信息加工方式，或在编码与解码之间语义不兼容，从而造成沟通偏差。例如，一位经验丰富的销售人员可能会将客户的反馈解读为对产品的不满，而一位新手销售可能会认为这是客户提出的改进建议。这种差异源于他们对相同信息的不同加工方式。为了避免因个人经验和偏见导致的沟通偏差，管理者可以鼓励团队成员分享各自的观点和理解，通过讨论达成共识。此外，定期培训和学习也有助于提升团队成员的认知能力和判断力，减少误解和偏差。

(4) 不同人员的参照框架会有较大的差异。例如，一线员工、主管等具有不同于中高层经理的参照框架，造成两者间存在内隐性的沟通歪曲和偏差。一线员工和主管通常更关注具体的工作任务和日常操作，他们对于组织的目标和战略可能没有进行全面的了解。而中高层经理则更关注整体的组织发展和战略规划，他们需要从更宏观的角度来考虑问题。此外，当一个人试图将自己的观点和想法传达给他人时，他可能会使用自己的参照框架来解释和表达，这就导致双方在沟通时可能存在内隐性的沟通歪曲和偏差，致使信息失真和被误解，从而影响管理沟通的效果。

(5) 人们在沟通中倾向于某种"选择性倾听"，并且在上行沟通中进行信息"过滤"，这会给冲突性的信息加工带来阻碍。例如，下属对上级保留不利信息。各级员工不同的选择性注意和知觉水平会在很大程度上制约沟通者对于信息的选择、筛选、搜寻、加工和反馈。

过滤是组织沟通中对不良信息传递、信息弱化常见问题的处理手段。为了克服认知方面的阻碍，需要从接收方的角度对信息加以编码和传递，并通过直接提问和回顾沟通内容等方式，减少沟通问题。管理者应该把沟通看成一种学习机会，营造双向沟通的氛围。

2) 价值取向因素

(1) 在任何沟通场景中，人的兴趣、价值观取向会影响其对信息的价值判断，价值判断是指在完整接收并理解沟通信息之后，对沟通信息赋予的价值。这一价值判断主要受个人经历和信息评价的影响。社会主义核心价值观是当代中国精神的集中体现，凝结着全体人民共同的价值追求。其中，爱国、敬业、诚信、友善是公民个人层面的价值准则，可以引导管理者在沟通中体现社会主义核心价值观，如诚实、守信、友善等，从而营造良好的沟通氛围。

(2) 信息源的可信性知觉也是影响沟通的重要因素。有研究表明，接收方的信息源可信性知觉会直接影响其观点和行动。例如，下属对来自经理的信息评价会受到他们对经理的评价，特别是他们与经理的相处经历的影响。

3) 任务因素与环境因素

(1) 沟通的时机、通道特点和所使用的媒介，对沟通质量影响很大。

(2) 任务特征是决定沟通网络模式的关键因素。如果群体的主要任务是作出决策，就需要采用全通道沟通网络，以便获取评价所有的备择方案所需要的信息；如果群体的任务主要是执行具体工作，则需要构建链式网络或轮式网络，这时，群体成员之间的沟通对于完成任务并不重要。

(3) 时间压力也是沟通的重要障碍之一。例如，时间压力会导致大脑"短路"、短时间内信息超载等。

(4) 工作环境因素和社会心理环境因素会对群体成员沟通频次和互动类型产生巨大的影响。工作环境因素包括工作场所、地理位置、办公地点等，社会心理环境因素包括群体内聚力与气氛、上下级关系、群体规范等。

(5) 电子商务和互联网的迅猛扩展，也使沟通网络得到了新的发展。

3. 阻碍有效沟通的因素

阻碍有效沟通的因素如下：

(1) 地位影响。在管理沟通中，地位的高低会对沟通效果产生影响。如果管理者处于高地位，则他们的决策会对员工产生直接或间接的影响。管理者在沟通中应关注以下问题。

① 在管理沟通中，管理者需要主动降低自己的地位，打破与员工之间的界限，建立起公开、平等和信任的沟通渠道。

② 管理者需要倾听员工的观点和建议，积极地和员工交流，让员工感受到自己的意见被重视和听取。

③ 管理者应该善于使用沟通技巧，分析沟通中遇到的问题，寻找最有效的沟通方法和途径，避免管理者与员工之间的隔阂和误解。

(2) 无反馈。缺少反馈的沟通使信息的准确性大大降低。沟通过程中，连续不断的反馈是必要的，因为无论是个体还是群体，都需要不断追踪接收方的反应，根据接收到的反应来对自身的沟通行为加以修正。在复杂的沟通环境中，有反馈的双向沟通既有助于发送方和接收方判断其理解是否有误，也可促使沟通双方全身心投入，察觉并消除误解。因此，有效的沟通需要获得对方的反馈。

(3) 语义问题。传送方和接收方由于各自的经历不同和理解方式存在差异，对于同一词语在不同环境中有着不同的看法。当人们在不同的情形下使用同一个词语或在相同的情形下使用不同的词语时，就会发生语义问题。比如，在医疗行业中，健康状况的类别和描述涉及常见的语义差异。中西方文化观念不同，对于身体健康的认识方式和描述方式也不同。在中国，很多人在描述疾病时会用到"气血不足""阴阳失调"等词语，而在西方医学中，这些术语并不被认可。在交流中，如果中西方医生与患者之间未能明确这一点，可能会导致彼此难以理解、沟通困难，从而影响治疗效果。

(4) 感觉失真。自我概念、自我理解不够完善，或是对他人的理解不够充分，都可能导致感觉失真，表现为传递的信息内容不确定，发送方不知该说些什么、怎么去说，也不知道接收方想听些什么。

(5) 文化差异。文化差异影响组织内部各部门之间的人际交流。例如，中西方的医疗观念存在差异：中医强调自然疗法和对人体整体的治疗，而西医更注重药物治疗和手术治疗；此外，中医强调对病人的个人情况进行全方位的分析和诊断，而西医则注重对客观数据和实验结果的判断。因此，在跨国健康管理公司的合作中，需要对不同文化背景的员工进行适当的培训和沟通，这能有效地协调工作和发挥最大的合作价值。

(6) 信息渠道选择不当。这指发送方知道该说什么，可是选择了错误的渠道和媒介。例如，发送一个私人的信息时，打个电话或登门造访就比书面的方式更恰当、更有效。另外，一张图片可以起到用语言无法表达的效果。在当今计算机时代，用计算机制作图片信息或其他信息是实现信息快捷传递的有效方法。

4. 管理沟通面临的挑战

1) 外部环境挑战

(1) 市场变化快速。市场环境瞬息万变，新的竞争对手、技术创新、政策法规等不断涌现。管理者需要及时、准确地将这些外部信息传递给团队成员，使他们能够迅速作出调整和应对。但由于信息具有复杂性和多变性，确保信息的及时传达和正确理解成为一大挑战。

(2) 跨文化沟通障碍。随着全球化的发展，企业的业务往往跨越不同的文化区域，不同文化背景的员工在价值观、沟通方式、语言习惯等方面存在差异，这些容易导致误解和冲突，影响管理沟通的效果。

(3) 社会舆论压力。在信息传播迅速的今天，企业的任何行为都可能受到社会人员的关注和监督。企业需要与社会公众、媒体等进行有效的沟通，以维护良好的企业形象。但舆论的导向难以完全掌控，一旦出现企业负面事件，管理者如何进行准确、及时、有效的沟通，化解危机，这是其面临的重要挑战。

2) 内部组织挑战

(1) 层级结构复杂。在大型组织中，层级过多会导致信息传递失真和延迟。信息在从高层向基层传递或从基层向高层反馈的过程中，可能会被过滤、曲解或遗漏。这会影响决策的准确性和执行的有效性。

(2) 部门间壁垒：各部门之间可能存在目标差异、利益冲突和沟通不畅的问题，形成"部门墙"。这会导致信息流通受阻，协同工作困难，影响组织的整体效率。

(3) 组织变革。企业在进行战略调整、业务转型、并购重组等变革时，需要与员工进行大量的沟通，以获得他们的理解和支持。然而，变革往往会带来不确定性和利益调整，员工可能会产生抵触情绪，增加沟通的难度。

3) 人员方面挑战

(1) 个体差异。员工在性格、价值观、教育背景、工作经验等方面存在差异，对信息的理解和接收方式也各不相同。管理者需要根据不同员工的特点，采用合适的沟通方式，确保信息能够被准确理解和接收。

(2) 沟通风格差异。有的管理者倾向于使用直接、简洁的沟通方式，而有的员工可能更习惯使用详细、委婉的表达方式。这种沟通风格的不匹配可能导致信息传递不清晰，甚至造成误解。

(3) 情绪因素。在工作中，员工可能会因为工作压力、人际关系等原因产生各种情绪，如焦虑、愤怒、不满等。这些情绪会影响他们对信息的接收和理解，也会影响他们与管理者及同事之间的沟通效果。

4) 技术应用挑战

(1) 信息过载。随着信息技术的发展，企业内部和外部的信息量呈爆炸式增长。管理者需要从海量信息中筛选出有价值的内容，并及时传递给相关人员。但信息过载容易导致信息接收方注意力分散，忽视重要信息，从而影响沟通的效果和效率。

(2) 技术更新换代快。新的沟通技术和工具不断涌现，如即时通信软件、视频会议系统、项目管理软件等。企业需要不断投入资源进行培训和技术更新，以确保员工能够熟练使用这些工具。但技术更新的速度过快，可能导致员工难以跟上节奏，影响沟通的顺畅进行。

(3) 信息安全问题。在数字化沟通中，信息安全至关重要。企业需要采取有效的安全措施，保护商业机密、员工信息等不被泄露或篡改。但随着网络攻击手段的不断翻新，信息安全管理面临着巨大的挑战。

三、实现有效管理沟通的策略

实现有效管理沟通的策略涵盖多个方面，下面介绍其具体内容。

1. 明确沟通目标与沟通内容

(1) 清晰定义沟通目标：在沟通前，明确沟通目标是传达信息、解决问题，还是作出决策等。例如，管理者计划召开团队会议，目标是讨论并确定新产品的推广方案，就需要提前梳理清楚要讨论的具体事项和期望达成的结果。

(2) 组织沟通内容：确保沟通内容完整、准确且有条理。对复杂的信息进行分类和整理，突出重点。比如，在准备项目进度报告时，将项目进展、遇到的问题、解决方案及下一步计划等内容分别阐述，使信息一目了然。

2. 选择合适的沟通渠道

(1) 根据情境选择：不同的沟通情境需要不同的渠道。紧急事项可采用即时通信工具或面对面沟通，如团队成员在项目执行中遇到突发问题，管理者应立即与相关人员当面沟通解决。而对于详细的方案、数据报告等内容，可通过电子邮件或文档共享平台进行传递。

(2) 考虑受众偏好：了解团队成员的沟通偏好，有的成员喜欢通过会议讨论交流，有的则更倾向于书面文件。管理者可以根据成员特点，在不影响沟通效果的前提下，尽量选择大家接受度高的渠道。

3. 注重倾听技巧

(1) 给予充分关注：在与他人沟通时，停下手中的其他工作，集中注意力，通过眼神交流、点头等方式表示你在认真倾听。例如，员工向管理者汇报工作时，管理者应放下手机、电脑等，专注于员工的讲述。

(2) 理解对方观点：不要急于打断或评判，努力站在对方的角度理解其观点和感受。当员工提出一个与管理者想法不同的建议时，管理者要先认真思考员工建议的合理性和出发点，而不是直接否定。

(3) 积极反馈：适时地对对方的发言进行反馈，表明你在理解并思考他的话。可以用"我理解你的意思是……，对吗？"等方式进行确认，确保信息理解无误。

4. 提升表达能力

(1) 语言简洁明了：使用简单易懂的语言，避免过于复杂的句子结构和专业术语(除非对方熟悉这些术语)。比如，在向普通员工解释财务数据时，将专业的财务词汇转化为通俗易懂的表达。

(2) 态度诚恳并尊重他人：沟通中要尊重他人的意见和感受，避免使用命令式或贬低性的语言。即使要指出问题，也应采用建设性的方式，如"我认为我们可以从这个角度再考虑一下……"。

(3) 善用非语言沟通：注意自己的肢体语言、表情和语气。保持微笑、放松的姿态以及温和的语气，都能增强沟通的亲和力和可信度。

5. 建立反馈机制

(1) 鼓励对方反馈：营造开放的沟通氛围，鼓励团队成员提出问题、意见和建议。例如，在会议结束时，留出时间让大家提问或发表看法，也可设置专门的意见箱或线上反馈渠道。

(2) 及时回应反馈：对收到的反馈及时进行回应和处理，让团队成员感受到他们的意见被重视。如果暂时无法解决问题，也要向反馈者说明情况和预计的解决时间。

(3) 利用反馈改进：将反馈作为改进管理工作的重要依据，不断调整沟通方式和工作方法。

6. 培养文化敏感性

(1) 了解文化差异：如果团队成员有不同的文化背景，那么管理者要了解他们的文化特点和沟通习惯。例如，某些文化中可能更注重集体利益，而另一些文化中尊崇个人主义，在沟通和决策时要考虑到这些差异。

(2) 尊重文化差异：在沟通中尊重不同文化背景成员的差异，避免因文化误解而产生冲突。比如，在安排工作时，要考虑不同文化中对于时间观念、工作方式的不同理解。

7. 持续沟通与跟进

(1) 保持沟通的持续性：管理沟通不是一次性的行为，而是一个持续的过程。定期与团队成员进行沟通，了解他们的工作进展和需求。例如，每周召开团队例会，每月进行一对一的绩效面谈等。

(2) 跟进沟通结果：对于沟通中达成的共识、制订的计划等，要进行跟进和监督，确保落实到位。建立相应的跟踪机制，对未完成的事项及时了解原因并协调解决。

【内容小结】

```
                              ┌─ 管理沟通的定义
                              ├─ 管理与沟通的关系
                   管理沟通概述 ┤
                              ├─ 管理沟通的作用
                              └─ 管理沟通的类型

                              ┌─ 管理沟通的要素和过程
                              ├─ 管理沟通的主要影响因素
         绪论   管理沟通的机制与挑战 ┤
                              ├─ 阻碍有效沟通的因素
                              └─ 管理沟通面临的挑战

                              ┌─ 明确沟通目标与沟通内容
                              ├─ 选择合适的沟通渠道
                              ├─ 注重倾听技巧
               实现有效管理沟通的策略 ┤─ 提升表达能力
                              ├─ 建立反馈机制
                              ├─ 培养文化敏感性
                              └─ 持续沟通与跟进
```

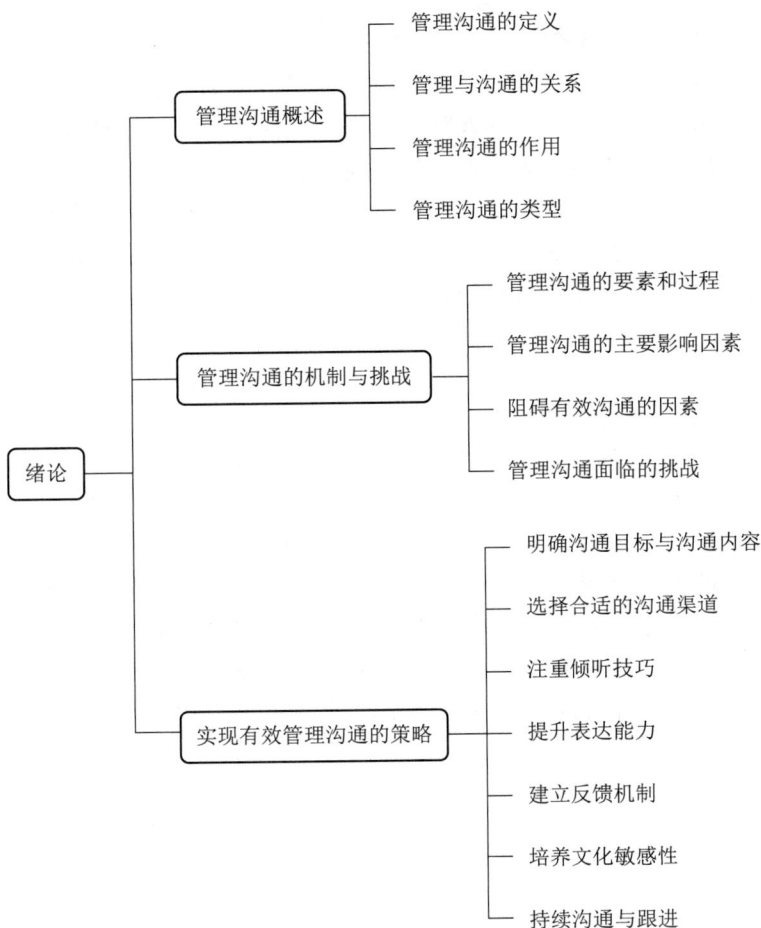

【沟通能力测试】

评价标准：

非常不同意/不符合(1 分)

不同意/不符合(2 分)

比较不同意/不符合(3 分)

比较同意/符合(4 分)

同意/符合(5 分)

非常同意/非常符合(6 分)

1. 我能根据不同对象的特点提供合适的建议或指导。

2. 当我劝告他人时，更注重帮助他们反思自身存在的问题。

3. 当我给他人提供反馈意见甚至逆耳的意见时，能坚持诚实的态度。

4. 当我与他人讨论问题时，始终能就事论事，而非针对个人。

5. 当我批评或指出他人的不足时，能以客观的标准和预先期望为基础。

6. 当我纠正某人的行为后，我们的关系常能得到加强。

7. 在我与他人沟通时，我能激发对方的自我价值和自尊意识。

8. 即使我并不赞同，我也能对他人观点表现出诚挚的兴趣。

9. 我不会对比我权力小或拥有信息少的人表现出高人一等的姿态。

10. 在与自己有不同观点的人讨论时，我将努力找出双方的某些共同点。

11. 我的反馈是明确的，直接指向问题的关键，避免泛泛而谈或含糊不清。

12. 我能以平等的方式与对方沟通，避免在交谈中让对方感到被动。

13. 我以"我认为"而不是"他们认为"的方式表示我对自己的观点负责。

14. 讨论问题时，我通常更关注自己对问题的理解，而不是直接提建议。

15. 我有意识地与同事和朋友进行定期或不定期的私人会谈。

如果你的总分是：

80～90　你具有优秀的沟通技能；

70～79　你的沟通能力略高于平均水平，有些地方尚需要提高；

70 以下　你需要严格地训练你的沟通技能。

注意：得分最低的 6 项，可作为技能学习提高的重点。

　　有效管理沟通策略是指企业或公司领导人和管理人员面对影响管理沟通的几个方面的因素时，为了克服管理沟通中的障碍，必须使用的某些技术和方法。除此之外，克服某些典型障碍的具体策略还要靠对实际情况的分析。管理沟通中的每个环节、每个阶段都存在干扰因素，必须用有效沟通管理策略解决沟通中存在的问题，从而顺利实现有效沟通。

项目一　体检中心的管理沟通

◎ 【行业背景】

体检中心是专门提供各类体检项目的医疗机构，可为个人、企事业单位、政府机构等提供健康体检和健康咨询服务。健康体检中心通过对核心器官、系统、体液、生化、影像等方面的检测，借助问诊、查体、辅助检查等手段，给出综合的健康评估和建议，旨在帮助人们了解身体的健康情况，及时发现疾病隐患并进行预防和治疗。

2017 年 12 月 1 日，《公共服务领域英文译写规范》正式实施，规定体检中心的标准英文名为 Physical Examination Center。

体检中心的顾客大部分是来自机关企事业单位的职工和部分对健康重视的个人，他们对服务的要求和期望值高于一般来院就医者。在体检工作中，这些人不但要求高效准确的体检结果，更希望在检查过程中得到高质量的服务。因此，在服务的过程中首先要树立顾客至上的思想，有为顾客服务的强烈愿望，把顾客看成自己的"衣食父母"、朋友，充分满足和尊重他们的需求，从意识上奠定良好的沟通基础。行动上，对待每一位顾客都要热情、彬彬有礼。要信奉"顾客不一定永远是正确的，但永远应该得到尊重"的理念。

本项目利用体检中心的行业案例来说明组织沟通和团队沟通的重要知识点、技能点。

◎ 【项目成果】

以团队形式模拟组建一个体检公司，项目报告中写出公司名称、业务范围、企业文化、组织机构、人员分工、沟通制度等。要求进行市场调查，结合本项目所学，书写项目报告。报告内容应齐全、禁止照搬照抄(一票否决)，排版、命名规范，正文采用小四宋体、1.5 倍行距排版，落款处写组员名字，并附组员的具体贡献。

任务 1　体检中心的组织沟通

【学习目标】

态度目标：将良好的组织沟通习惯内化为个人的行为准则，在日常学习和工作中，自觉运用组织沟通技巧，尊重他人的观点和意见，树立换位思考的意识。

知识目标：了解组织沟通的不同类型，各类沟通的特点和区别；掌握组织内部沟通、外部沟通的作用及策略。

技能目标：能够准确识别纵向沟通、横向沟通中存在的障碍；能够从给定的案例中找出组织沟通的特点，包括沟通的目的、方式、效果等，并能够总结经验教训，提出改进建议。

【课前预习】

1. 什么是组织沟通？
2. 组织沟通的类型有哪些？
3. 纵向沟通的策略有哪些？
4. 在组织沟通的过程中，有哪些常见的沟通障碍？请至少列举三个例子，并提出相应的解决方案。
5. 以思维导图形式呈现彼得·德鲁克生平及其提出的纵向沟通的相关内容。
6. 以小组为单位，选定一种组织沟通类型，设计具有典型场景的剧情，从确定主题、编写剧本、分配角色、拍摄过程、后期制作等工作着手，完成 5 分钟视频拍摄。

【场景导入】

场景描述：某体检机构通过优化内部沟通流程，显著提升了患者满意度和团队协作效率，成为行业标杆。

问题引导：为什么组织沟通在健康行业中至关重要？如何通过有效沟通创造更好的健康服务体验？

【相关知识】

一、组织沟通概述

1. 组织沟通的含义

组织沟通是指在组织内部或组织与外部环境之间，通过各种信号、媒介和途径有目的地交流信息、意见和情感的过程。组织沟通具有明确的目的，即影响组织中每个人的行为，使个人行为与组织的整体目标相适应,并最终使组织实现目标。作为日常管理活动,组织沟通应按照预先设定的方式,沿着既定的轨道、方向和顺序进行。

组织沟通往往与公司规模有关,即公司规模越大,流程可能越规范,沟通过程也就越长;而如果公司规模较小,流程可能不那么规范,沟通过程也就较短。从某种意义上讲,小公司的沟通结果容易控制,大公司的则相反。由于组织沟通是管理的日常功能,因此组织对信息传递者具有一定的约束力。

2. 组织沟通的类型

组织沟通一般分为两大类,组织内部沟通和组织外部沟通。根据不同的沟通路径、形式和载体,组织内部沟通又包括纵向沟通、横向沟通和斜向沟通。

二、组织内部沟通

1. 纵向沟通

纵向沟通是指沿着组织结构中的直线等级进行的信息传递过程,包括下行沟通和上行沟通。在纵向沟通中,自上而下进行的下行沟通是主体,而自下而上进行的上行沟通是关键。

1) 下行沟通

(1) 下行沟通的含义。

从本质上讲,下行沟通指上级作为信息发送方与下属进行沟通。传统上,下行沟通一直是组织沟通的主体,公司管理所涉及的种种职能的运作,如计划的实施、控制、授权和激励等,基本依赖下行沟通来实现。下行沟通主要包括以下各个方面。

① 让员工知晓企业重大活动的情况,如扩大再生产、市场兼并、劳资关系、利润状况、销售状况、市场份额、新产品计划、技术革新等。

② 突出企业对员工的创造力、努力和忠诚度的重视态度。

③ 探讨员工在企业里的职责、成就和地位。

④ 介绍员工所享受的各种福利待遇。

⑤ 让员工了解有关社会活动、政府活动和政治事件对企业的影响。

⑥ 让员工了解企业对社会福利、社会文化发展和教育进步所作出的贡献。

⑦ 让员工的家属了解企业,致力于营造企业凝聚力。

⑧ 让新来的员工看到企业发展的生动足迹。

⑨ 让员工了解不同部门发生的各种活动。

⑩ 鼓励员工将企业意见箱作为各抒己见的渠道。

⑪ 让外界了解企业发展。

为了达到下行沟通的目的,管理者还要注重沟通媒介和沟通时机的选择。当需要告知员工重大事件和重要信息时,必须采用较为正规的渠道。如今,越来越多的管理者在相对高效的计算机信息服务体系的协助下实施下行沟通。

(2) 下行沟通的主要形式。

按沟通的载体进行分类,下行沟通主要有以下三种形式:

① 书面形式,如指南、声明、企业政策、公告、报告、信函、备忘录等。

② 面谈形式,如口头指示、谈话、电话指示、广播、各种会议(评估会、信息发布会、咨询会、批评会)、小组演示等。

③ 电子形式,如电话会议、视频会议、传真、电子信箱和微信等。

(3) 下行沟通的障碍。

下行沟通在组织沟通中扮演着举足轻重的角色,是组织沟通的主体。但组织中下行沟通的现状又是怎样的呢?管理专家彼得·德鲁克曾尖锐地指出:"数百年来,管理者只注重向下发号施令,尽管他们表现得十分出色,但这种沟通常常无济于事。究其原因,他们仅仅关注管理者想传达的,所有传达的内容都是指令。"显然,这是一种单向沟通。而且,这种形式的沟通无一例外地将信息接收方即员工视为不犯错误的全能机器人,认为他们不仅完全接收到了信息,而且准确无误地理解了信息。单纯采用这种沟通形式的管理者不希望从下属那里得到任何反馈,这时,沟通的效果显然是不尽如人意的。

(4) 下行沟通的策略。

为了确保下行沟通畅通无阻,管理者有必要掌握一定的沟通策略。下行沟通的策略包括以下 9 个方面的内容。

① 制订沟通政策。为了保证每个管理者及时有效地向下传递信息,必须制订相应的沟通政策,明确沟通目标。这些政策包括以下内容:

a. 必须将相关事宜及时通知有关方,如员工、客户、供应商、分销商等。

b. 必须将公司计划、指令和目标告知员工。

c. 必须鼓励、培育和建立稳定的双向沟通渠道。

d. 必须就有关重大事件及时与员工沟通。

e. 留出足够的资金和工作时间来实施公司的沟通政策。

除了上述公司总体沟通政策,还应制订具体的细则来规范具体的沟通活动,如面谈、开会和组织出版物等。同时,还应该注意,一方面,公司需要通过下行沟通来传递信息;另一方面,并非所有的信息都可以向下传达,如有关企业战略发展的机密,有些信息传达的时机还未成熟,没有到可以公开的程度。然而,这并不是说管理者可以采取不闻不问的态度。即使在这种情形下,组织管理层也必须表示出对员工所关注的信息的理解,同时对员工以诚相待。不诚实或操纵信息都可能降低员工的忠诚度。事实上,当管理者还在迟疑,不愿就某事实进行公开说明时,歪曲的事实早已顺着"葡萄藤"散布到公司的各个角落了。

② "精兵简政",减少沟通环节,用简单的结构和精练的系统来保证沟通的顺利进行。复杂的系统和庞大的机构是企业为应对规模的扩大而作出的自然反应,然而,优秀的企业致力于用简单的机构和精练的系统来回应扩张发展策略。许多企业通过分权来抑制企业管理队伍的臃肿,减少整个管理的中间层,并通过建立临时的项目小组或产品小组来防止组织结构的复杂化。

③ "去繁从简",减轻沟通任务。管理者需要有效地控制信息流。对信息流加以有效管理或控制能够极大地提高沟通的效率,具体可以采用以下方法:

a. 例外原则。只有在命令、计划和政策执行过程出现偏差时才进行沟通。

b. 排队原则。管理者应该按轻重缓急来处理信息沟通,不太重要的会议、约见、信件、电话和报告都可以延后或改期。

c. 关键时间原则。管理者应该在恰当的时间向员工传递信息,比如,不要在 3 个月前将会议通知告知员工，这样会让员工觉得会议不太重要，或者容易忘记。

④ 引入授权。下行沟通的一个致命缺点是具有单向性、自上而下，而授权为下行沟通带来了双向交流的可能性。授权是指主管将职权或职责授予某位部属负责，并责令其负责管理性或事务性工作。授权是一门管理的艺术，充分合理的授权能使管理者们不必亲力亲为，从而把更多的时间和精力投入企业发展中，以及如何引领下属更好地运营企业，也能令下属有独立自主的空间，使他们有成就感，更加投入地工作。

授权有三个要素。

一是任务指派。这是授权的首要要素。管理者需要明确、清晰地向被授权者传达所需要完成的任务内容、目标以及预期成果。任务指派不仅要涵盖任务的具体事项，还应当说明任务的重要性、时间节点以及任务与其他工作的关联。比如，项目经理授权成员负责一个项目的市场调研工作时，要详细说明调研的目标市场范围、需要收集的信息类型、完成调研的时间期限等，使成员明确自己的工作内容和要求。

二是权力授予。管理者在指派任务的同时，必须赋予被授权者相应的权力，使其能够在一定范围内自主决策和调配资源，以顺利完成任务。例如，部门经理授权员工组织一场重要会议，就应赋予其预订会议室、邀请参会人员、安排会议议程等权力，让员工有足够的权限来完成会议组织工作。

三是责任明确。管理者需要明确告知被授权者如果未能完成任务或者任务完成质量不达标需要承担的后果，这样可以增强被授权者的责任感和使命感。同时，明确责任也有助于在任务完成后对被授权者的工作进行评估和反馈。例如，主管授权下属负责一个产品的推广活动，在授权时就要明确如果推广活动的效果未达到预期目标，下属需要承担相应的责任，包括向主管解释原因、提出改进措施等。

有效授权有9大要点，包括：授权前——找准授权工作、选择授权对象(行动意愿强、工作能力强)、进行授权沟通(让员工愿意接受被授权的工作)；授权中——做好授权检查、阶段目标评价、注意评价误差；授权后——不要过度苛刻、查找环境因素、注重培养引导。

⑤ 言简意赅，提倡简约的沟通。沟通中应避免含糊其词。除了沟通中的其他因素会引起误解，信息本身也会产生歧义，如果信息本身模糊不清，接收方就无法理解信息。为了避免这一点，管理者可以采用简单、直接的措辞，使用与对方理解层面相符的措辞，而非从自己理解的层面出发进行沟通。

⑥ 启用反馈。让下行沟通真正发挥作用的办法不是关闭这条渠道，而是开掘上行沟通的通路——鼓励接收方对信息进行评价，这就是反馈。

从理论上讲，实施下行沟通的管理者并不打算让员工对信息进行评价，这种沟通形式本身也没有创造反馈发生的条件。然而，如前所述，信息接收方或多或少会作出一定程度、一定数量的反馈，大多通过接收方的面部表情、动作姿态等肢体语言(如听者一脸错愕，听众交头接耳)表现出来，这可以作为管理者判断沟通信息效果时的参考，从而在信息被错误地执行前及时发现问题并采取补救措施，从一开始就确保执行工作的成功实施。管理者应该尽可能采用面对面沟通的方式。面对面沟通相对于书面沟通在很多方面都表现出优势，尤其在获得反馈方面。

⑦ 多介质组合。减少下行沟通的信息在接收和理解时的丢失或错误，提高下行沟通的

效率，最主要、最简单易行的方法是采用多种沟通介质。换言之，即采用多种沟通介质，达到重复和强调的目的，从而提高沟通的效率，增强沟通的效果。比如，书面沟通之后采用备忘录跟进，或者报告之后采用电话跟进。在一个信息沟通过程中也可以采用多种方式，比如在与员工进行口头沟通时，管理者可以在开场白里陈述主要观点，然后举例说明该主要观点，最后在结论中重复该观点。

⑧ 头脑风暴式会议。头脑风暴式会议的目的主要是集思广益，使参与者迸射智慧的火花，寻求最佳的解决之道。比如，英特尔公司经常召开头脑风暴式会议，与会者不分职位高低，畅所欲言，针对观点、方法直言不讳，提出怀疑，直到得出解决问题的最佳方案。

(5) 减少抵触、怨恨的沟通五法则。

在下行沟通中，最令管理者感到棘手的沟通莫过于向下属传递负面的信息，或者向员工传达一些他们不希望接收的信息。比如，手下的员工在工作中出现了差错，按照规章制度必须给予批评，即指出下属行为中不当的表现，有时甚至要训诫下属，以杜绝此类现象。或者是公司出现经济危机，某些岗位的薪酬面临下调，管理者必须向其下属传递该信息等。在进行此类信息沟通时，容易出现情况是员工产生抵触情绪，甚至产生更为严重的后果，即员工对领导产生怨恨。此外，当接收方认为某个信息对其个体具有威胁性或与实际情况不相符时，往往会扭曲信息，甚至努力忘却该信息。那么，这时管理者应该怎么办呢？首先，管理者应该正面处理否定和反对意见；其次，选择恰当的沟通时间和介质。最后，慎重考虑沟通的措辞。措辞太过含蓄，尽管可能会避免冲突，但或许起不到警戒作用；太过直接，当然可以引起对方的注意，但也可能造成不必要的矛盾，从而引起抵触情绪。

具体来讲，管理者为了在减少下属抵触和怨恨情绪的同时准确地传递信息，不妨采取下面的策略。

① 提前掌握事实。在与员工正面交谈之前，要尽可能多地了解事实情况。细节掌握得越具体、越准确，则越有利于面谈。道听途说是十分危险的，也是不明智的。

② 了解当事人的想法。让员工有时间和机会仔细说明事情的经过是十分必要的，借此可以缓和气氛，了解当事人对问题的看法，以及其对问题的自我认识。

③ 私下处罚员工。当众批评、指正或训斥员工是让人难以接受的。此类沟通最好选择私下场合，但切不可滞后，不要在员工已将此事遗忘之后再提及。

④ 对事不对人。对员工进行批评时，应尽量就事论事，不要涉及其个性，而要说明你对其行为改变的具体期待。如果不注意措辞而伤及员工的自尊心，就为以后的有效沟通设置了障碍，埋下了隐患。

⑤ 不要意气用事。人们在怒不可遏时很少能保持理智、公正和客观的心态，因此，在正面接触员工之前，一定要头脑冷静、心平气和。当然，如果员工处于发怒状态，马上进行批评训斥也是不合适的。

2) 上行沟通

(1) 上行沟通的含义。

从本质上讲，上行沟通就是下属(作为信息发送方)主动与上级(作为信息接收方)的沟通。上行沟通的目的是开辟一条让管理者听取员工意见、想法和建议的渠道。同时，上行沟通可以达到有效管理的目的。上级管理部门特别需要了解生产数据、市场营销信息、财务数据，以及基层员工在做什么、在想什么，因此，客观地传递信息至关重要。

(2) 上行沟通的主要目的。

上行沟通的主要目的如下：

① 为员工提供参与管理的机会；

② 减少员工因不能理解下达的信息所造成的失误；

③ 营造民主式管理文化，提高组织的创新能力；

④ 缓解工作压力。

上行沟通虽然有很多途径，诸如意见箱、小组会议、反馈表等，但使这些途径真正发挥作用的关键是建立上下级之间良好的信任关系。培养、建立相互之间的信任都需要长期的努力，而偶尔一次无意的破坏可能导致通过长久努力才建立起的信任顷刻间化为乌有。

有效的上行沟通与组织环境、组织氛围直接相关。在实施参与式管理和民主式管理的组织中，通常会设置专门的上行沟通渠道，让上层听到下层的声音。

(3) 上行沟通的主要形式。

各类组织中上行沟通的形式主要包括以下几种。

① 工作报告。工作报告指定期或不定期的书面或口头汇报，内容涵盖工作进展、问题、建议等，便于领导全面了解情况。其类型包括定期报告和不定期报告。定期报告包括周报、月报、季度报告、年度报告等。不定期报告包括项目进展报告、事故报告、调研报告等。在有限的时间内，可以应用"30 秒电梯沟通法"向上级用精短的语言汇报工作。"30 秒电梯沟通法"最早来源于咨询公司麦肯锡，当前在很多大公司应用。其目的是要求说话人在最短的时间里，先说结论，直奔主题，把结果表达清楚，再将论据归纳在 3 条以内，最后重复结论，引起重视。

② 意见反馈系统。意见箱是最常见的保障上行沟通的途径之一。设置意见箱的最初目的是提高产品的质量和生产效率，管理者相信一线员工有自己独到且有效的见解。为了鼓励那些敢于提出创新见解的人不断开动脑筋，还可设立相应的激励机制。当然，真正奖励员工的不仅是奖金，还有心理上的回馈——员工会获得参与感、成就感。

一个好的建议可以带来皆大欢喜的结局，但也可能带来负面影响，比如，倘若员工的建议被否决，员工可能会心存怨念，士气受挫。此外，提出好建议的员工可能受到其上级的排挤，双方关系可能破裂。虽然上行沟通不可避免地会引起各类问题，但大多数实践证明，上行沟通利大于弊。比如，海尔集团通过设立"员工建议箱"来鼓励员工提出意见和建议，促进了企业内部的开放交流和持续改进。这种机制不仅增强了员工的参与感和归属感，还帮助企业及时发现并解决问题，推动了企业的创新发展。

③ 员工座谈会。每个部门选派若干名代表与各部门领导、高层领导一起参加员工座谈会，这也是一种效果颇佳的上行沟通途径。在座谈会上，员工可以就自己部门存在的某些问题畅所欲言，提出意见和建议。这种座谈会应定期举行，比如每个月一次或每季度一次。同时，为确保座谈会的气氛轻松、愉快，与会者畅所欲言，要注意以下几点：

a. 最好在一种非正式的气氛下举行会议，因此，应选在工作时间之余，并辅以茶点、饮料；

b. 由一个能说会道、会活跃气氛的人主持会议，以起到协调气氛的作用；

c. 虽然会议并不限制员工就何种问题发表意见，但仍有必要引导员工就某些提高工作效率的话题展开讨论，以激励士气，并避免会议变成恶意的声讨会。

④ 巡视员制度。巡视员的概念源于瑞典，在那里，公民可以向国家公务员提出关于调查有关政府官僚主义的申诉。如今，在许多组织中也设置了类似的职位，专门调查员工所关心的问题，然后再向上级管理层汇报。例如，华为作为全球领先的信息与通信技术(ICT)解决方案提供商，不仅在技术创新和市场拓展方面表现出色，还在企业内部管理上采取了多项措施来确保组织的高效运作和员工满意度。华为设立了独立的监督机构——审计委员会和内控部门，这些机构在一定程度上扮演了巡视员的角色。这些部门负责对内部流程、政策执行情况进行定期审查，确保公司运营符合法律法规及公司规定，同时保护员工权益不受侵害。此外，华为还鼓励员工通过内部举报系统提出在公司运营、管理等方面存在的问题或建议，这一机制为员工提供了直接向高层反映问题的渠道，增强了企业内部的透明度和信任度。

(4) 上行沟通的障碍。

产生上行沟通障碍的原因可能是多方面的，主要概括如下：

① 来自员工的障碍。

a. 员工心理顾虑。员工可能会因担心提出的意见或问题会被上级视为对工作的不满、对领导权威的挑战，从而影响自己的绩效考核、晋升机会，或者遭受上级的批评指责，因此选择保留真实想法，不向上级反馈。比如，员工发现了公司某项业务流程存在效率低下的问题，但害怕指出后会让上级认为自己工作能力不足，未能适应现有流程，于是选择沉默。

b. 员工沟通能力不足。部分员工缺乏良好的沟通技巧，无法清晰、准确地表达自己的观点、想法和所发现的问题。可能在阐述时逻辑混乱、重点不突出，导致上级难以理解其意图，进而影响信息的有效传递。例如，员工在向上级汇报工作进展时，没有按照事情的轻重缓急进行叙述，这使上级难以抓住关键信息。

c. 信息过滤。员工为了给上级留下好印象，可能会选择性地过滤掉一些负面信息，只向上级汇报积极的、有利于自己的工作成果，而隐瞒工作中遇到的困难、失误或潜在风险。比如，项目团队在执行过程中遇到技术难题，但团队成员担心汇报后会影响项目的评估，于是只汇报项目的进度，而对技术难题避而不谈。

② 来自管理者的障碍。

a. 缺乏倾听意识。有些管理者过于关注自身的事务和决策，对员工的反馈不够重视，在与员工沟通时，没有给予足够的时间和耐心，经常打断员工的发言，导致员工失去沟通的积极性，不愿意再分享信息。例如，在员工向上级汇报工作时，上级不停地看手机或处理其他文件，表现出心不在焉的状态。

b. 管理风格专制。部分管理者采用专制的管理风格，独断专行，不允许员工提出不同意见，对员工的建议和反馈缺乏包容度。在这种管理环境下，员工为了避免冲突，只能选择服从，不敢发表真实的看法。比如，在讨论决策时，管理者直接表明自己的观点，并要求员工必须执行，不接受任何质疑和讨论。

c. 沟通渠道不畅。如果组织没有建立完善、畅通的上行沟通渠道，员工不知道通过何种方式、向谁反馈问题，或者反馈的信息石沉大海，得不到回应，就会降低员工参与上行沟通的积极性。例如，公司没有设立专门的意见反馈邮箱或员工座谈会，员工有问题却无处反映。

【相关案例1】

体检中心的组织沟通

北京协和医院体检中心是中国著名的医疗体检机构。该机构注重管理沟通，并将纵向沟通作为提高服务质量和体检者体验的关键。

体检中心设置了扁平化管理结构，为医生和护士提供开放和透明的工作环境。此外，协和医院体检中心应用了一套数字化管理系统，通过该系统与体检者进行互动，使他们能够更好地理解体检内容和进程。体检者可以随时访问他们的医疗记录和体检报告，以及与医生和护士在线探讨他们体检的具体细节。

每年，体检中心还会组织几场内部培训，帮助医生和护士提高沟通技巧和合作能力。此外，公司领导层还会对员工进行培训，鼓励员工更好地与患者沟通和交流。

这些沟通策略体现了协和医院体检中心的创新和开放性，提高了员工和患者之间的信任和合作，保证了医疗服务的质量。

---

2. 横向沟通

1) 横向沟通的定义和作用

横向沟通是指在同一组织层级或部门之间的信息交流过程。它通常发生在同级员工、团队或部门之间，目的是协调工作、解决问题和分享信息。

横向沟通是为了满足不同部门间的信息共享而产生的，其作用体现为：

(1) 确保组织总目标的实现。组织部门化使分工明确，提高了整体工作效率，但是各部门只关注自己部门的工作，会忽略与其他部门间的协作，不利于组织整体目标的实现。而横向沟通可以加强各部门间的沟通，增进各部门间的协作关系，促进组织整体目标的实现。

(2) 弥补纵向沟通的不足。由于沟通场合、形式等客观因素的影响，纵向沟通总会存在一定的信息流失、扭曲，而横向沟通向各部门同一层级管理者或员工提供了信息验证和共享的可能。

2) 横向沟通的障碍

横向沟通虽然有助于组织各部门间的协调与合作，但在实际操作中可能遇到多种障碍。以下是常见的障碍及其产生原因。

(1) 部门的本位主义和员工的短视行为倾向。绩效评估体系是造成部门本位主义泛滥、部门员工趋于短视行为的主要原因。对每个部门经理来讲，为获得晋升和嘉奖机会，往往会不自觉地表现为：维护本部门利益，强调本部门业绩，而不是从公司、本部门、其他部门三个角度立体地看待本部门在整个公司中的地位以及相应的利益。

(2) 对公司组织结构抱有偏见。有些部门对其他部门抱有的偏见会影响部门沟通的顺利进行。比如营销部门会认为本部门天生比其他部门重要。这种认为组织部门有贵贱之分的成见，显然会为正常的横向沟通带来不良效果。

(3) 思维方式、性格冲突。成长、生活或学习环境的不同使每个人的思维方式、性格不同，沟通特点和沟通方式也不同。如果缺乏对沟通对象的特定沟通方式的了解，就可能导致沟通失败。

(4) 猜疑、威胁和恐惧。缺乏信任的后果不一定是引起猜疑和恐惧，但引发猜疑和恐惧的原因一定是缺乏信任。过去的负面沟通经历可能会使人产生猜疑心理或感觉到威胁，这不利于沟通的进行。当然，这也与沟通双方的个人性格有关。

3) 横向沟通的策略

横向沟通的策略有以下几种：

(1) 提前沟通。当需要与其他部门的高层领导沟通时，为了避免唐突造成的尴尬而影响沟通，可事先请同级主管打电话或拜会。

(2) 就事论事，尽量协商出对彼此有利的结果。在横向沟通的时候，因"本职主义"的存在，常常出现争论，或谈论与解决问题无关的内容等情况，因此，在沟通时，要注意就事论事，以达成共识为目标，协商出对彼此有利的结果。

(3) 有争议时，避免争吵，可请上司出面协商调整。若是双方就自己的观点相持不下，切不可无休止地争论下去，否则既伤了和气，又容易使谈论的内容跑偏，这时请上司出面协调是最好的方法。

(4) 树立"内部顾客"的理念。"内部顾客"的理念认为，工作服务的下一个环节就是本职工作的顾客，要用对待外部顾客、最终顾客的态度、思想和热情为"内部顾客"服务。

(5) 倾听而不是叙述。在横向沟通中，每个部门参与者最常见的行为就是描述本部门的困难和麻烦，同时指责其他部门如何不合拍、不协同，却很少花时间倾听。当沟通的各方仅仅关注本部门、本岗位遇到的阻碍和困难时，通常不会去倾听他人的发言。

(6) 换位思考。跳出自己的局限性，从他人的立场思考问题，未必是同意他人，但能理解他人看待事实和认识事物的方式，这样才能找到合适的沟通方式。

(7) 选择正确的沟通方式。横向沟通因沟通会议类型的不同而不同，需要对症下药。对于决策性会议，与会人数倾向于少而精，减少因人多导致的意见纷杂，以提高集中度。对于咨询性会议，如新概念会议，其目的就是集思广益，开展头脑风暴，因此，应该增加与会人数，协调与会人员的背景，以扩大覆盖面。对于通知性会议，只要让所有接收方收到信息即可，同时注意反馈，确保信息接收方准确无误地理解信息。

(8) 设立沟通官员，制造直线权力压力。针对横向沟通中经常出现的相互推诿、讨论裹足不前的现象，可以设立专门的部门或者职位，负责召集和协调部门或员工间的沟通，这尤其适合需要跨部门沟通的情况。沟通官员负责定期召开促进部门间的沟通会议，或要求部门的员工定期相互提交报告，从而让不同部门的员工了解各自正在进行的活动，并鼓励员工提出建设性的意见。例如，阿里巴巴通过设立"首席沟通官"这一角色，专门负责协调和促进跨部门之间的沟通与协作。这些岗位人员不仅负责定期组织跨部门会议，还负责监督各部门间的信息流通，确保不同团队能够高效地共享资源和信息，从而提高整个组织的协同效应和工作效率。

【相关案例2】

体检中心的横向沟通

上海华山医院体检中心是中国顶尖的体检机构之一，该机构注重采用横向沟通来协作和协调团队活动，以提供最佳的医院体检服务。

上海华山医院体检中心的医生和护士之间的沟通非常高效和敏捷。他们经常通过沟通小组会议和现场讨论来共享诊断、制订治疗和康复方案，以确保患者能够获得最佳的医学护理。

此外，体检中心还设立了沟通平台，规范了工作流程，以促进医生和护士之间的沟通和合作。通过该平台，医生和护士可以查看医疗记录和体检报告，实现共同协作。这样可以保证患者得到更加全面和细致入微的医学诊疗服务。

协同合作以及明确的工作流程和沟通规范等都是华山医院体检中心能够提供卓越医务服务的基础。此外，该中心还注重员工的职业生涯发展，定期开展培训认证、技能进修等活动，以帮助医务人员提高核心竞争力和创造能力，为患者提供更加优质的医疗服务。

三、组织外部沟通

组织外部沟通是严格意义上的商务沟通，是企业沟通的重要内容。外部沟通的目的是为企业营造良好的经营环境，力求与沟通伙伴实现共赢。

一个企业的生存与发展与外部环境分不开，而外部环境对其影响积极与否，与其跟外部环境之间的相互沟通与信息交流分不开。外部沟通不仅有助于企业获得充分的外部资源，促进企业发展，提高经济效益，也是企业回馈社会的重要途径。

1. 外部沟通对象

外部沟通主要包括与以下几类机构的沟通。

(1) 企业与上下游企业的沟通。企业的生产运营环节一定存在原材料的采购与产品的销售问题，这就注定了企业必然涉及与上下游企业(即供应商和经销商)之间的沟通合作。供应商与经销商作为企业外部的其他组织，处于与消费者同等重要的地位。

如果供应商不能及时提供质量合格的原材料，则企业无法维持正常生产；如果经销商不能充分发挥企业与消费者之间的桥梁作用，那么企业很难快速将产品销售出去以获取利润。显然，企业与供应商和经销商保持良好的关系，这和企业在消费者心中保持良好形象同等重要。企业在与上下游企业沟通时必须遵循"顾客至上，合作双赢"的原则，将彼此看作是利益共同体。可以建立信息通信网络，互派人员参与彼此的重大决策，深入了解对方工作实际需要，发现问题并提出对策，从而加强上下游企业之间的沟通。

【相关案例3】

体检中心的组织外部沟通

北京301医院体检中心是中国最著名的体检机构之一，其非常注重与外部合作伙伴的沟通和协作，以提供更好的服务和用户体验。

　　　该体检中心与保险公司和健康管理公司建立了长期合作关系，提供个性化的医疗健康服务。它还与其他医疗机构和医生建立了合作关系，共同开展医疗服务和研究项目。

　　　此外，该体检中心充分利用社交媒体和数字渠道进行市场营销和宣传。该体检中心通过微信公众号和其他在线渠道向潜在客户宣传自己的服务，为他们提供有关健康预防和检查的宝贵建议和信息，以吸引更多的客户。

　　　这些合作和营销策略有助于体检中心服务更多的客户。同时，这也大大提升了客户对医疗机构的期望，使体检中心获得较高的满意度、知名度和市场份额。

　　(2) 企业与顾客沟通。以优质的产品和优质的服务赢得顾客的满意是企业生存发展的基础，也是企业价值得以体现的根本所在。通常，顾客与企业之间的联系是通过企业提供的产品与服务进行的。毫无疑问，产品与服务是反映企业形象的重要载体。为了满足顾客日益增长的需求，企业必须通过各种渠道，例如问卷调查、与顾客直接接触、电话咨询、服务电话、微笑服务等与顾客沟通，了解顾客需求。

　　(3) 企业与股东沟通。股东是企业的特殊公众。与股东沟通的主要目的是得到广大股东的信赖与支持，股东的信赖与支持表现为作出符合企业期望的行为——购买或持有企业的股票，使企业获得强有力的资金支持。

　　企业与股东之间的沟通可以通过总结中报、年报，召开股东大会等形式，企业向股东通报企业的有关近况，树立股东对该企业投资的信心。

　　当企业遇到暂时困难时，与股东的良好沟通有助于企业走出困境。

　　(4) 企业与社区沟通。社区是企业最直接的外部环境。社区的许多工作都是公益性的，社区开展这些工作需要资金支持，更需要社会的支持。企业管理者应该本着相互依赖、同舟共济的理念，积极参与社区讨论，赞助慈善活动，组织志愿活动等，这样有助于企业获得社区的资源与支持，使社区成为塑造企业形象的可靠依托。

　　(5) 企业与媒体沟通。媒体是企业与一般公众进行沟通的最广泛、最有效的渠道之一。面对媒体，一方面企业要遵守诚信为本、顾客至上的原则，遵守商业伦理；另一方面，企业应尊重媒体，以人为本，配合媒体，满足社会民众的知情期望。

2. 外部沟通策略

1) 与客户沟通的要求和策略

(1) 理解客户需求。这是与客户沟通的第一原则。企业可以通过以下具体行为来理解客户需求：

① 通过市场调研和客户反馈，了解客户的痛点和期望，从而提供更有针对性的产品和服务。例如，腾讯定期开展问卷调查和用户访谈，了解用户需求，并通过持续的产品迭代和创新来满足客户不断变化的需求。

② 根据不同客户的需求，制订个性化的服务方案。确保每位客户都能享受量身定制的产品或服务，提升客户满意度和忠诚度。

③ 建立高效的客户响应机制，及时解决客户的问题和需求。通过快速反应和有效反馈，增强客户对品牌的信任感和依赖性。

④ 定期评估客户满意度，收集客户意见和建议。根据客户反馈不断改进产品与服务，以满足客户不断变化的需求，保持竞争优势。例如，顺丰通过高效的物流体系以及不断优

化的仓储和配送流程，确保商品能够快速、准确地送达客户手中，从而提高了客户满意度和品牌信任度。

【相关案例4】

体检中心的"全陪服务"

在中国，许多高端健康体检中心提供的"全陪服务"成为客户最受欢迎的外部沟通策略之一。全陪服务是指向客户提供全程陪护的服务，涉及专业医生、翻译、司机等多种服务人员，帮助客户清晰了解体检过程中各项检查的意义和结果，并帮助客户进行体检后的健康规划。

通过这种方式，健康体检中心可以充分理解客户的需求，帮助客户更好地了解自己的身体状况，提高客户的满意度和信任感。同时，这种服务方式还传递了健康体检中心关注客户健康的品牌形象，提升了品牌价值。全陪服务因此成为中国高端健康体检中心的标配之一，为客户创造了更好的体验。

---

(2) 前瞻思考。"主动性"几乎是每个职场新人被老板反复告诫的问题，主动的重要表现之一是我们是否有前瞻思考的意识，预先判断客户可能提出的问题。在咨询行业，顾问们每周都会与客户进行一次或多次的正式会议，会议中客户会针对顾问们的方案提出各种各样的问题，通常一场让双方感到愉快的会议中相关场景问题都被顾问提前考虑到了。我们可以按照"如果……就……"的句式不断调整方案中的"参数"，比如，"当预算不够时，这个计划可行吗？""当预算比以往多出一倍时，方案又该如何调整？"又比如，"考虑到活动当天可能下雨，我们增加了一个将活动转移至室内的应急方案。"

(3) 提供快乐的惊喜。服务商向客户提供的方案不能完全是客户已经知道的东西，因此在沟通中，一方面，服务商要从客户熟悉的概念出发，引起客户兴趣；另一方面，要创造知识缺口，告诉客户一些不为人知的奥秘，让客户在熟悉中感到惊喜。通常创造此类惊喜的方式有四种表述方式，"这件事其实比你想象的简单""这件事其实比你想象的难""这件事你只知其一不知其二""这件事你知道的并不多"。例如，"海底捞的危机公关做得不错，但我们有一个更好的案例……"

(4) 提供选择题。"你想要什么？"看似是了解客户需求时必须问的问题，但这个方式往往不容易得到答案，而是应向客户抛出选择性问题，提供选择的本质是帮助客户了解他们的真实需求。比如，"算法1在短期内的准度高，但不容易解释，时间长了可能会不稳定。算法2的准确性一般，但容易解释，在长期内比较稳定。您觉得哪个比较好？"

(5) 提供积极的信息框架。对于同一件事，我们可以使用积极和消极的框架传达它。比如项目中的某件事还没做完，你可以说"我们还没有完成"，也可以说成"我们正在处理"。但这两种方式对于信息接收方的影响是完全不同的，前者给听众的感觉是"损失"，而后者是"没有获得"，人的天性决定了我们容易接受后者的表达。例如，"谢谢来信！我们正在准备产品小样(对比说法："我们的产品小样还未完成"较生硬)，发货后将尽快告知您。"

(6) 闭环意识。闭环意识是指在沟通过程中，确保信息的及时反馈和任务的有效完成，形成一个明确的开始、执行和结束的闭环控制流程。在职场或管理场景中，闭环意识对于确保有效沟通至关重要。

如果项目进展一帆风顺，构建这样的闭环或许不是难事，但大部分的项目推进并不都是一帆风顺的，可能会因客户需求的变化而变化。但若双方先前对项目目标的认知存在偏差，这会导致预期的完成时间向后拖延。这时作为服务商的第一要务，是及时让客户知晓这个消息。比如，"李总，您好！由于今天回上海的航班被全部取消，我们无法在明天早晨 10 点准时抵达贵司的会议室，我们会乘坐明日最早的航班前往上海，预计下午 2 点可以召开项目跟进会议。"

(7) 主动承认不重要的弱点。主动承认不重要的弱点可以作为一种策略，其目的是建立信任、展示透明度和真诚，以及在公众和利益相关者面前塑造一个真实可靠的形象。先分析哪些弱点可以被公开承认但不会对公司造成重大伤害。例如，可以选择一些正在改进中的，或是与公司核心业务不直接相关的弱点，根据目标受众，选择最合适的沟通渠道，如社交媒体、新闻发布会或邮件，在承认弱点的同时，强调公司的积极面和优势，比如对质量的承诺、创新能力或优秀的客户服务。

3. 与供应商沟通的要求和技巧

企业与供应商沟通的要求和技巧包括以下几点：

(1) 主动沟通。主动沟通是指采购方或合作方在与供应商的合作过程中，积极主动地发起沟通，而不是等问题出现或等供应商来推动沟通。这包括主动了解供应商的情况、主动分享采购方的计划、主动协调解决问题等，以确保合作的顺利进行。

(2) 项目负责人以项目为导向进行需求沟通。团队中每个人的性格、处事风格均不一样，活动实施中难免会产生一些摩擦，作为项目负责人，最重要的就是要平衡处理好团队成员的关系。

沟通的原则是不带有个人主义意见，一切以项目实施为导向进行沟通。例如，当客户对设计方案中的某个效果持续表示不满，而设计师已经连续加班数个通宵进行修改，情绪上可能感到委屈或烦躁。作为项目经理，在沟通解决这一问题时，必须保持专业态度，不应表达个人主义的观点，比如认为客户的要求不合理或者表示自己也无法满足客户的要求等。相反，应当聚焦于项目目标和客户需求，寻求有效的解决方案，确保项目能够顺利进行并满足客户的期望。

(3) 清晰准确地传达信息。

① 使用简单语言：避免行业术语或复杂的词汇，确保信息易于理解。例如，如果你在讨论一个技术规格，尽量用简单的语言解释它的重要性和具体要求，而不是使用专业术语。

② 书面记录：将重要的讨论内容以电子邮件或会议纪要的形式记录下来，以便日后参考。例如，如果在电话会议中达成了某些协议，会后应立即发送一封总结邮件给所有参与者，确认会议中讨论的要点和决定。

③ 明确具体的指示：给出具体、明确的指示，避免模糊不清。例如，如果你需要供应商在某个日期前交付货物，应该明确指出具体的日期和时间，而不是仅仅说"尽快"。

④ 提供背景信息：向供应商提出请求或要求时，向其提供必要的背景信息，帮助供应商理解这类要求的重要性。例如，如果项目要求更改产品设计，需要向供应商解释为什么需要这样做，以及这对最终产品的影响。

⑤ 确认理解：通过提问或让供应商重述来确认他们是否理解了你的意图。例如，项目人员可以问："您能解释一下您对这个问题的理解吗？"或者"您能再重复一遍您刚才说的要点吗？"

⑥ 鼓励反馈：鼓励供应商提供他们的意见和建议，并认真考虑他们的观点。例如，你可以问："您对我们的提议有什么看法？"或者"您认为我们还可以如何改进这个过程？"

【内容小结】

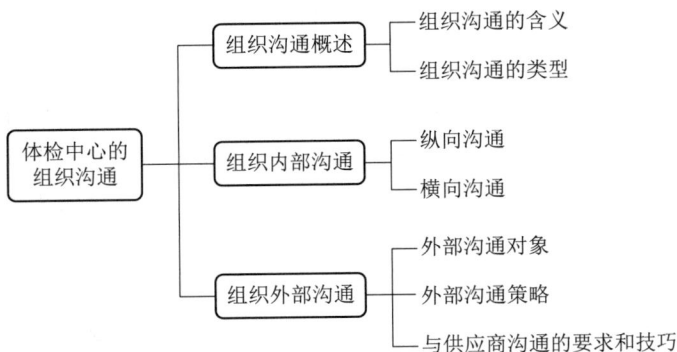

【习　题】

一、思考题

1. 回顾你在组织沟通中因为没有主动沟通而导致问题产生的经历，你从中吸取了哪些教训？如何在今后的组织沟通中避免类似的情况发生？

2. 不同的组织沟通策略各有什么优缺点？在什么情况下应该优先选择哪种沟通策略？举例说明。

3. 分析一个给定的组织沟通案例，找出其中的沟通特点和存在的问题，并提出改进建议。详细阐述你的分析过程和改进思路。

二、案例分析题

体检中心的管理沟通

体检中心虽说是一个独立的部门，但多个科室协调沟通、相互衔接，才能保证体检工作的顺利完成。根据多年体检中心办公室的工作实践，我们认为，只有加强各科室间的配合，相互协调沟通，才能提高服务质量。

1. 体检中心与各科室协调沟通的意义

1）体检中心与检验科的沟通

体检客户的血液标本一般由体检中心的护士进行采集，检验科对标本进行检验分析，采血样本的质量、送检的及时度都会对血液检查结果造成直接影响。

2) **体检中心与影像科的沟通**

影像科的范畴包括常规放射学、CT、核磁共振、超声学、核医学、影像学等。虽然每个科室都有科主任对科室人员进行合理安排，但由于体检中存在不确定因素，工作量变化较大。这就需要体检中心与各科主任进行沟通，根据情况统筹安排体检事项。同时，临时增加的特殊检查，如上消化道检查、各种增强 CT 等，更需要体检中心与影像科随时保持联系，以确保工作的顺利进行。

3) **体检中心与临床各病区的沟通**

临床各病区和体检中心看似两个不相干的部门，实际上却有着千丝万缕的联系。

4) **体检中心与后勤科的沟通**

后勤科是医疗管理中不可缺少的重要组成部分，涉及面广。水、电、气、物资、绿化、仪器设备维护以及基建等都属于后勤范畴，从科室布置到检查维修，从物资领用到车辆调度，每项工作都需要与后勤科相关负责人及时沟通，协调解决，确保工作顺利进行。

2. 体检中心与各科室协调沟通中存在的问题

1) **本位思考模式、想当然的思维模式**

以"我"为中心，站在自己的立场，先自己后对方，为了维护自身或部门利益，站在自己的立场上看待问题，从而忽略问题的本质。发生矛盾冲突后，主观上首先认为是其他部门、科室存在问题，而忽略自查自纠，推卸自身或本部门责任。由于这样的心理，导致不能准确找到问题根源，拖延问题解决时间，将问题复杂化、扩大化。

采用"应该化"思维模式进行沟通时，过于自我，总认为对方"应该"知道自己的意图，想我所想，知我所知，"应该"知道事情的解决方案，结果就忽视了沟通目的的阐明以及信息的交流，导致对方不能准确领会自己的意图。在出现问题后，又认为对方"应该"及时发现并明白问题所在，"应该"及时妥善解决，从而导致双方的误解和矛盾加深。

2) **沟通不及时**

沟通不及时，小矛盾引起大纠纷。在沟通过程中，由于各种原因，导致不能及时发现问题或发现问题后未能及时沟通，抱着忽略、观望、事不关己的态度，用"惰性"心理来回避存在的问题。随着时间的推移，双方误解加大，不满情绪积蓄过多，从而引发大矛盾，导致裂痕出现。

3) **言语不当**

言语中使用过于急躁、淡漠、命令、游说的口气，会减少亲切感，拉开彼此距离，让人感觉不到真诚；在对方阐述的过程中，随意打断对方的说话，急于阐述自己的观点，这些不良的沟通习惯，都会对沟通造成影响。

4) **情绪影响沟通效果**

如果员工长时间处于高强度情绪劳动状态，其损耗的能量得不到及时补充，将会导致情感冷漠、情感枯竭等不良状态。健康体检有一定的"季节性"，每年4、5月份体检业务量较大，在长期满负荷工作、休息过少、身心疲惫的情况下，员工情绪容易受到影响，出现烦躁、消极、淡漠等不良情绪。当出现问题时，员工自我压力感加大，情绪恶化，这会给沟通带来不利影响。

3. 体检中心与各科室沟通的措施

1) 定期召开协调会议，提供交流平台

体检中心的许多工作都需要与其他部门协作完成，由于各自立场不同，往往容易引发矛盾冲突，给工作带来不便。因此，可在全院定期召开各部门协调会议，主要请院办公室、护理部、营养科、医教部、后勤科等各部门负责人参加，共同协商解决工作中存在的问题。在通观全局的前提下，各部门间相互协作，消除误解，和谐发展，目标一致，才能较好地完成工作任务。

2) 主动沟通，促进和谐

体检中心护士长在加强本科室日常管理的情况下，应善于发现在工作中各科室、部门存在的问题，分析问题原因所在，随时、主动与各科室负责人进行沟通联系，将问题与矛盾扼杀在萌芽状态。

(1) 建立健全交接班制度。建立体检中心内部交接班制度，由当日值班护士将各班工作中出现或尚未解决的问题及时记录并交班，使人人知晓。交班本由专人保管，护士长定期汇总归纳，监督遗留问题的后续解决情况，避免因疏忽而造成的差错。

(2) 端正态度，掌握沟通技巧。要充分认识本部门和其他部门之间平等、互助的合作关系，摆正自己的位置，放低姿态，做到谦虚谨慎，学会尊重和宽容，形成一个信任、和谐的工作氛围。

(3) 提高语言表达能力。语言是一门艺术，在沟通过程中，要做到思路清晰、层次分明、言之有序，准确说出要表达的意思，避免言语含糊、表达不清，要把实情说得透彻，态度坦率真诚。

(4) 重视倾听的重要性。沟通中保持耐心、认真，不随意打断对方讲话。

1. 个人分析：体检中心存在哪些类型的沟通，分别举例说明。

2. 小组研讨：除案例中提到的体检中心与各科室间的沟通技巧之外，还有哪些沟通策略或技巧能够提升沟通的效率和效果？

任务 2　体检中心的团队沟通

【学习目标】

态度目标：将良好的团队沟通习惯和积极的团队精神内化为个人的行为准则，在日常学习和工作中，自觉运用团队沟通技巧，尊重他人的意见和想法，积极为团队的发展贡献力量。

知识目标：了解群体沟通和团队沟通的区别；掌握团队的类型、构成要素，及各要素

在团队沟通中的作用和重要性；掌握数字化领导力的概念和内涵；了解成功团队的标准和特征。

技能目标： 能够将总结出的成功团队的特征和沟通原则应用到实际的团队活动中，根据不同的团队情况，灵活调整沟通策略，提高团队沟通的效率和效果；能够对团队沟通的效果进行评估，运用所学的知识和方法，判断团队沟通是否达到了预期目标，是否存在需要改进的地方，并提出相应的改进建议。

【课前预习】

1. 查找团队沟通相关案例，分析出该团队的特征和沟通原则。

2. 列举在某次团队活动中，你扮演什么角色？你是否具有领导者素质，为什么？你认为领导者应该起到什么作用？

3. 阅读有关管理沟通的相关论文，了解团队沟通的重要性、团队沟通的模型、沟通技巧。

【场景导入】

场景描述：某体检中心的导诊部门、检验部门和报告部门通过加强团队沟通，显著缩短了客户等待时间，赢得了客户的一致好评。

问题引导：团队沟通如何提升协作效率？如何通过沟通打造高效、和谐的团队？

【相关知识】

一、群体沟通

群体指的是组织中两个或两个以上相互作用、相互依赖的个体，为了达到基于各自的特定目标而组成的集合体。

群体是由个体组成的，各个体在心理上相互依赖、彼此依存；在行为上相互作用，彼此影响。组织、群体、个体是分不开的整体，假设"组织"是一个完整的人体，那么"群体"便是器官和系统，而"个体"则是构成器官的细胞，群体介于个体与组织之间。

梅奥在霍桑实验中发现，群体划分为正式群体和非正式群体。正式群体指为完成组织任务所建立起来的正规社会群体(命令型、任务型)，这类群体分工明确，并受到法律保护。非正式群体指以利益和感情为纽带自发形成的群体(利益型、友谊型)。这类群体属于自然形成，一般不受法律与行政的保护与干预。群体规模常以 12 人为界，12 人以下为小群体，12 人以上为大群体。群体规模大小各有利弊：小群体容易完成生产性任务，容易进行工作效率的比较与考核；大群体更善于吸收多种不同的观点，适合开展对事物真相的调查。

1. 群体行为

群体行为是指为了实现某个特定的目标，两个或更多的相互影响、相互作用、相互依赖的个体通过互动形成的集体行动模式。群体行为与群体压力、群体规范、群体凝聚力有关系。

(1) 群体压力。群体压力指当群体成员的思想或行为与群体意见或规范发生冲突时，群体成员为了保持与群体的关系而需要遵守群体意见或规范时所感受到的一种无形的心理压力。群体压力使成员倾向于作出被群体所接受或认可的反应。

(2) 群体规范。群体规范指群体成员共同接受的一些行为标准，广义的群体规范包括社会制度、法律、纪律、道德、风俗和信仰等，代表一个社会里多数成员共有的行为模式。

(3) 群体凝聚力。群体凝聚力指群体对其成员所具有的吸引力，代表了一个群体及其成员对某个个体的吸引力。群体凝聚力的类型包括 4 种：

① 自然凝聚力。人有社会属性，有归属的需要，不能脱离群体而单独生活，每个人都需要别人，这就是自然凝聚力。

② 工作凝聚力。人需要依赖工作而生存，每个人都有获得良好工作的愿望，都希望在工作中发挥自己的特长，这会激起工作凝聚力。

③ 领导凝聚力。成功而有威望的领导者本身就是一种吸引力，在一个群体里，领导要经常和群体成员产生各种各样的联系。群体所承担的任务，需要领导去组织和指挥，需要成员执行和完成。因此，领导者的行为直接影响群体凝聚力。

④ 情感凝聚力。群体的成员长期在一起工作和学习，群体成员彼此间就可能建立起融洽、接纳的人际关系，使群体具有一种吸引力。这种吸引力是以情感为基础产生的，属于情感凝聚力。协调融洽的人际关系，不仅满足了人们的各种心理需要，而且减轻了人们的紧张感。

2. 群体心理

在群体中工作的或生活的个体，其认知和行为持续受到所在组织规范、群体他人言论和行为的影响。这些客观存在的规范和言行，对人们的心理起着经常性的、潜移默化的作用，形成了诸如从众、逆反、模仿的心理。

(1) 从众心理。从众心理是指一个人在实际存在的或想象存在的群体压力下，放弃自己的独立见解，在意见和行为上跟随大多数人的一种心理现象。美国社会心理学家所罗门·阿希对从众心理进行过长时间的研究，在 1951 年进行了著名的卡片式实验——阿希试验。结果是：不同的人有不同程度的从众倾向，约有 37% 的人的判断是从众的，约有 75% 的人至少有一次从众的判断。

从众的种类分为 4 种：

① 真从众：表里一致的从众，外显行为及内心的想法均对群体规则认同。在阿希实验中，当卡片线段差异减小到一定程度时，个性高度依赖者，就会把群体的判断当成判断标准。

② 权宜从众：在行为上与群体保持一致，内心却怀疑群体的选择，这是迫于群体压力的暂时行为。

③ 假不从众：内心倾向与群体一致，但由于某种特殊需要，行动上不能表现出与群体一致。

④ 真不从众：表里一致的不从众，内心观点与群体不一致，行为也不从众。通常这种

从众只有在群体对个人缺乏吸引力时才出现。

(2) 逆反心理。逆反心理指当人们在群体或某一权威的意见影响下，意识到个人选择的自由受到压制，为显示个人的存在而形成的反抗外界压力的一种心理反应，它是与从众心理相反的一种心理现象。对于逆反心理，在需要限制他人选择自由时，可运用群体规范对其加以限制，同时增加人们的责任感。比如，某地有一家电影院，常有戴夸张造型的帽子的妇女去看电影。帽子挡住了后面观众的视线，大家请电影院经理发个场内禁止戴夸张造型的帽子的通告。经理摇摇头说："这不太妥当，只有允许她们戴帽子才行。"第二天，影片放映之前，经理在银幕上映出了一则通告：本电影院为体现关心和爱护之情，凡年老生病的女客一律给予照顾，可以戴帽观看电影。通告一出，大部分女客都摘下帽子。

(3) 模仿心理。人在与人的接触过程中，具有相互作用、相互影响的效应，在群体中的人，有意无意会把对方作为参照物，进行模拟和仿效，并在有意识的情况下认为这样会使自己更好地适应社会、顺应时尚，这就是模仿心理。比如，"东施效颦""近朱者赤，近墨者黑"，模仿行为可以是自发的，也可以是自觉的。模仿心理具有较为明显的情感特性。

3. 群体沟通网络

群体沟通是指组织中两个或两个以上相互作用、相互依赖的个体，为了达到各自特定目标通过语言或非语言进行信息交流和传递的过程。现实中，群体沟通不依赖单一渠道和固定形式，而是把各种沟通方式组合起来，形成沟通网络。沟通网络主要包括以下几种。

(1) 正式沟通网络。在正式群体中，将人与人之间的信息交流结构称为正式沟通网络。美国心理学家莱维特把组织中常见的正式沟通网络归纳为图 1-1 所示的 5 种。

① 链式沟通网络：信息传递是逐级进行的，信息可由上而下传递，也可由下而上传递。这种信息沟通具有传递速度快的特点，但是，它没有横向联系，成员的满意程度比较低，只适合组织庞大、需分层授权管理的企业。

② 轮式沟通网络：主管人员居中，分别与若干下级发生联系的沟通。这种沟通信息传递迅速、易控制。在这种企业中，速度与控制往往比士气、创造性更受重视，居中心地位的主管因情报多，有较大的权力，因而比较自信和有自主性，心理上也比较满足。但是，由于缺乏联系，各下级成员之间互不了解，信息闭塞，成员满意程度低，有利于保密，但不利于协作。

③ Y 式沟通网络：信息被综合后逐级传递，最上层有多名主管。这种沟通网络传递信息速度较快，但成员满意程度不高，尤其是对于多头领导的情况，各领导要求不一，不利于下级正常开展工作。

④ 环式沟通网络：各成员之间依次联系沟通。这种沟通网络具有群体士气高、满意感强的特点，但信息传递速度慢，效率不高。

⑤ 全通道式沟通网络：组织内每个人都可以与其他成员直接地、自由地沟通，无中心人物，所有的成员都处于平等地位，但由于缺乏中心人物，没有权威，信息传递速度也慢。

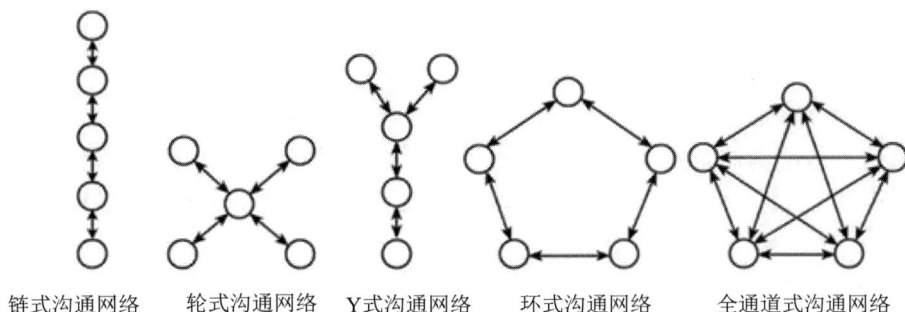

链式沟通网络　　轮式沟通网络　　Y式沟通网络　　环式沟通网络　　全通道式沟通网络

图 1-1　正式沟通网络图

(2) 非正式沟通网络。它指群体中信息的传播，不仅通过正式沟通渠道进行，还通过非正式渠道传播。非正式沟通网络如图 1-2 所示，非正式沟通网络有 4 种方式。

① 集群连锁(Cluster-chain)沟通，又称葡萄藤式沟通，在其沟通过程中，可能存在几个中心人物，由他们转告若干其他人。这种形式具有某种程度的弹性。

② 密语连锁沟通，其沟通过程由一人告知所有其他人，如同独家新闻。

③ 随机型沟通，其沟通过程是信息传播者碰到什么人就转告什么人，并无一定的中心人物或选择性。

④ 单串型沟通，其沟通过程是一个转告另一个人，另一个人也只再转告下一个人，这种情况最为少见。

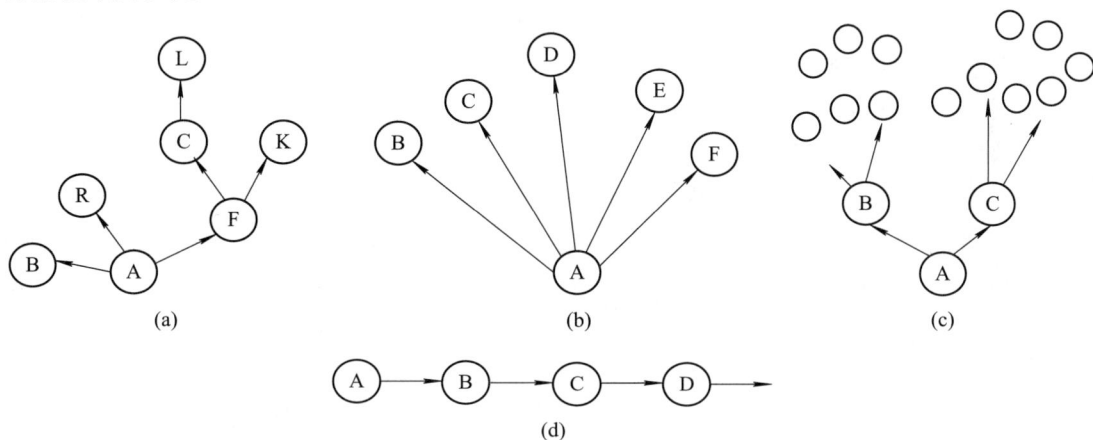

图 1-2　非正式沟通网络

4．群体沟通的要点

群体沟通时注意以下几个要点：

(1) 充分收集信息并共享。

① 多渠道收集信息。健康领域的决策需要广泛收集各类信息，信息既包括医院自身硬件设施、技术人员专业能力、资金储备等内部信息，也涵盖医疗技术在国内外的应用情况、临床效果数据、安全性评估报告、患者反馈等外部信息。通过全面收集信息，才能对决策的可行性和潜在风险有准确的评估。

② 信息共享与透明度。收集到信息后，要通过制作报告、展示图表、播放视频等方式，使信息在参与决策的群体成员之间充分共享，确保大家在同一信息基础上进行讨论和决策，避免因信息不对称导致决策失误。

(2) 鼓励成员积极参与沟通。

① 营造开放的沟通氛围。在决策过程中，营造开放的氛围，鼓励不同岗位的人员提出观点和想法，不打断、不批评他人发言，激发员工的创新思维，让每个成员都能感受到自己的意见被重视。

② 促进成员平等参与。确保每个成员都有平等的机会参与决策过程，避免少数人主导决策。可采用分组讨论等方式，让不同领域的人员都能充分表达自己的观点和建议，综合考虑各方意见，制订出更符合实际情况的决策。

(3) 合理选择决策方法。

① 根据具体情况选择合适的决策方法。健康领域的决策情境多样，要根据不同情况选择合适的决策方法。紧急情况下可通过投票表决方式快速作出决策；对于重要且复杂的决策，达成共识决策可能更为合适。

② 明确决策规则和流程。决策前要明确决策的规则和流程，让成员清楚了解决策是如何制订的，以提高决策的效率和公正性，避免因规则不明确而导致混乱和争议。

(4) 有效处理冲突与分歧。

① 正视冲突和分歧。在群体决策过程中，由于成员的职责和利益不同，难免会出现冲突和分歧。要引导各方理性表达观点和理由，分析实际情况和需求。

② 寻求共赢的解决方案。处理冲突和分歧的关键是寻求共赢的解决方案，根据实际因素调整方案，使各方都能接受最终方案。

(5) 注重决策的反馈与评估。

① 建立反馈机制。决策实施后要建立有效的反馈机制，通过社区调研、患者回访以及医疗机构统计数据等方式，了解政策的执行情况和效果，收集相关信息，及时发现问题。

② 评估与调整决策。首先根据反馈信息，对决策进行评估和调整，分析问题产生的原因，然后根据评估结果调整决策，优化管理措施，提高决策的实施效果。

二、团队沟通

团队是在可操作性的范围内，为实现共同目标而自觉合作、积极努力、凝聚力很强并且技能互补的若干成员组成的共同体。团队源于群体，但是又高于群体。团队沟通是指两名或两名以上能够共同承担领导职能的成员为了完成预先设定的共同目标，在特定的环境中所进行的相互交流、相互促进过程。

在非洲草原上，如果见到羚羊在奔跑，那可能是狮子来了。如果见到狮子在躲避，那可能是象群发怒了。如果见到成百上千的狮子和大象集体逃命的壮观景象，那可能是蚂蚁来了。从这里可以得到启示。一是蚂蚁是何等的渺小微弱，任何人都可以随意处置它，但它的团队，就连兽中之王遇见也要退避三舍。二是弱小的个体与伙伴精诚协作，就能变成强者。三是蚂蚁的勤劳、勇敢、无私及团队精神值得人们学习。势如破竹，勇不可当，团结奋进，无坚不摧，这就是由一个个弱小生命构成的团队的力量。四是蚂蚁只是小小的动物，其团队尚如此威猛无敌，那么作为万物之灵的人呢？俗话说，一人拼命，百夫难挡，万人必死，横行天下！这正是团队的价值所在！

1. 团队构成要素

团队协作是有效组织的关键特征，团队的成功就需要团队成员的彼此合作、彼此支持。有效的团队可理解为拥有超出团队个人潜在能力总和的整体。团队的构成要素可用 5P 表示。

(1) 目标(Purpose)。每个团队都必须有一个共同的目标，这个目标为组织成员导航，使每个人都知道要向何处去，没有目标，团队也就失去了价值。团队的目标必须跟组织的目标一致，大目标要分成小目标，然后分到团队成员的身上，从而集众人之力实现共同目标。

(2) 人员(People)。人是构成团队最核心的力量，两个以上的人就能构成团队。目标是通过具体人员实现的，所以，人的选择成功与否对团队的成功有非常重要的影响。在一个团队中可能需要有人出主意，有人制订计划，有人实施，有人协调不同的人一起工作，还有人去监督团队工作的进展并评价团队最终的贡献。不同的人通过分工来共同完成团队的目标。在人员选择方面，要考虑人员的能力如何，技能是否互补，人员的经验如何。

(3) 定位(Place)。团队定位包含了两层意思：一是任务团队在企业中处于什么位置，由谁选择和决定团队的成员，团队最终应对谁负责，团队应采取什么方式激励和领导下属；二是团队成员个体的定位，每个成员在任务中扮演什么角色。

(4) 权限(Power)。团队当中领导人的权力大小跟团队的发展阶段相关，一般来说，团队越成熟，领导者拥有的权力相应越小，在团队发展的初期阶段，领导者拥有的权力相对比较集中。权限涉及两个方面内容：一是整个团队在组织中拥有什么样的决定权？比如，财务决定权、人事决定权、信息决定权；二是组织的基本特征，比如，组织的规模多大，团队的数量是否足够多，组织对于团队的授权有多大，组织的业务是什么类型。

(5) 计划(Plan)。计划有两个层面的含义：一个是目标最终的实现，它需要一系列具体的行动方案，可以把计划理解成目标的具体工作的程序；另一个是提前按计划进行可以保证团队一步一步地贴近目标，从而最终实现目标。

2. 团队类型

1) 项目团队

项目团队是为了完成一些特定的项目、产品或服务而产生的团队。项目团队的类型多样，每种类型适用于不同的项目需求和组织环境。以下是常见的项目团队类型：

(1) 按团队结构分类，项目团队可分为功能型团队、项目型团队、矩阵型团队。

① 功能型团队：成员来自同一职能部门，如市场部或研发部。该团队的优点是专业性强，其缺点是跨部门协作可能不足。

② 项目型团队：为特定项目成立，成员全职参与，项目经理拥有完全控制权。该团队的优点是决策迅速，其缺点是资源可能重复配置。

③ 矩阵型团队：一种复合型的组织结构、通常由多个功能团队和项目团队组成。它主要包括如下几种类型：

弱矩阵团队：项目经理权力较弱，成员主要由职能经理管理。

平衡矩阵团队：项目经理和职能经理权力相当，共同管理团队成员。

强矩阵团队：项目经理权力较大，成员主要向项目经理汇报。

跨部门团队：成员来自不同部门，旨在解决复杂问题，促进部门间协作。

虚拟团队：成员地理位置分散，通过信息技术远程协作，灵活性高，但沟通挑战较大。

(2) 按工作方式分类，项目团队可分为问题解决式团队、自我管理式团队、外科手术式团队、交响乐式团队、爵士乐式团队、足球式团队等。

① 问题解决式团队：专注于解决特定问题或改进工作流程，通常由同一部门的员工组成。

② 自我管理式团队：成员自主管理，负责完整的工作程序，拥有决策权。

③ 外科手术式团队：核心成员主导关键任务，成功率高，但人才培养较慢。

④ 交响乐式团队：成员按既定计划协作，如传统汽车设计团队，各部门按顺序工作。

⑤ 爵士乐式团队：强调灵活性和即兴创作，成员根据需求调整角色，如敏捷开发团队。

⑥ 足球式团队：成员有固定位置，但作为一个整体行动，如医疗抢救团队。

2) 工作团队

工作团队就是由为顾客提供产品或服务的整个工作过程或负责部分工作过程的一群人所组成的团队。工作团队中最为重要的问题就是授权。授权按实际授权的程度分为3种：

① 最低授权型。它的团队成员主要从事日常工作，比如安排工作日程等。

② 中等授权型。它的团队成员要担当起改进工作过程、挑选新成员、竞选团队领导及财务决策等方面的责任。

③ 高等授权型。这种类型的工作团队属于自主式领导或自主管理团队。除了负责上述所有工作外，团队成员还担当起绩效评估、奖惩执行及薪酬管理等方面的责任。

【相关案例5】

美年大健康的授权管理

美年大健康是中国领先的健康体检和医疗服务集团，其通过有效的授权管理实现了业务的快速扩张和服务的标准化。以下是对美年大健康授权管理案例的具体介绍：

1. 区域化管理

(1) 设立地方分公司。美年大健康在全国范围内设立了多家分公司，每个分公司负责特定区域的业务运营。

(2) 采用本地化服务策略。各分公司根据当地市场需求和文化差异，制订相应的服务策略，以更好地满足客户需求。

2. 标准化流程

(1) 服务标准统一。尽管授权给各地分公司一定的自主权，但美年大健康仍坚持统一的服务标准，确保客户在不同地区都能享受到相同质量的服务。

(2) 质量控制体系统一。美年大健康建立了严格的质量控制体系，对各分公司的服务质量进行定期检查和评估，以保证服务的一致性和高标准。

3. 技术支持系统

(1) 建设信息系统。美年大健康投资建设了先进的信息系统，支持各分公司的数据管理和业务操作，这提高了员工的工作效率和服务水平。

(2) 应用技术创新。不断引入新的医疗技术和设备，提升体检服务的科技含量，增强竞争力。

3. 团队沟通要素

团队沟通的目的就是通过团队分析问题，作出决策，以解决问题。其要素包括团队的规范制订、成员的角色分配、领导者的素质提升。

1) 团队的规范制订

规范是在团队建设中发展起来的，包括对团队成员的行为、思想和态度等的规定。规范的制订对团队非常重要，需要用规范来约束团队成员的个体行为。

【相关案例6】

体检中心的团队沟通

某知名体检中心有着一套严谨且高效的团队沟通规范。每天早上，各个科室的负责人会提前15分钟召开简短的晨会。

在晨会上，医生团队会汇报前一天体检过程中遇到的疑难案例或特殊情况，比如，某位受检者在心电图检查时出现了疑似心肌缺血的异常波形，但受检者本身并无明显不适症状且既往病史中未提及相关问题。医生在会上可以详细描述波形特征、受检者的基本身体数据以及当时的检查环境等信息。

护士团队会反馈受检者在体检流程中的体验和需求，例如有些受检者反映空腹等待时间过长，导致出现低血糖症状，希望能在等待区提供一些简单的含糖饮品。同时，护士也会告知医生关于受检者在各个检查环节的情绪状态等信息，如有位老年受检者因为对一些检查项目存在恐惧心理，在进入超声检查室时非常抗拒，护士经过耐心安抚才使其配合检查。

导诊团队会根据当天的预约情况，向大家通报受检者的数量、年龄分布以及特殊需求的受检者。例如，某天有一个企业团体体检，其中有几位外籍员工，导诊人员会提前安排外语流利的工作人员进行全程引导，并告知其他团队成员相关注意事项。在沟通的过程中，大家都遵循清晰、简洁、尊重的原则。

当有不同意见时，比如对于如何优化某个体检流程以提高效率和受检者满意度，大家会以事实和数据为依据进行讨论。例如，针对空腹等待时间过长的问题，有人提出，在受检者预约时，导诊员可以告知其自带一些小零食以便在抽血后适当补充能量，同时，体检中心也可准备一些应急的葡萄糖饮品放在方便取用的地方。不同科室的成员可从各自的专业角度出发，提出可能存在的风险和改进的建议，经过充分的交流和权衡，最终确定出最佳的解决方案。

总之，体检中心团队规范要求团队成员严格遵守服务标准，培养良好的沟通和协作能力，遵循科学和规范的医疗标准，不断学习和提高技术水平，提高服务质量和体验。

2) 成员的角色分配

成员的角色可分为积极的角色和消极的角色两种。

积极的角色主要表现为：

(1) 领导者角色代表善于确定目标、激励下属完成任务的成员。

(2) 谋略者角色代表善于为团队出谋划策的成员。

(3) 信息员角色代表提供信息、数据及事实依据或证据的成员。

(4) 协调员角色代表协调团队活动的成员。

(5) 分析者角色代表对方案和计划作出分析的成员。

(6) 激励者角色代表增强团队凝聚力，提高成员士气的成员。

(7) 追随者角色代表认真负责地实施计划的成员。

(8) 旁观者角色代表以局外人眼光对工作作出评价，提出建设性意见和建议的成员。

消极的角色主要表现为：

(1) 绊脚石角色代表固执己见，唱对台戏的成员。

(2) 自我标榜者角色代表自吹自擂、夸大其词的成员。

(3) 支配者角色代表操纵团队、干扰他人工作，以期提高自己地位的成员。

(4) 逃避者角色代表与他人保持距离，对工作消极应付的成员。

在团队中，可能多名成员扮演同一个角色，也可能一个人扮演多个角色。同时，这种角色是动态的，会因为团队领导的不同风格，团队工作的目的、性质、结果及工作环境的变化而变化。

3) 领导者的素质提升

(1) 领导者的一般素质。领导者的一般素质体现在五个方面，一是胜任能力，二是值得他人信赖的能力，三是适应环境的能力，四是把握方向的能力，五是敬业精神。

① 胜任能力。领导者需要在其所在领域具备深厚的专业知识和技能，成为团队中的专家。这不仅有助于他们理解团队所面临的技术问题，还能为团队成员提供专业的指导和支持，帮助团队成员在关键时刻作出正确的决策，确保项目或任务的顺利进行。领导者要能够制订合理的工作计划和目标，合理分配资源，协调团队成员之间的工作，确保各项任务按时、高质量地完成。同时，要能够对工作过程进行有效的监控和调整，及时解决出现的问题。在快速变化的时代，新知识、新技术、新方法不断涌现。领导者必须具备强大的学习能力，能够持续学习，不断更新自己的知识体系，跟上时代的步伐，同时，要能够将所学的知识应用到实际工作中，推动团队和组织的创新与发展。

② 值得他人信赖的能力。诚信正直是领导者最基本的品质。领导者要做到言行一致，遵守承诺，对团队成员和组织保持忠诚，不做任何违背道德和法律的事情。只有这样，才能赢得团队成员的信任和尊重，树立起良好的领导形象。在对待团队成员时，领导者要做到一视同仁，不偏袒、不歧视，在资源分配、奖励惩罚等方面遵循公正公平的原则。这样可以营造一个公平竞争的工作环境，激发团队成员的工作积极性和创造力。领导者要对团队的工作成果和发展负责，勇于承担责任。在面对困难和挑战时，不推诿、不逃避，积极主动地寻找解决问题的方法。这种责任心能够给团队成员带来安全感和信心，激励他们积极承担起自己的工作责任。

③ 适应环境的能力。市场环境、政策法规、技术发展等都在不断变化，领导者要能够迅速适应这些变化，及时调整团队的战略和工作方式。在面对突发情况或意外事件时，能够保持冷静，灵活应对，迅速作出反应，将损失降到最低。领导者要具备开放的心态，能够接受不同的观点和意见，包容团队成员的个性和差异。在与不同文化背景、不同专业领域的人合作时，能够理解和尊重他们的文化和工作方式，促进团队的多元融合。领导在工作中往往面临巨大的压力，如工作任务繁重、时间紧迫、竞争激烈等。领导者要具备良好

的抗压能力，能够在压力下保持良好的心态和工作状态，将压力转化为动力，带领团队克服困难，实现目标。

④ 把握方向的能力。领导者要能够站在宏观的角度，对行业发展趋势、市场动态等有敏锐的洞察力和准确的判断力，制订符合团队和组织长远利益的战略规划。明确团队的发展方向和目标，为团队成员描绘清晰的愿景，让大家朝着共同的方向努力奋斗。在复杂的情况下，领导者要能够迅速收集和分析信息，权衡利弊，作出正确的决策。决策时要考虑到各种因素的影响，包括市场需求、技术可行性、团队能力等，确保决策的科学性和可行性。为了在激烈的竞争中立于不败之地，领导者要具备创新思维，能够打破传统思维的束缚，勇于探索新的商业模式、技术应用和管理方法。鼓励团队成员创新，营造创新的工作氛围，推动团队和组织不断发展壮大。

⑤ 敬业精神。领导者对工作要有高度的热情，这种热情能够感染团队成员，激发他们的工作积极性。以积极的态度对待工作中的每一项任务，充满激情地投入工作，为团队树立榜样。领导者要以身作则，勤奋工作，为实现团队的目标付出不懈的努力。领导者不仅要在工作时间内全身心地投入，还要利用业余时间学习和思考，不断提升自己的能力和素质，为团队的发展贡献更多的力量。领导者要有为团队和组织的利益奉献自己的时间和精力的精神，不计较个人得失。当团队利益与个人利益发生冲突时，能够优先考虑团队利益，为了团队的发展愿意作出个人牺牲。

(2) 数字化领导力。数字化领导力是指领导者在数字化转型过程中展现的能力和品质，这些能力和品质能够帮助企业有效应对挑战、推动创新和变革，以及创建一个数字化文化和组织。

以普华永道数字化领导力模型为例，介绍数字化领导力。该模型旨在为未来的数字化领导者集体或个体勾勒出一幅动态的画像、一个成功的样板。它包含了六大维度，分别是顶层思维、数智创领、场景突破、组织"数"造、颠覆常规与数字伦理。

维度一：顶层思维

顶层思维强调企业领导者必须拥有大时代观、大历史感、大画面认知力。当下来自顶层思维的重要变化至少包括三个方面。一是百年未有之大变局——中华民族面临着实现伟大复兴的大好机遇，同时国际竞争正在向科技竞争演变。二是数字技术正在成为越来越重要的生产要素，以人为重要生产要素的实体世界将面临来自以数字技术为重要要素的虚拟世界的冲击。三是实体经济与虚拟经济不断融合——"人退机进"不可避免，人类需要思考如何处理两个世界的叠加与运行，如何界定好人与机器的分工与互动的边界。

维度二：数智创领

数智创领要求企业领导者对数字、大数据、人工智能，以及它们能给企业带来的变化具有基本的知识与洞察。领导者需要对数据具有一定的分析能力，能够洞察数据背后可能存在的一些规律，可以用数据去驱动组织变化、把握商机。不仅如此，优秀的数字化领导者还应该能够制订有前瞻性数字化整体战略，并引领组织按照既定的路线图与节奏持续推进、迭代。

维度三：场景突破

场景突破要求领导者抓住并围绕为企业创造价值、提供服务的核心场景，洞悉它们彼此在业务运营及组织管理方面的关联，运用人工智能，打造各种彼此支撑、相互关联的平台或中介。

维度四：组织"数"造

组织"数"造强调领导者们面临一个绕不过去的任务：如何在数字化转型中对组织进行深刻的重塑与再造。这要求领导者充分关注组织的同步转变，在组织模式、人才结构等方面积极创新探索，在数智赋能下，创造深度连接、无条件协作、以人为中心的新型组织形态。

维度五：颠覆常规

颠覆常规强调的是：领导者不是仅仅满足于借助数字化手段改善现有的组织、管理及运营，也不是仅仅满足于将现有物理世界简单虚拟化、线上化。在数字化手段加持之下，领导者要思考如何能够打破现有的逻辑、形态与惯性，发挥想象力，追求颠覆性的变化和创造，实现对组织、运营以及业务发展的重构。

维度六：数字伦理

数字伦理要求领导者在科技加持下，依然坚守道德、敬畏法律，为数字化时代的组织与行业建立防护栏、伦理墙，而不是不加节制、无视风险地释放科技的能量，为企业、员工、客户乃至社会带来不可想象的灾难。因此，企业不能因为有了强大的数据或看似无所不能的人工智能，就"垂拱而治"，而应该从一开始就建立边界，树立防火墙，打造积极健康的数据时代伦理观。

【相关案例7】

体检中心的卓越带头人

面对竞争激烈的体检市场，李主任所在的体检中心需要在服务质量、体检效率和客户体验等方面不断提升，以吸引更多的客户。然而，传统的管理模式和技术手段已经难以满足市场需求，李主任决定借助数字化技术实现体检中心的转型升级。

1. 数字化举措

(1) 打造互联网体检平台。体检中心主导开发了一款互联网体检平台，患者可以通过手机或电脑在线预约体检项目、选择体检时间，并支付体检费用。同时，平台还提供了体检前注意事项、体检流程介绍、健康知识科普等功能，方便患者了解体检相关信息。在体检过程中，患者可以通过平台实时查看自己的体检进度和检查结果，体检结束后，还可以在线获取详细的体检报告和健康建议。

(2) 引入自动化检测设备。为了提高体检的准确性和效率，体检中心引进了一系列先进的自动化检测设备，如全自动生化分析仪、智能超声诊断仪等。这些设备能够快速、准确地完成各项体检指标的检测，减少了人工操作引起的误差和时间成本。同时，检测数据可以直接传输到数字化健康档案系统中，方便医生随时查阅和分析。

(3) 实施客户关系管理系统。体检中心利用客户关系管理(CRM)系统，对客户的信息进行全面管理和分析。通过系统，可以了解客户的需求和偏好，为客户提供个性化的体检服务和健康管理方案。同时，还可以定期向客户发送健康提醒、优惠活动等信息，增强客户的黏性和忠诚度。

（4）开展数据驱动的营销活动。通过对体检数据和客户行为数据的分析，制订精准的营销策略。例如，针对患有慢性疾病的客户，推出相应的健康管理套餐和优惠活动；根据客户的地域分布和消费习惯，制订不同的市场推广方案，这些举措提高了营销效果和业务收入。

2. 成果与影响

（1）改善客户体验。互联网体检平台为客户提供了便捷、高效的体检服务，大大改善了客户体验。客户可以根据自己的时间和需求自由安排体检，无须长时间排队等候，节省了时间和精力。同时，个性化的健康建议和健康管理方案也让客户感受到了体检中心的关怀和专业服务。

（2）提高市场竞争力。通过数字化转型，体检机构的服务质量和效率得到了显著提升，体检机构在市场上树立了良好的品牌形象。与其他体检机构相比，该体检机构在体检项目的丰富度、检测设备的准确性、客户体验等方面都具有明显的优势，吸引了越来越多的客户前来体检，市场份额不断扩大。

（3）实现可持续发展。数据驱动的营销活动和客户关系管理系统的应用，为体检机构带来了更多的业务机会和收入来源。同时，通过对客户数据的分析和管理，体检机构可以更好地了解客户需求和市场动态，不断优化服务和产品，实现可持续发展。

4. 团队不同发展阶段的沟通

1）启动阶段

在团队启动阶段，成员之间相互陌生，需要投入大量时间和精力来了解彼此，并且需要对任务进行详细的讨论。成员间要尽快通过面对面的沟通建立信任和合作关系。

2）形成阶段

在形成阶段，团队成员会更加关注彼此之间的关系以及团队的整体目标。在这个阶段中，管理者可以指定电子邮件和其他在线工具，以便成员可以更有效地交流意见和信息。同时，管理者要强调团队意识，重申团队目标和愿景。

3）发展阶段

在发展阶段，团队成员之间的信任和合作关系已经建立，并且开始逐渐了解彼此的工作风格和能力。这时，管理者要引导成员更加互相配合。工作中，讨论和协商是非常重要的。可以采用团队会议、电话会议等方式，让成员有机会展示自己的工作成果和进展、制订进一步行动计划。

4）成熟阶段

在成熟阶段，团队成员之间的交流和协作已经达到了较高水平，各成员熟练掌握了各自的工作职责和工作流程。成员间可以继续使用类似邮件、电话等工具进行沟通，不过，成员间也需要加强实时沟通和视频沟通，取代纯模式沟通，及时获取且确保信息流，充分共享团队成果，获取专业技能。

5. 知名企业的团队沟通技巧

现代企业非常注重沟通，既重视其与外部环境的沟通，更重视其与内部员工的沟通。以下是一些知名企业常用的团队沟通技巧：

(1) 讲故事。华为技术有限公司在早期发展中遇到了很多挑战，任正非作为创始人和当时的领导者，经常与管理层分享公司的发展故事，特别是那些艰难时刻的坚持和突破。这种方式不仅强化了团队之间的凝聚力，也激发了员工面对困难时的斗志。

(2) 聊天。奥田是丰田汽车公司第一位非丰田家族成员的总裁，在长期的职业生涯中，奥田赢得了公司内部许多人士的深深爱戴。他有 1/3 的时间在丰田工厂里度过，常常和公司里的多名工程师聊天，聊最近的工作，聊生活上的困难。另有 1/3 的时间用来走访 5000 名经销商，和他们聊业务，听取他们的意见。

(3) 解除员工后顾之忧。深圳市腾讯计算机系统有限公司(腾讯)为员工提供了一系列的福利措施，包括医疗保险、住房补贴等，以减轻员工的经济压力，让他们能够更专注于工作。此外，腾讯还注重员工的职业发展，提供各种培训机会来帮助员工提升技能。

(4) 帮助员工制订发展计划。中国平安保险(集团)股份有限公司鼓励员工制订个人职业发展规划，并提供相应的支持和资源。公司设有专门的职业发展部门，负责为员工提供职业、培训和发展机会的咨询。

(5) 鼓励越级报告。海尔集团公司实行了一种名为"自主经营体"的管理模式，该模式允许员工直接向高层管理者反映问题，这促进了企业内部的信息流通和决策效率。

(6) 动员员工参与决策。小米科技有限责任公司倡导扁平化管理，鼓励员工参与到公司的决策过程中来。雷军经常在社交媒体上与粉丝互动，听取他们的意见和建议，这种做法也被应用到了公司内部管理中。

(7) 返聘被辞退的员工。日本三洋电机株式会社(现已被收购)，曾经购买了美国弗里斯特市的电视机厂。公司的管理人员到达弗里斯特市的电视机厂后，不是去社会上公开招聘年轻力壮的青年工人，而是聘用那些以前在电视机厂工作过，而眼下仍失业的工人。对于工作态度好、技术上没问题的工人，厂方欢迎他们回来应聘。

(8) 培养自豪感。深圳华大基因科技有限公司作为中国基因测序行业的领军企业，非常注重企业文化的建设。公司通过组织各种团建活动、庆祝重要节日等方式增强员工的归属感和自豪感。

(9) 口头表扬。松下电器产业株式会社创始人松下幸之助如果当面碰上进步快或表现好的员工，他会立即给予口头表扬，如果不在现场，松下幸之助还会亲自打电话表扬下属。

6. 团队决策

团队是为了完成某项特定任务而创建的组织。这种特定任务往往难度不小，且经常要求在有限的时间内完成，这意味着团队成员需要针对这些困难和问题不断加以分析、作出决策并有效解决问题，完成任务。因此，团队决策成了完成团队任务的关键。

1) 团队决策的类型

(1) 沉默型。当团队中有人提出建议或想法时，不经过团队成员的共同讨论就被放弃。这种团队缺乏沟通，属于无效团队。

(2) 权威型。领导者一人作出决策，团队成员可能参与讨论，分享想法，但不参与决策。这种团队缺乏民主的决策机制，沟通不畅，属于无创造力的团队。

(3) 合伙型。实力派人物结成一帮，他们提出某个观点或发表意见时，虽有不少人持不同意见，但无人打破这种表面一致的局面。这种团队缺乏民主气氛，属于孤立型团队。

(4) 少数服从多数型。问题提出后，经过沟通和讨论，形成方案或建议，经投票表决，依据票数的多少决定是否采纳。这种团队有利于营造和谐气氛，属于较民主的团队。

(5) 比较一致型。在达成共识的过程中，有人即使持不同或相反意见，也会从整体利益出发保留意见，与其他团队成员达成一致。这种团队鼓励参与，属于趋同型团队。

(6) 完全一致型。观点或建议一经提出，便得到团队成员的普遍认同和采纳。这种团队建立在高度的信任和支持的基础上，属于高效的团队。

2) 团队决策的模式

一是会议讨论法。首先某个团队成员以动议的方式，就某个建议或提议进行陈述，然后大家共同展开辩论、修改、完善，最后大家投票表决。它适用于议会和各类正式商务会议。

二是冥想法。它是根据人们通常解决问题的逻辑顺序提出的决策模式，其程序是：界定问题，分析相关数据或信息，提出可行性方案，权衡各种方案的利弊，选择和实施最佳方案。

三是头脑风暴法。它的主要目的是鼓励团队成员畅所欲言，从而集思广益，引发创意。它的规则是：杜绝批评和嘲讽，鼓励自由畅想，欢迎献计献策且多多益善，寻求最佳方案。这种决策过程的前提是每个成员能够自觉遵守游戏规则或由协调者来维护规则。

四是德尔菲法。德尔菲法是一种结构化的团队决策技术，通过多轮匿名问卷调查和反馈，逐步达成共识。该方法适用于复杂问题或需要专家意见的决策场景。德尔菲法有 6 个步骤：

① 选择具有相关知识和经验的专家组成小组；

② 设计开放式问卷，收集专家对问题的初步看法和建议；

③ 汇总第一轮反馈，识别共同点和分歧；

④ 根据第一轮反馈设计更具体的问卷，要求专家重新评估并提供进一步意见；

⑤ 重复问卷和反馈过程，通常进行多轮，直到达成共识或意见趋于稳定；

⑥ 汇总最终意见，形成决策建议或报告，主要借助"监督小组"和"解答小组"之间的有效互动来收集专家意见。

3) 团队决策的技巧

(1) 明确目标和问题。在给出决策之前，团队首先要明确决策的目标和要解决的问题。目标要具体、可衡量、可实现、相关性强和有时间限制(SMART 原则)。例如，如果团队要决定是否推出一款新产品，目标可以是"在接下来的一年内，通过推出新产品实现销售额增长 20%"。

(2) 收集信息和数据。团队成员要广泛收集与决策相关的信息和数据。这些信息可以来自内部，如企业的财务报表、销售数据、客户反馈等；也可以来自外部，如市场调研报告、行业动态、竞争对手情况等。对收集到的信息进行筛选和整理，去除无关或重复的信息，确保信息的真实性和可靠性。

(3) 评估方案和风险。对每个决策方案进行全面的评估，包括方案的可行性、成本效益、预期效果等方面。例如，对于一个投资项目，要评估其投资回报率、回收期、风险程度等指标。

(4) 选择和实施决策。根据团队的决策模式，选择最合适的决策方案。在选择过程中，要综合考虑各种因素，权衡利弊。

【相关案例8】

体检中心的团队决策

某体检中心为了提高服务质量，需要引入新的医学检测设备，以对检测技术和算法进行更新升级。为了确保决策的科学性和可行性，该中心的管理团队进行了团队决策，具体流程如下：

(1) 明确目标：明确需要引进新型医学检测设备的目标，如提高服务质量、提高工作效率等，并制订相应的仪器检测指标，如检测精度、检测速度等。

(2) 收集信息：对新型医学检测设备进行深入的了解和调研，收集相关的技术资料、专业数据和用户反馈，分析比较多个品牌的医学检测设备，并从技术能力、使用成本、设备性价比等多个方面进行设备的评估和比较。

(3) 分析问题：确定新型医学检测设备引进后可能会出现的问题，并对这些问题进行分析和风险评估，如设备可靠性、运行成本、维护保养等。

(4) 制订解决方案和计划：在开展了充分的分析和比较之后，制订引进新型医学检测设备的解决方案和计划。其中包括设备选型、设备维护保养方案、人员培训计划、预算分配等方面的具体工作计划。

(5) 共识达成和决策执行：在多次会议和讨论之后，体检中心管理团队最终达成共识，决定引进某款新型医学检测设备，并按照制订的工作计划实施。

综上所述，在体检中心的团队决策过程中，重要的是先明确目标和仪器检测指标，然后对信息进行全面的收集和分析，并制订合理的解决方案和计划，最后在团队讨论和多次会议之后达成共识，并实施决策方案。通过这个过程，能够确保决策的多元化和科学性。

---

7. 成功团队的特征

成功团队具有多方面的显著特征，主要体现在以下几个关键方面：

(1) 明确的目标。团队需要有清晰、具体、可衡量的目标。这些目标应该是团队成员共同认可的，并且与团队的整体使命和价值观一致。

(2) 良好的沟通。团队成员之间需要有开放、透明的沟通渠道，使他们对信息、想法和感受进行有效的交流，避免误解和冲突。

(3) 相互信任。团队成员之间需要建立起深厚的信任关系。这有助于增强团队的凝聚力和协作能力。

(4) 优秀的领导者。团队需要有具备领导力的成员，以引导团队朝着目标前进，同时激发团队成员的潜力和创造力。

(5) 技能互补。团队成员应该拥有不同的技能和专长。这些技能和专长能够相互补充，助力形成一个功能齐全的团队。

(6) 强烈的责任感。团队成员应该对自己的工作和团队的目标有强烈的责任感，愿意为团队的成功付出努力。

(7) 适应性和灵活性。团队成员能够适应变化的环境和情况，具备快速响应和调整的能力。

【内容小结】

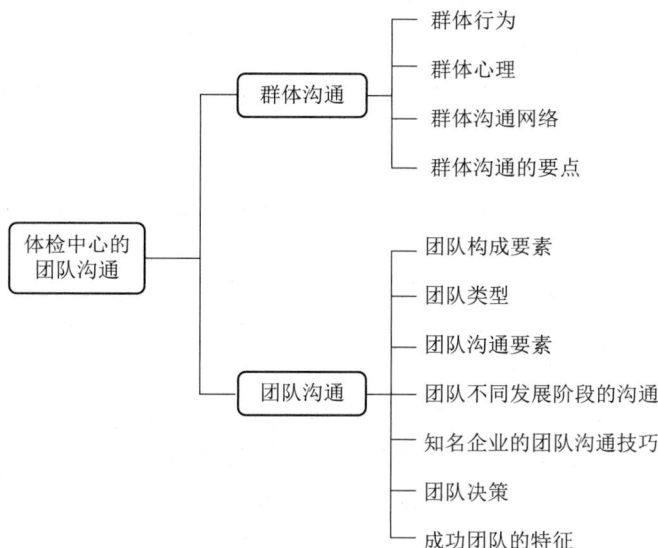

【习　题】

一、思考题

1. 在实施团队项目中，当团队成员之间出现矛盾时，你是如何运用积极的团队精神来化解矛盾，促进团队和谐的？请分享一次具体的经历。

2. 依据成功团队的标准和特征，分析一个你熟悉的团队是否为成功团队。该团队在哪些方面表现出色，哪些方面还存在不足？如何改进？

3. 以小组为单位，为一个虚拟的体检中心撰写数字化规划方案，方案包括数字化愿景、目标、技术架构、业务流程优化、数据管理策略等内容。方案应具有可行性和创新性。

4. 通过参与一次团队活动，总结该团队成功的特征和沟通原则，并说明这些特征和原则对团队的成功起到了怎样的作用。

二、案例分析题

精细化健康管理——有温度、可信赖的某医院体检科团队

石家庄某医院体检科团队是一支汇聚"医、技、护"各线技术骨干力量的健康管理队伍。作为保障群众健康的专业团队，他们在平凡的岗位上，守初心、践使命，呵护群众健康，奉献青春力量，着力为群众打造优质的体检服务，全面筛查疾病与健康风险。他们以精湛专业的技术、体贴入微的服务赢得了各界的认可与好评。

每天清晨 7 点多，体检科便会根据工作划分，紧张有序地开始准备工作，比如归置导检单、测试体检器材，整理仪容仪表……当一切准备就绪，全体迅速回到各自岗位，开始全力迎接体检者。

"您好，您是单位体检还是个人体检？""胃部经常不舒服是吗？有无既往病史和家族病史？综合看建议您选择胃癌早筛检查。"

前台医护的细致引导体检者，并为其提供专业意见。看似平凡的问询与沟通，每天各位导检都要进行几十遍甚至上百遍，纵使人头攒动、自己口干舌燥，她们也会时刻保持一份耐心与责任心。

上午为了不让受检人员空腹过久，产生不适，对于抽血、彩超等空腹项目，在保证查体质量的情况下，她们会全力加快进度。所有医务人员尽量避免过多喝水，就怕因个人原因耽误查体进度。

临近中午，当最后一名体检者走出体检楼时，多数医务人员终于能休息片刻，口罩下干裂的嘴唇也在此时向主人提出抗议……这些日常工作的一个个缩影，恰恰是体检科"质量为本、服务至上"理念的真实体现！

体检科团队除严格执行各项工作规章制度外，时刻注重个人仪容仪表、文明用语，杜绝"生、冷、硬、推"的服务态度，坚持早上班，做好准备工作，主动晚下班，归纳数据整理，用爱心、耐心、细心、温馨的态度服务广大群众，按照科学、高效、便捷的原则，优化体检服务流程，把握体检重点环节，全力为群众提供一站式、人性化体检服务。为解决上班族工作日体检却要请假的烦恼，这里在节假日依然工作不停歇，依然全力保证群众的健康体检需求。

1. 个人分析：此医院的体检科团队具备成功团队的特征吗，为什么？
2. 小组研讨：体检科团队沟通中应该注意哪些问题，如何提升团队沟通的成效？

项目二 社区卫生服务中心的管理沟通

【行业背景】

社区卫生服务中心(Community Health Service Center)是社区建设的重要组成部分,是在政府领导、社区参与、上级卫生机构指导下,以基层卫生机构为主体、全科医师为骨干,合理使用社区资源和适宜技术,以人的健康为中心、家庭为单位、社区为范围、需求为导向,以妇女、儿童、老年人、慢性病人、残疾人、贫困居民等为服务重点,以解决社区主要卫生问题、满足基本卫生服务需求为目的,融预防、医疗、保健、康复、健康教育、计划生育技术服务功能等为一体的,有效、经济、方便、综合、连续的基层卫生服务组织。

党的二十大报告提出,促进优质医疗资源扩容和区域均衡布局,坚持预防为主,加强重大慢性病健康管理,提高基层防病治病和健康管理能力。

《2023 年我国卫生健康事业发展统计公报》显示,全国共有社区卫生服务中心(站)37 177 个(其中,社区卫生服务中心 10 070 个,社区卫生服务站 27 107 个)。其主要任务包括:提供当地居民常见病、多发病的门诊服务、提供适宜技术,安全使用设备和药品,提供中医药服务、提供基本公共卫生服务、提供一定的急诊急救服务、提供家庭医生签约服务、提供转诊服务,接收转诊病人、负责社区卫生服务站业务和技术管理,提供住院服务、提供康复服务、提供居家护理服务、提供家庭病床服务。

本项目旨在利用社区卫生服务中心的行业案例来介绍倾听和书面沟通的重要知识点、技能点,培养管理思维和良好的倾听、书面沟通习惯,提升换位思考的意识,提升工作热情与责任感。

【项目成果】

以小组为单位,完成××社区卫生服务中心的健康宣教剧本。

(1) 作业内容:以社区卫生服务中心成员的身份,为某群体开展一次健康宣教。这里需要综合运用各种沟通方式,包括倾听、口头沟通、书面沟通、非语言沟通等多种形式。

(2) 上交形式:上交剧本文本,附加剧本评价,包括各个部分都运用了哪些沟通技巧,应该注意什么。

（3）评分标准：

① 主题内容健康向上，特色鲜明；

② 剧本情节完整，有矛盾冲突，戏剧性强，引人入胜；

③ 小组合理分工，有任务分工表及成员签名；

④ 结合所学(管理沟通、健康评估、实验室检查等知识和技能)进行评价，评价恰当；

⑤ 开头新颖，结尾点睛。

任务 3　社区卫生服务中心的客户倾听

【学习目标】

态度目标：将良好的倾听沟通习惯内化为个人的行为准则，在日常学习和工作中，自觉运用倾听技巧，尊重他人的观点和意见，理解和关怀他人。

知识目标：理解倾听的定义；理解影响倾听效果的各种因素，包括环境因素、个人因素等；掌握不同类型的不良倾听习惯及其具体表现；掌握克服倾听障碍的策略。

技能目标：能够深入分析导致存在倾听问题的因素，包括个人因素、环境因素等，找出问题的根源；根据分析结果，制订切实可行的改善思路和计划，明确具体的行动步骤和时间节点，以提升倾听能力。

【课前预习】

1. 什么是倾听？倾听与听有什么不同？

2. 不良的倾听习惯有哪些？

3. 什么是有效的倾听技巧？

4. 以小组为单位，选取一人进行不少于 3 分钟的演讲(主题不限)，组员扮演倾听者，并在演讲后分析与总结倾听过程中存在的问题并加以改善。

5. 美国第 16 任总统林肯出生于贫苦农民家庭，先后当过伐木工、船工、店员、邮递员。这些经历使林肯对普通民众有深厚的感情，他喜欢经常走出办公室到民众中去。而他白宫的办公室的门也总是开着的，任何人想进来谈谈他都欢迎，林肯不管多忙也会抽时间接见来访者。林肯很少拒绝人，甚至还鼓励人员来访。他曾说："我把这种方式叫作我的'民意浴'，因为我很少有时间去阅读报纸，所以用这种方法搜集民意；虽然民众意见并不是时时处处令人愉快，但总体来说，其效果还是令人鼓舞的。"

根据上述案例，分析：为什么倾听是领导和管理者成功的关键？如何借助倾听来增强团队协作和领导力？

【场景导入】

场景描述：某社区卫生服务中心的医生通过认真倾听群众需求，为群众提供了个性化的医疗保健方案，群众满意度显著提升。

问题引导：倾听如何提升群众满意度？如何通过倾听为群众创造更好的服务体验？

【相关知识】

一、倾听概述

倾听与演讲是沟通过程中的基本内容。成功的管理者在管理过程中通常更注重倾听。倾听作为一项基本沟通技能，它在人类的日常生活中占据着十分重要的地位。它使我们与周围的人保持联系，能够及时获取并分析了解对方的想法。一旦失去倾听能力，我们失去的可能是诸多与他人一起生活、工作的机会。据此我们不难看出，在有着复杂性、灵活性等特性的管理工作中，倾听占据着更为重要的地位。

1. 倾听词源

"倾听" 在古汉语中就已出现，"倾"有"侧着、斜着"的意思，如"倾耳而听"，表示侧着耳朵专注地听，强调一种专注、认真听的姿态。《礼记·曲礼上》中有"立不正方，不倾听"，这里的"倾听"就是指侧耳细听，体现了对他人话语的尊重和专注。后来，"倾听"逐渐引申为用心去听、认真听取他人意见或声音的意思，强调的是一种主动、专注且带有尊重和理解他人的行为。

随着社会的发展与文化的传承，倾听的含义也逐渐丰富起来。现代社会中的倾听，是指一种认真倾听的态度和行为。倾听不仅仅指听到声音或信息，更强调理解、尊重、体察说话者的情绪和观点，从而维护彼此之间的良好关系，促进沟通和理解。同时，倾听也是一种沟通技能，是人际关系中非常重要的一环。

2. 倾听的定义

国际倾听协会对倾听的定义为：倾听是接收语言信息和非语言信息，确定其含义和对此作出反应的过程。在这个过程中，倾听者会通过专注观察以及开放性和非评价性的方式，来接收和理解别人的思想、情感和经验。倾听的目标是倾听者通过自我意识和自我纠正，达成共情，以便更好地理解并满足对方的需求。

3. 倾听和听的关系

"听"是一种生理过程，是人体感官对声音的自然接收。而"倾听"不仅仅局限于生理层面的声音接收，更是一种包含主动思考、理解和情感投入的心理过程。倾听者不仅要听到对方所说的话语，还要用心去理解话语背后的含义、情感、需求和意图。在倾听过程中，倾听者需要集中注意力，排除外界干扰，通过观察对方的表情、语气、肢体语言等非语言信息，深入理解对方的真实想法。"听"是"倾听"的基础，没有"听"这个生理过程，就无法实现"倾听"。而"倾听"是对"听"的升华和深化，使沟通更加深入和有效。

二、倾听的重要性

1. 减少误解和冲突

沟通中经常会发生误解和冲突，而倾听是预防和减少误解和冲突的重要手段。通过倾听对方的话语和意图，可以避免作出与对方期待不符或不利于合作的行为，从而减少潜在的矛盾和冲突。

2. 建立信任和理解

倾听是建立信任和理解的关键一步。通过倾听对方的需求和想法，可以理解对方的观点和意见，这样更有助于建立起相互信任和彼此理解的关系。

3. 提升工作效率和促进团队合作

管理倾听可以提升工作效率和促进团队合作。通过倾听员工的反馈和问题，领导可以及时解决问题，确保工作正常开展。此外，倾听还可以增进团队成员的信任和协作，提高团队成员的工作效率。

4. 帮助员工成长和发展

倾听可以帮助员工成长和发展。通过倾听员工的反馈和意见，领导可以了解员工的需求和未来发展方向，并提供建议和支持来辅助员工更好地适应工作环境，促进其未来发展。

总之，倾听是管理沟通的基础，可用来加强领导与员工之间的沟通，以达到减少误解、提高工作效率和团队合作水平等多重目的。

三、不良倾听习惯

在倾听的过程中，不同的人采取的倾听习惯是不一样的，不良倾听习惯会影响信息接收和沟通效果，以下是一些常见的不良倾听习惯类型。

1. 注意力分散型

(1) 频繁看手机或其他物品：在与他人交流时，频繁地查看手机信息、摆弄手中的物品，或者被周围的其他事物吸引注意力。例如，在会议中，参会者时不时地拿起手机刷社交媒体、回复消息，完全无法专注于发言人的讲话内容，这会错过重要的信息，也会让发言人感到不被尊重，认为自己的发言没有得到重视。

(2) 心不在焉：表面上在听对方讲话，但心思却飘到了其他事情上，可能在思考工作任务、生活琐事或者其他无关的事情。比如，下属向领导汇报工作时，领导虽然坐在那里，但眼神游离，心里想着下班后要去办的事情，对下属的汇报内容只是敷衍回应，无法准确理解下属的工作情况和需求。

2. 主观臆断型

(1) 过早下结论：在对方还没有完整表达自己的观点和想法前，就根据自己的经验、偏见或先入为主的观念，提前对对方的话语进行评判和下结论。例如，在小组讨论中，成员 A 刚提出一个新的想法，成员 B 就立刻打断说这个想法不可行，完全没有听完成员 A

对想法的详细阐述和论证，这不仅会打击成员 A 的工作积极性，还可能错过一个有价值的创意。

(2) 选择性倾听：只听取自己感兴趣或者符合自己观点的内容，对其他不符合自己预期的信息则充耳不闻。比如，在市场调研中，调研人员只关注那些支持自己原有假设的数据和观点，而忽视其他可能存在的不同意见和反馈，导致调研结果不准确，无法全面了解市场情况。

3. 缺乏互动型

(1) 不给予反馈：在对方讲话过程中，听者没有任何语言或非语言的反馈，让对方不知道听者是否理解了讲话的内容，也不清楚讲话是否引起了听者的兴趣。例如，在与客户沟通时，客户一直在讲述对产品的需求和期望，而销售人员只是默默地听着，没有任何点头、微笑或回应的话语，这会让客户感到不安，怀疑销售人员是否真正倾听和重视自己的需求。

(2) 随意打断对方：在对方还没有说完话时，就迫不及待地打断对方，插入自己的观点或想法。这不仅会打乱对方的思路，还会让对方感到不被尊重。比如，在朋友之间的交流中，一方正在分享自己的经历，另一方却频繁打断，讲述自己类似的经历，导致对方无法完整地表达自己的感受和想法。

4. 其他不良习惯

(1) 只听但未听懂：仅仅是听到了对方说的话，但没有真正理解对方话语的含义和背后的意图。例如，在接收工作任务安排时，员工虽然听到了领导的要求，但没有深入理解任务的重点、难点和目标，这会导致员工在执行任务时出现偏差。

(2) 带有情绪倾听：在倾听时，受到自己情绪的影响，无法客观地对待对方的话语。当自己心情不佳时，可能会对对方的话语产生过度敏感或抵触的情绪，从而误解对方的意思。比如，员工在与领导沟通时，因为当天工作压力大，心情烦躁，对领导的一些建议和指导产生了抵触情绪，认为领导在故意挑刺，而没有冷静地分析领导话语的合理性。

四、影响倾听效果的因素及应对策略

1. 环境因素及应对策略

(1) 噪声干扰：嘈杂的环境声音，如机器轰鸣声、他人的交谈声、交通工具的噪声等，会分散倾听者的注意力，使倾听者难以听清说话者的内容。例如，在开放式办公环境中，多个同事同时交流，各种声音交织在一起，就会干扰倾听效果。

应对策略：尽量选择安静的沟通环境，如会议室、安静的办公室等。在沟通时，提醒周围的人保持安静，或者调整沟通的时间和地点，以避开噪声高峰期。

(2) 光线与空间：过强或过暗的光线会让人感到不适，影响注意力集中；狭窄、拥挤或布局不合理的空间也会使人产生压抑感，分散注意力。比如在一个光线昏暗、空间狭小的房间里进行重要的商务洽谈，倾听者可能会因为环境带来的不适而无法专注于对方的讲话。

应对策略：选择光线适宜、空间宽敞舒适的场所进行沟通。如果沟通场所条件不佳，可以通过调整灯光亮度、重新布置空间等方式来改善环境。同时，倾听者要学会自我调节，尽量排除环境因素对自己的影响，将注意力集中在说话者身上。

(3) 时间压力：在时间紧迫的情况下，倾听者可能会急于完成任务，从而无法全身心地投入倾听中，遗漏重要信息。例如，在会议临近结束时，因为时间有限，倾听者可能会对后续的发言内容充耳不闻。

应对策略：合理安排沟通时间，提前规划好沟通的议程和时间分配，确保有足够的时间进行充分的交流。如果遇到时间紧迫的情况，倾听者要明确沟通的重点，优先关注关键信息，避免被无关内容分散注意力。

2. 个人因素及应对策略

(1) 注意力不集中：倾听者可能因为疲劳、饥饿、身体不适等生理原因，或者思虑过多、情绪波动等心理原因，无法集中注意力在说话者身上。比如，在长时间工作后，倾听者感到疲惫，在与他人沟通时就容易走神。

应对策略：倾听者要保证充足的休息和合理的饮食，保持良好的身体状态。在沟通前，尽量排除杂念，将注意力集中在当前的沟通情境中。可以通过深呼吸、调整坐姿等方式来放松自己，提高注意力。如果发现自己走神了，要及时提醒自己回到沟通内容上。

(2) 偏见：倾听者对说话者的身份、外貌、观点等存在偏见，这会影响倾听者对说话者内容的客观理解。例如，倾听者可能因为说话者的年龄、性别、学历等因素而对其观点产生先入为主的看法，从而不愿意认真倾听。

应对策略：倾听者要意识到自己的偏见，尽量保持客观、中立的态度。在沟通前，不要对说话者的观点进行预设，而是要以开放的心态去倾听和理解。尝试从说话者的角度去思考问题，尊重对方的观点和意见。

(3) 情绪问题：倾听者的情绪状态，如愤怒、焦虑、沮丧等，会影响倾听的效果。处于负面情绪中的倾听者可能会对说话者的内容产生误解，或者无法准确理解对方的意图。比如，倾听者在与他人沟通时正处于愤怒的情绪中，可能会对对方的话产生抵触心理，不愿意认真倾听。

应对策略：倾听者要学会控制自己的情绪，在沟通前先调整好自己的心态。如果情绪不稳定，可以先暂停沟通，等情绪平复后再进行。在沟通中，当意识到自己的情绪可能会影响倾听效果时，要及时提醒自己保持冷静，避免情绪化的反应。

(4) 知识水平差异：如果倾听者与说话者的知识水平差距较大，倾听者可能无法理解说话者所使用的专业术语或复杂概念，这会导致倾听效果不佳。例如，在跨部门沟通中，不同部门的人员可能使用不同的专业术语，这就需要倾听者具备一定的跨领域知识，从而更好地理解对方的意思。

应对策略：倾听者要不断学习，拓宽自己的知识面，提高自己的理解能力。在沟通前，如果知道对方的谈话可能会涉及一些专业知识，可以提前做一些功课，了解相关的概念和术语。在沟通中，如果遇到不理解的地方，要及时向说话者提问，确保自己能够准确理解对方的意思。

【相关案例9】

对患者的积极倾听

　　护士小张在某社区卫生服务中心工作，一天，李大爷前来就诊。李大爷看起来情绪低落，小张赶忙迎上去，用温和且关切的眼神看着他(肢体语言)，轻声说道："大爷，您看起来不太舒服，是哪里难受吗？"(开放式问题)

　　李大爷叹了口气说："姑娘啊，我这老毛病了，腰腿疼得厉害，这几天都睡不好觉，我这身体真是越来越差了，也不知道怎么办才好。" 小张拉着李大爷的手(建立情感联系)，让他先坐下，然后专注地听着李大爷的讲述，其间不时点头(反馈)，表示自己在认真听。

　　等李大爷说完，小张说道："大爷，您这腰腿疼肯定很遭罪，您之前有试过一些缓解的方法吗？"(开放式问题)李大爷回答说，"试过一些膏药，但效果不太好。"小张接着说："大爷，我理解您的痛苦，您先别着急，我们社区中心有一些康复理疗的项目，可能会对您有帮助。我先给您详细介绍一下，您看看适不适合您。"(表现出重视和尊重)

　　在小张的耐心倾听与积极交流下，李大爷逐渐放松了心情，也愿意配合进行后续的理疗安排，对治疗重新燃起了希望。

五、有效倾听的原则和技巧

1. 有效倾听的原则

　　(1) 尊重原则：尊重说话者的观点、意见和感受，无论对方的观点是否与自己的一致，都要给予充分的尊重。不要轻易打断对方的发言，不要嘲笑、贬低对方的观点。在沟通中，使用礼貌的语言和态度，让对方感受到自己被尊重。例如，在与不同意见的同事交流时，认真倾听对方的观点，然后客观地表达自己的看法，而不是直接否定对方。

　　(2) 客观原则：在倾听过程中，要尽量保持客观的态度，避免受到个人偏见、情绪等因素的影响。不要先入为主地对说话者的内容进行评判，而是以事实为依据，客观地理解和分析对方的话语。比如，在评价员工的工作表现时，领导要客观地倾听员工的陈述，避免因为个人喜好而影响对员工工作的评价。

　　(3) 反馈原则：及时向说话者反馈自己的理解和感受，让对方知道自己是否准确理解了其意图。反馈可以是语言上的，如"我明白了，您的意思是……"，也可以是非语言的，如点头、微笑等。通过反馈促进双方的沟通和理解。例如，在与合作伙伴沟通项目进展时，及时向对方反馈自己对项目的理解和看法，确保双方对项目的目标和进展达成一致。

　　(4) 完整性原则：要完整地倾听对方的发言，不要只听一部分就下结论。有时候，说话者可能会在后面的表达中补充重要的信息或解释，因此倾听者要耐心听完对方的全部内容。例如，在听取下属的工作汇报时，不要因为下属前面的汇报内容与自己的预期不符就打断对方，而是要听完整个汇报，全面了解工作情况。

2. 有效倾听的技巧

　　(1) 倾听要全神贯注：在沟通时，放下手中与沟通无关的事务，如关闭手机、电脑上的其他应用程序，避免被其他事物干扰。用眼神与说话者保持交流，点头示意对方自己在认真倾听，身体微微前倾，展现出对对方话语的关注和兴趣。例如，在员工向领导汇报工作时，领导停下手中正在处理的文件，眼神专注地看着员工，适时点头回应，让员工感受到领导对自己汇报的内容的重视。

(2) 理解肢体语言：不仅要关注说话者表达的内容，还要留意对方的语气、语调、表情和肢体语言等，从中体会对方的情感状态。当对方情绪激动时，给予理解和安慰，让对方感受到自己的关心。比如，在与客户沟通时，通过客户的语气和表情判断其是否对产品或服务满意，及时给予回应并解决问题。

(3) 不打断对方：很多人在倾听时，脑海中会不自觉地构思自己接下来要说的话，从而分散了注意力。倾听者要克服这一习惯，真正专注于对方的表达，理解对方的意图和感受后再思考并发表自己的观点。比如，在小组讨论中，当其他成员发言时，不要急于反驳或表达自己的想法，而是要耐心听完对方的观点后再对其进行回应。

(4) 积极捕捉关键信息：在倾听过程中，要善于识别重要的信息点，如数据、任务要求、关键决策等。倾听者可以通过记录关键词、关键句的方式来加深对关键信息的记忆和理解。例如，在会议中，参会者可以准备笔记本，记录会议讨论的重点内容、工作安排等关键信息，以便后续参考和执行。

(5) 提问与澄清：如果对说话者的内容有疑问或不理解的地方，要及时提问，确保准确理解对方的意思。提问时要注意方式方法，避免打断对方的思路。可以在对方表达停顿的时候，用礼貌的语言进行询问。例如："不好意思，我对您刚才提到的这个问题不太理解，您能再详细解释一下吗？"

(6) 总结与理解：用自己的语言把问题、情绪总结一下，复述对方的主要观点，确认自己理解正确。例如："基于你的描述，我理解你现在面临的挑战是如何在保持团队士气的同时，实现项目目标。我们可以一起探讨可能的解决方案。"

【相关案例 10】

护士的有效倾听

护士小王在社区卫生服务中心的咨询室接待了赵奶奶。赵奶奶因为近期血压波动较大且睡眠不好前来咨询。

小王看到赵奶奶，立刻放下手中其他事务，身体微微前倾，眼睛专注地看着赵奶奶(给予注意)，开始倾听。赵奶奶有些焦虑地说："我这血压忽高忽低的，晚上也睡不好，总是担心自己是否得了什么大病，这日子过得可难受了。"小王心里先假设，赵奶奶是因为对健康状况的不确定而产生恐惧和焦虑情绪。(假设了解对方)

小王轻声说道："赵奶奶，您是说您血压不稳定，晚上睡眠也差，对吗？"(重复澄清)赵奶奶点头称是。小王接着问："那您最近有按时吃降压药吗？饮食上有什么变化吗？"(给予回馈)同时，小王注意到赵奶奶眉头紧锁，双手不停地搓着衣角(注重非语言沟通)，这更加印证了她内心的假设。

小王又说："赵奶奶，我理解您现在的担心，不过您先别慌。我想确认一下，您除了血压和睡眠问题，身体其他地方有不舒服的吗？"(确认和理解)赵奶奶想了想回答说没有。小王便耐心地给赵奶奶讲解血压波动的一些常见原因以及改善睡眠的方法，还安慰她不要过度焦虑，后续会安排定期的血压监测。在小王积极倾听与专业的沟通下，赵奶奶的情绪逐渐平稳下来，也愿意配合后续的健康管理计划。

【内容小结】

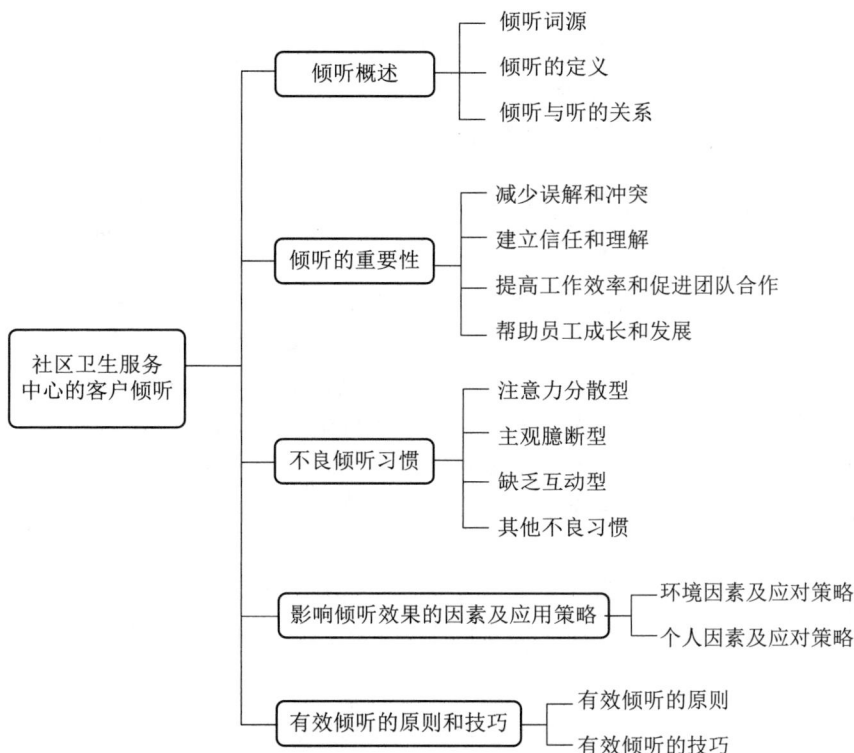

【习　题】

一、思考题

1. 当你发现团队成员存在不良倾听习惯时，你会采取哪些措施来帮助他们改进？这种帮助他人的行为对你自己的倾听习惯有什么影响？

2. 详细描述一种不良的倾听习惯，并分析这种倾听习惯可能会给沟通带来哪些影响。在实际生活中，你是否曾经遇到过这种情况？你是如何应对的？

3. 分析你是否存在倾听问题，这些问题是个人因素、环境因素还是其他因素导致的？你打算如何进行改进？

二、案例分析题

【案例1】

青岛市××社区卫生服务中心开展"用心倾听　用情沟通""中心开放日"活动

为进一步加大政务公开力度，推进透明、开放、服务型政府建设，让居民进一步了解中心的各项工作和卫生惠民政策，日前，青岛市××社区卫生服务中心邀请人大代表、政协委员、街道分管领导和市民代表近30人走进中心，开展了以"用心倾听 用情沟通"为主题的"中心开放日"活动，通过现场观摩、交流座谈等方式，让代表们"零距离"体验中心的工作开展情况。

在中心一楼综合服务区，市民代表们对改造后的开放式服务区提出表扬，提出这种开放式的服务柜台方便老年人就诊沟通；在三楼中医理疗科，代表们还咨询了目前中医理疗科开设的项目以及专家们擅长的治疗项目，为中心中医理疗科的推广工作提出了宝贵的意见。

中心工作人员通过展牌向代表们介绍了中心亮点工作，还带领大家实地参观了健康管理中心、放射科、检验科、特检科、口腔科和健康体检中心等科室。

随后，代表们来到会议室进行座谈交流，代表们对中心的环境卫生、医疗设施、技术水平、服务态度等各项工作予以高度赞扬，尤其是对中心家庭医生的工作提出表扬。同时就中心的停车秩序提出意见和建议，对中心的发展提出了建设性的意见，希望中心能进一步拓展业务，开展胃肠镜检查等医疗服务，以便更好地服务群众就医。

市民代表王××说，这样的活动非常好，很实用、很有必要，可以让我们深入地了解××社区卫生服务工作的建设情况，希望以后有更多这样的机会，也希望其他的医疗机构也能开展这样的活动。

中心借助"政府开放月"活动，建立直接对话沟通机制，让居民了解中心的各项工作和政府的卫生计生惠民政策，提高居民对中心和××卫生服务中心工作的满意度。

【案例2】

桂林市××社区卫生服务中心倾听群众心声，及时调整服务

近日，市民反映××社区服务中心儿童预防接种存在长时间排队及取号难等问题，该中心领导高度重视，及时听取民声并召开专题会议进行研究和工作部署。

记者了解到，××社区卫生服务中心的服务覆盖社区居民近9万人，为近4000名儿童提供预防接种工作。由于医务人员工作强度大，为保证儿童享受优质、安全、有序的接种服务，每天的接种针次限定为140针次，实际每天接种180～200人次，存在排长队候诊现象。因宣传、政策解释不到位，为配合全国"家庭医生签约服务包"项目试点而推行的"儿童预防接种个性服务包"让市民产生误解。

××社区卫生服务中心负责人表示，中心将暂时停止"儿童预防接种个性服务包"的签约服务，并做好后续处理工作。同时，该中心将根据情况及时调整服务，尽最大努力为群众提供方便快捷的诊疗服务。比如，针对排队取号难问题，中心根据诊疗情况及时调整服务，采取周一全天进行接种，其他时间段视接种儿童人数，增加工作人员或延长开诊时间、中午排长班，确保当天早上排队儿童都能完成接种服务；尝试建立"一儿童一卡"实名制，实行凭卡取号，杜绝一人取多号的现象，避免号源浪费；拓宽预约服务渠道，开设数字化预约服务，接受网络、电话等形式的预约。

1. 个人分析：这两个社区中心在倾听方面有哪些好的做法？
2. 小组研讨：调研当地两个社区卫生服务中心倾听工作的情况，为社会服务中心提出倾听建议，并制作PPT课件。

| 任务 4 | 社区卫生服务中心的书面沟通 |

【学习目标】

态度目标：培养管理思维和良好的书面沟通习惯，善于学习，勤于反思，精于书面沟通。

知识目标：了解书面沟通的特点、基本形式；熟悉商务信函的种类；掌握三步写作法；掌握简历的书写要点。

技能目标：在实际工作中，能够准确把握商务信函的写作要点和规范，根据不同的沟通情境和对象，灵活调整信函的内容和风格，避免出现错误和歧义；在书写商务信函时，能够保持语言表达的连贯性和逻辑性，使信函内容层次分明、条理清晰，便于对方理解和接受。

【课前预习】

1. 有效的书面沟通技巧有哪些？
2. 如何撰写清晰、简洁、有条理的邮件、报告和备忘录等商务文件？
3. 如何处理书面沟通中的常见问题(例如用词不当、结构混乱、格式不规范等)？有哪些技巧可以帮助我们规避这些问题？
4. 以个人为单位，结合课本内容，书写社区卫生服务中心信函。
5. 以小组为单位，查找不同的商务信函，说出该信函的类型。

【场景导入】

场景描述：某社区卫生服务中心通过设计清晰易懂的健康宣传材料，成功吸引了大量居民参与健康活动，社区健康水平显著提升。

问题引导：如何通过书面沟通提升健康宣教的效果？清晰的书面材料如何为居民创造更好的健康体验？

【相关知识】

一、书面沟通概述

从学习的路径来看，我们都是先学会说话，再学习写作。也许正因为如此，许多管理者在管理过程中说的内容要比写的部分多，书面沟通的意义往往被忽略。但是，书面沟通作为一种借助文字形式实现信息传递与交流的关键方式，对管理工作的高效开展起着不可或缺的作用。管理者必须给予其足够的重视，并在管理实践中对其进行合理、充分的运用。

1. 书面沟通的定义

书面沟通是沟通双方利用文字、图表、符号等书面形式来表达思想、传递信息、交流情感的过程。它与口头沟通相对，具有持久性、规范性等特点。书面沟通材料类型多样，比如，公司内部的会议纪要、工作报告、规章制度，商务往来中的合同、报价单、商务信函，以及学术领域的论文、研究报告，等等。

2. 书面沟通的特点

(1) 准确性。书面沟通材料需要编写和审核，这可保证信息的准确性。

(2) 严密性。信息呈现方式统一，在书面沟通中信息不容易被篡改，这可保证信息的严密性。

(3) 可追溯性。书面沟通有文本记录，可保存和查看，这使资料可以被检索，降低了丢失信息的风险。

(4) 可统计性。书面沟通可以方便地进行信息的筛选、分类和梳理。

(5) 负担较轻。书面沟通不需要与多人面对面进行交流，所以能较好地适应繁忙的工作节奏。

当然，书面沟通也有不足之处，例如缺乏即时性、难以表达语言语调和非语言信息、可能导致理解偏差。因此，在管理沟通过程中，应根据具体情况选择不同的沟通方式，以取得最佳沟通效果。

3. 书面沟通应遵循的原则

书面沟通中需要把握一些基本原则，这些原则可以概括为 4C，即正确(Correct)、清晰(Clear)、完整(Complete)、简洁(Concise)。

(1) 正确(Correct)。正确是写作的首要原则。也就是说，书面沟通的材料要真实可靠，观点要正确无误，语言要恰如其分。尤其是对沟通主旨的把握，在写作前一定要下一番功夫，明了写作的意图，正确地传递想要传达的信息，从而实现有效沟通。

(2) 清晰(Clear)。在正确表达的基础上，应该力求表达清晰。清晰的文章能引起读者的兴趣，也能使沟通主体正确领会内容的含义。要做到清晰，除了上面提到的选用合适的样式之外，还应该注意整体布局，包括标题、大小写、字体、文字间距、页边距等，避免影响阅读效率。如果是手写，则文字不能太潦草。文字书写是否清晰，不仅影响沟通材料的正确性，还会影响沟通主体对材料内涵的把握。

(3) 完整(Complete)。书面沟通的一大优势就是使我们有充分的时间思考问题，完整地描述事实，完整地表达思想、观点。在电话或者当面交谈时，常常会遗漏很多想要交流的事项，这是由这类沟通方式的特点决定的。在书面沟通时，为了完整地表述，应该反复检查思考，强调并指明重要事项。

(4) 简洁(Concise)。"简洁"看似与"完整"是矛盾的，这其实在于"度"的把握。"完整"是沟通表达的重要方面，但这并不意味着我们要把所有的事实、观点罗列到纸上。管理者可以通过排序的方法，把不太重要的事项删除，也可以对每一个文字进行评估，把琐碎的、没有太大价值的文字删去，使文章言简意赅。

4. 书面沟通的基本形式

书面沟通是一种非常重要的形式，它能够确保信息的准确传达和记录，以下是一些常见的书面沟通形式。

（1）报告。报告包括工作报告、市场分析报告、财务报告等。报告通常用于向上级或相关部门提供详细的信息和分析，以便其作出决策。

（2）备忘录。备忘录用于记录会议内容、决策事项、行动计划等。备忘录可以帮助团队成员回顾和跟踪工作进度，确保任务的完成。

（3）电子邮件。在现代商务环境中，电子邮件是最常见的书面沟通方式之一。电子邮件可以快速地传达信息、文件和图片，方便团队成员之间的交流和协作。

（4）信函。信函包括正式信函和非正式信函。正式信函通常用于与外部合作伙伴、客户或政府机构进行正式的沟通，如合同签订、投诉处理等。非正式信函则可以用于内部员工之间的日常沟通。

（5）通知。通知用于向团队成员发布重要信息、政策变动、会议安排等。通知可以确保所有相关人员能够及时了解相关信息。

（6）提案。在项目管理或决策过程中，提案是一种重要的书面沟通形式。提案用于提出新的项目、建议或改进措施，并阐述其可行性和预期效果。

（7）合同。合同是双方或多方之间就某一事项达成的具有法律效力的协议。合同通常包括双方的权利和义务、交易条款、违约责任等内容，它是保障双方权益的重要依据。

（8）手册和指南。手册和指南用于提供操作指南、政策解释、流程说明等信息。手册和指南可以帮助员工更好地理解公司政策和工作流程，提高工作效率。

（9）会议纪要。在会议结束后，会议纪要用于将会议讨论的内容、决策事项、行动计划等整理成书面文件，以便团队成员回顾和跟进。

（10）培训材料。培训材料包括培训手册、PPT 演示文稿等。这些材料用于帮助员工了解新技能、新知识或新政策，提高员工的专业素质和工作能力。

【相关案例 11】

社区卫生服务中心的书面沟通材料

社区卫生服务中心的书面沟通材料主要包括以下几种。

1. 患者诊疗记录：包括患者基本信息、病历和检查报告等。需要确保信息合法、准确、完整。这类信息保管中应遵循保密原则。

2. 医生的医嘱和处方单：医生根据患者实际情况出具的病历或处方单。需要确保病历和处方单准确，符合规定。这类信息保管中应遵循保密原则。

3. 管理报告：包括财务报告、工作总结等。需要确保报告数据的真实、准确，报告结构的合理，报告内容的清晰、流畅。

4. 通知和备忘录：用于传达社区卫生服务中心内部的事宜，例如会议通知、工作计划备忘录等。需要确保通知和备忘录的准确性、清晰度，以达成适当的信息传达效果。

5. 健康教育材料：包括用于宣传预防保健知识或促进健康的材料，例如宣传手册、海报、宣传广告等。

以上这些书面沟通材料在社区卫生服务中心的日常工作中非常重要，它们的主要作用是协助医务人员更好地提供服务，保障患者的健康和安全。需要注意的是，社区卫生服务中心的书面沟通材料应该符合法律法规的规定，其内容应准确、规范、保密、可靠，能够帮助医疗机构更快、更准确地完成各项任务。

二、三步写作法

三步写作法是一种有助于提高商务文书质量的方法，以下为三步写作法的步骤。

1. 规划构思

(1) 明确目标：在开始写作前，要明确书面沟通的目的。明确书面沟通材料是为了传递信息、说服对方、提出建议，还是为了记录事项等。例如，撰写一份商务报告，目标可能是向管理层汇报项目的进展和成果，以便他们作出决策；而创作一份社交媒体推广文案，目标则是吸引潜在客户的关注，促进产品销售。

(2) 分析受众：深入了解目标受众的特点，包括他们的背景、知识水平、兴趣爱好、需求和期望等。比如，给专业技术人员撰写技术报告，就需要使用专业术语和详细的数据进行阐述；若沟通对象是普通消费者，用语则要通俗易懂、生动有趣。

(3) 收集资料：围绕写作主题，广泛收集相关的信息和资料。可以通过查阅文献、调研数据、参考案例等方式获取素材。以撰写企业年度财务报告为例，撰写前就需要收集公司的财务数据、市场调研报告、行业动态等资料，为报告提供有力的支撑。

(4) 搭建框架：根据写作目标和受众需求，构建书面内容的整体框架。确定文书的结构，包括开头、中间和结尾的内容安排，以及各部分之间的逻辑关系。例如，常见的"总分总"结构，开头提出问题或点明主题，中间详细阐述观点和论据，结尾总结归纳并得出结论。

2. 撰写初稿

(1) 遵循框架：按照规划好的框架，逐步填充内容。在撰写过程中，要保持思路清晰，确保每个段落都围绕主题展开，逻辑连贯。例如，在写项目汇报的中间部分时，按照项目的不同阶段或任务模块，依次介绍项目进展情况、取得的成果、遇到的问题及解决方案。

(2) 简洁表达：运用简洁明了的语言进行表述，避免冗长和复杂的句子结构。尽量用简单的词汇传达准确的意思，让沟通主体能够轻松理解。同时，要注意语言的规范性和准确性，避免使用模糊、容易引起歧义的词汇。

(3) 突出重点：将重要的信息和观点放在显眼的位置，通过加粗、变色、使用小标题等方式对其进行强调。在撰写产品宣传文案时，可以将产品的核心卖点和优势突出展示，以吸引沟通主体的注意力。

(4) 灵活调整：在撰写初稿的过程中，如果发现原有的框架或思路存在问题，可以根据实际情况对其进行适当的调整和修改。不要拘泥于最初的规划，要保持灵活性，确保内容的质量和逻辑性。

3. 修改完善

(1) 自我审查：完成初稿后，首先要进行自我审查。检查内容的准确性、完整性和逻辑性，确保信息无误，没有遗漏重要的要点。同时，检查语法、拼写和标点符号是否正确，避免出现低级错误。

(2) 征求意见：可以将初稿分享给同事、朋友或相关领域的专业人士，征求他们的意见和建议。他们可能会从不同的角度发现问题，提出有价值的改进意见。例如，在撰写市场推广方案时，可以请市场部门的同事帮忙审核，请他们从专业的角度评估方案的可行性和有效性。

(3) 反复修改：根据自我审查结果和他人反馈的意见，对初稿进行反复修改。优化内容的结构、语言表达和逻辑关系，使文书更加完善。在修改过程中，要注重细节，不断打磨每一个段落和句子，提高书面沟通的质量。

三、商务信函

1. 商务信函的定义

商务信函即在各种商务场合或商务往来过程中所使用的简便书信，主要用来建立经贸关系、传递商务信息、联系商务事宜、沟通和洽商产销等。

2. 商务信函的种类

商务信函的种类较多，下面列举几种较常用的商务信函。

(1) 联系函：用于初次建立联系或维持现有关系，如介绍公司、询问合作意向等。

(2) 推销函：向潜在客户推广产品或服务，强调产品优势和合作价值。

(3) 订购函：买方就某项商品或服务提出购买请求，并明确数量、价格等条款。

(4) 确认函：对已达成的交易条件进行最终确认，确保双方理解一致。

(5) 索赔函：在交易出现问题时，受损方提出赔偿要求，列明损失详情和索赔依据。

3. 商务信函的写作原则

1) 准确性原则

(1) 内容准确无误。商务信函中所涉及的事实、数据、日期、金额等信息必须准确。例如，在订购函中，产品价格、规格、数量等关键信息的书写要准确清晰，避免使用错误信息给双方带来麻烦和损失。相关术语和概念的运用也要准确恰当且符合商务领域的规范和习惯。

(2) 表达方式清晰明确。表达方式应简洁明了，避免使用模糊、歧义或容易引起误解的语言。例如，在阐述合作条款时，应具体说明各方的权利和义务，不能含糊其词。

2) 完整性原则

(1) 商务信函应包含所有必要的信息，以便收件人能够全面了解信函的目的和内容。例如，在询盘信函中，除了询问产品价格外，还应询问产品的规格、数量、交货期等相关信息。对于一些重要的商务事项，如合同变更、索赔等，更要详细阐述事件的经过、原因和要求，向对方提供充分的事实依据和支持材料。

(2) 逻辑连贯合理。信函的内容应按照一定的逻辑顺序组织，段落之间、句子之间的过渡要自然流畅。例如，可以先提出问题或主题，然后分析相关情况，最后提出解决方案或建议。

3) 专业性原则

(1) 语言规范正式。商务信函通常要求使用正式、专业的语言，写作者应避免使用口语化、随意性的词汇和表达方式。例如，应使用"尊敬的先生/女士"作为称呼，而不是使用过于亲昵或随意的称呼。注意语法和拼写的正确性，避免出现低级错误，以体现企业的专业形象和文化素养。

(2) 格式规范标准。商务信函的格式有一定的规范和要求，一般包括信头、日期、称呼、正文、结尾敬语、签名等部分。各部分的排版应整齐美观，字体、字号应统一协调。

4) 礼貌性原则

(1) 态度礼貌谦逊。在商务信函中，要保持礼貌和谦逊的态度，尊重对方的权益和意见。例如，在拒绝对方的提议时，要注意措辞委婉，表达感谢的同时说明原因。避免使用生硬、傲慢或侮辱性的语言，以免引起对方的反感和不满。

(2) 语气友好亲切。尽管商务信函具有正式性，但语气上可以尽量友好亲切，拉近与对方的距离。例如，可以在信函开头适当寒暄，表达对对方的关心和问候。

5) 时效性原则

(1) 及时撰写和发送。商务信函应在合适的时间内撰写和发送，以体现企业的效率和对对方的重视。例如，对于客户的询盘，应尽快回复，一般不超过 24 小时；对于紧急事项，更要及时处理并向对方反馈处理情况。

(2) 关注时间节点。在信函中涉及的时间安排和期限等内容，要明确具体，并对其严格遵守。例如，在约定交货期时，要考虑实际生产、运输等情况，确保能够按时履行承诺。

4. 商务信函的结构

商务信函一般由信头、正文和信尾三部分组成。

1) 信头

信头即信函的开头，由发信人信息、标题、函号、称谓、收信人地址和单位等组成。

(1) 发信人名称及地址。发信人信息一般写明发信人企业单位名称、详细地址、网址，以及发信人的电话号码、传真等商务联系信息。

(2) 标题。商务信函与一般的普通信件不同，商务信函只要不是企业单位个人与个人之间的交流，一般可以有标题。标题位置在信文首页下方，居中书写，其目的是表明事由。要求该事由能概括函件的主旨、中心，使收信人通过标题对信文的主要内容有大致的了解。常见的商务信函标题有以下两种形式：

① 由事由加文种名称"函"构成，如"关于要求承付打印机货款的函""推销函""订购函""索赔函"等。

② 先写"事由"二字，加冒号提示，然后直接标写该信函的内容，如"事由：机动车索赔"。

(3) 函号。函号即编号，分为发函编号和收函编号。在信头上注明编号，可保证信函便于管理和查阅。

函号位置一般出现在标题右下方或信头的左上方。常见的有两种形式：一是仿效行政公文发文字号的格式，采用"×函〔××××〕×号"或(××××)"函第×号"的形式；二是采用直接编号的形式，如"第×号"。

(4) 称谓。称谓是对收信人或收信单位的称呼，一般书写受文者的尊称，这是商务信函必需的一项。其位置一般在标题或函号的左下方，单独占行，顶格书写，后面用冒号。书写时有以下两种称谓：

① 泛指尊称。"尊敬的"后加称谓，如"尊敬的先生""尊敬的女士"等。尊称中可以使用职务，如"尊敬的办公室主任""尊敬的财务部部长""尊敬的销售部经理"等。

② 具体称谓。在姓或名后面加称谓语。这类称谓一般用于写信人与收信人彼此认识或者非常熟悉的情况。因为这种称谓能够体现写信人与收信人之间的情感与密切关系。称谓可用泛称中的"先生""女士"等，也可以使用职务，如"尊敬的办公室石主任""尊敬的财务部张部长""尊敬的销售部王经理"等。

(5) 收信人地址、单位。收信人地址、单位要写明收信人企业单位名称及详细地址。

2) 正文

正文是商务信函的主体，用于叙述商务往来联系的实质问题。正文写作要求：内容具体，一文一事，文字简明，事实有据，行文礼貌。

(1) 问候语。问候语即应酬语或客气语。开头的问候语是商务信函必不可少的，即发信人对收信人打招呼的礼貌用语。一般用一两句话表示尊敬或感谢，如"感谢您对我们的关注和支持"等。

(2) 主体。主体是商务信函正文的核心内容，是发信人要说明的事项。不同的商务信函的内容是不同的。主体一般包括以下两项内容：

① 说明发函缘由。直截了当、简明扼要地说明发函的目的、根据、原因等内容；复函则要引叙对方来函要点，以示复函的针对性。

② 说明发函事项。主体表达信函的中心内容，一般是根据发函缘由详细地陈述具体事项，或是针对所要商洽的问题或联系事项，阐明自己的意见。要求语气平和，问题明确，事实清楚，表达明白。如商洽函的正文主体包括商洽缘由、商洽内容和意愿要求三部分；询问函的正文主体包括询问缘由和询问事项两部分；复函的正文主体包括答复缘由和答复内容两部分；商品报价函的正文主体包括产品的价格、结算方式、发货期、产品规格、可供数量、产品包装、运输方式等。如果正文主体内容简单，逻辑上可采用篇、段合一式结构；如果正文主体内容较多，逻辑上可采用分段式结构。

(3) 结尾语。正文结束以后，一般用精练的语言将主体所叙之事加以简单概括，并提出本函的有关要求，强调发函的目的。例如，请求函的结尾语可以是"拜托之事，承望协助解决为盼"，希望回函的结尾语可以是"不吝赐函，静候佳音"等。结尾语视发信人与收信人的关系以及信函的内容而定，要求恰当得体。

3) 信尾

信尾部分通常包括以下四部分内容：

(1) 祝颂语。所有的商务信函都要写明祝颂语。祝颂语分为请候语和安好语两部分。

① 请候语在正文结束后空两格书写。常用的请候语有"敬祝""顺颂""恭祝"等。

② 安好语一定另起一行顶格书写，以表示对对方的尊重。常用的安好语有"商棋""金

安""生意兴隆"等。

(2) 签署。签署即发信人的署名或签名、用印。商务信函的署名可根据企业的要求或发信人的意见而定。有的企业署名以单位名称加盖印章的方式；有的企业要求发信人直接签名，以示对信函的内容负责。个人签名一定要由发信人亲手来签。

(3) 日期。日期一般是发信的具体时间。商务信函因为涉及商务业务往来，务必写明发信日期。一般采用以下两种形式：

① 公文日期形式，即在信函签署下方用阿拉伯数字写明发信日期，如 2008 年 8 月 18 日。

② 国际标准简写形式，即在信函签署下方用阿拉伯数字标记年、月、日，在一位数的月、日前加"0"，如 2008 年 08 月 18 日。

无论哪种写法，日期务必写全，以便存档备查。如 2008 年 8 月 8 日，不能写成"08 年 08 月 08 日"。

(4) 附件。附件是随函附发的有关材料，如报价单、发票、确认书、单据等。如果需要标注附件的，在信函签署的下方可以标注附件。如果附件是两个以上的，要分别标注附件 1、附件 2 等。

5. 社区卫生服务中心的商务信函

社区卫生服务中心(下文简称中心)作为提供医疗服务的机构，其商务信函的形式多样，包括但不限于邀请函、报价单、合同、投诉处理函等。这些信函不仅用于内部管理，如员工通知和内部沟通，也用于中心与外部合作伙伴、供应商以及客户的交流。以下列举几种商务信函。

(1) 业务往来函：用于和其他医疗机构、药店、药品供应商等业务相关方通信，例如询价信、采购订单等。

(2) 约定会议函：用于安排社区卫生服务中心与其他单位或个人的会议，例如中心与卫健部门主管会面、与医联体联络员协商等。

(3) 邀请函：用于邀请其他单位或个人来到社区卫生服务中心进行参观、学习、交流活动，例如邀请重点媒体专访、邀请其他卫生机构医生培训等。

(4) 申请函：向外部单位申请合作或资源支持，如联合义诊、专家下沉坐诊。

(5) 复函：答复其他单位或居民的咨询、投诉或建议。

无论何种类型的商务信函，写作中都需要注意以下几点：

(1) 内容准确、清晰、简洁、有条理，避免用词随意，表述模棱两可或含糊不清。

(2) 信头、称呼、正文、结尾、附件等的格式要规范，排版整齐美观。

(3) 语言表述要得体、得当，以免引起误解。

(4) 遵循保密原则，确保信函中的保密信息不会被泄露出去。

(5) 对于重要信函，需要经过相应主管领导批准并签字，以保证权威性和合法性。

综上，社区卫生服务中心的商务信函在日常工作中扮演着重要的角色，它们对于交流、沟通和合作都有很大帮助。所以要仔细把握信函的格式和内容，确保信函的准确性和规范性。

【相关案例12】

社区卫生服务中心的业务往来函

尊敬的先生/女士：

非常感谢您的关注和对社区卫生服务中心工作的支持。根据我们的商业合作需要，现发送采购订单，详见附件。请您在收到本函后立即核对订单明细，如有异议，请在3个工作日内与我们联系。

本次订单支付方式为电子支付，请您在收到订单后3个工作日内完成相关支付。我们将在收到款项后的2个工作日内发货。

再次感谢您对我们工作的支持，期待我们的长期合作。

此致

社区卫生服务中心后勤保障部

日期

【相关案例13】

社区卫生服务中心的约定会议函

尊敬的××教育局主管：

感谢您对社区卫生服务中心的关注和支持。我们希望能够与您安排一次会面，就如何加强卫生教育合作进行交流，会面信息详情如下：

会议时间：×年×月×日(星期二)上午9点至11点

会议地点：社区卫生服务中心会议室

主题：社区卫生教育与教育工作的协同发展

参会人员：社区卫生服务中心主管、××教师、××主管

敬请您回复确认，以便我们按计划安排工作，谢谢！

此致

社区卫生服务中心行政办公室

日期

【相关案例14】

社区卫生服务中心的投诉建议回复函

××先生/女士：

非常感谢您来信向我们提出的关注和建议。我们非常重视您的意见，并将采取有效措施对相关问题加以改进。

您提出的问题如下：

问题1：关于医生态度问题。

问题2：关于药品质量问题。

我们承认我们的工作还存在一些问题。我们会尽快加强医生教育培训，加强药品质量监管，确保我们的服务和药品质量得到及时改进。

再次感谢您的来信和关注，我们会一直致力于为病人提供优质卫生服务。

此致

社区卫生服务中心患者服务部
日期

四、简历

简历即对履历的简要陈述，又称履历表，英文简称 CV，常用于个人求职、申请，但也可作为非求职者的经历简述。简历记载一个人的教育学历、专长以及就业经验，有时会补充个人特质、兴趣或期许。简历的主要目的是帮助求职者取得面试或访谈机会，其重要性可见一斑。

1. 简历的内容

一份简历一般可以分为以下四个部分：

第一部分为个人基本情况，应列出自己的姓名、性别、年龄、籍贯、政治面貌、学校、专业、婚姻状况、健康状况、身高、兴趣爱好、家庭住址、电话号码等。

第二部分为学历情况。应写明曾在××学校、××专业或学科学习以及起止期间，并列出所学的主要课程及学习成绩、在学校和班级所担任的职务，在校期间所获得的各种奖励和荣誉等。

第三部分为工作经历情况。若有工作经验，最好详细列明，首先列出最近的资料，然后详述曾工作的单位、日期、职位、工作性质。

第四部分为求职意向，即求职目标或个人期望的工作职位，表明求职希望得到的工种、职位以及奋斗目标，可以和个人特长等写在一起。

2. 简历制作的六大要点

(1) 真实。简历最首要、最基本的要求就是真实。诚实地记录和描述相关工作学习经历，能够使企业首先对求职者产生信任感，而企业对于求职应聘者最基本的要求就是诚实。

一些不甚明智的做法通常包括故意遗漏某一段经历，造成履历不连贯；在工作业绩上弄虚作假；夸大所任职务的责权和成果；隐瞒跳槽的真实原因，如将被迫辞职说成是领导无方，将公司倒闭描绘成怀才不遇等。

(2) 简练。招聘人员每天要面对大量的求职简历，一般粗略地阅读和筛选，每份简历的时间不超过 1 分钟。如果简历写得很长，招聘人员难免遗漏部分内容，甚至缺乏耐心完整细致地读完，这对求职者是很不利的。言简意赅、流畅简练、令人一目了然的简历，在哪里都是最受欢迎的。

(3) 重点突出。对于不同的企业、不同的职位、不同的要求，求职者应当事先进行必要的分析，有针对性地设计并准备简历。求职者要避免盲目地拷贝一份标准版简历，这会使简历呈现效果大打折扣。求职者要根据企业和职位的要求，巧妙突出自己的优势，给人留下鲜明深刻的印象。

(4) 语言准确。不要使用拗口的语句和生僻的字词，更不要有病句、错别字。外文要特别注意不要出现拼写和语法错误，一般来说，招聘人员考察应聘者的外语能力就是从一份履历开始的。同时，行文也要注意准确、规范，大多数情况下，作为实用型文体，句式以简明的短句为佳，文风要平实、沉稳、严肃，以叙述、说明为主，动辄引经据典、抒情议论是不可取的。

有的人写简历喜欢使用许多文学性的修饰语，例如，"大学毕业，我毅然走上工作岗位""几年来勇挑重担，为了企业发展大计披星戴月，周末的深夜，常常还能看到办公室明亮的灯光。功夫不负有心人……""虽然说'有则改之，无则加勉'，但领导无中生有的指责日甚一日，令我愤懑不已，心灰意冷，终挂印而去"，结尾还忘不了加上一句"我热切期待着一个大展宏图、共创辉煌未来的良机！"之类的口号。这样的简历，只会让人一笑置之。

(5) 版面美观。一份好的履历，除了以上对内容方面的要求之外，版面设计也是一个非常重要的因素，它是给招聘人员的"第一印象"。简历要条理清楚，标识明显，段落不要过长，字体要大小适中，排版端庄美观，疏密得当。不要为了节省纸张，文字排版密集而局促，令阅读者感到吃力；也不要出现某一页纸只有几行字，留下大片的空白。要注意版面不要太花哨，可采用类似公函的风格，这也能体现出求职者的基本职业素养。

通常建议使用电脑打印的文稿，如果你的字写得不错，不妨再附上一篇工整漂亮、简短的手书，这样效果会更好。

(6) 评价客观。简历中通常会涉及对自己的评价，应当力求客观公正，行文中所表现出的语气，要做到 8 个字——诚恳、谦虚、自信、礼貌，这样会令招聘者对你的人品和素质留下良好的印象。总的来说，既不能妄自尊大，也不能妄自菲薄，这一点上，分寸的把握非常重要。STAR 法则是一种在简历撰写中非常有效的工具，它可以帮助求职者清晰、有条理地呈现自己的工作经历和成果，让简历更具吸引力和说服力，有利于客观地评价自己。STAR 分别代表 Situation(情景)、Task(任务)、Action(行动)和 Result(结果)。

Situation：事情是在什么情况下发生的？

Target：你是如何明确你的目标的？

Action：针对这样的情况，你采用了什么行动方式？

Result：结果怎样，在这样的情况下你学习到了什么？

【相关案例 15】

应用 STAR 法则撰写项目工作经历

随着人们健康意识的不断提升，健康管理行业蓬勃发展。数字化转型成为行业内提升服务效率与服务质量的趋势，众多健康管理机构纷纷引入先进的数字化健康管理系统，期望借此优化服务流程、增强客户体验。Z 健康管理机构也紧跟这一趋势，积极引入了一套全新的数字化健康管理系统，然而，新系统的引入并未如预期般顺利，客户对新系统的接受度极低，系统使用率不足 30%。小张是 Z 健康管理机构的项目经理，她带领团队通过一系列的努力，最终在提升系统使用接受度和系统使用率方面收到了良好的效果。她应用 STAR 法则撰写了自己的项目工作经历。

Situation(情景)：Z健康管理机构引入了一套新的数字化健康管理系统，但客户对新系统接受度低，系统使用率不足30%，导致健康管理服务效果反馈不佳，客户流失风险增加。

Task(任务)：需要提升客户对新系统的使用率，通过系统有效管理客户的健康数据，提高客户的满意度和留存率。

Action(行动)：带领团队设计并对员工开展线上线下相结合的系统使用培训课程，制作10余个操作演示短视频，针对不同年龄段客户开展5场线下茶话会，向客户推介操作演示短视频。建立客户专属健康档案，利用系统为每位客户制订个性化健康计划，定期推送健康提醒和知识。设立专门客服团队，通过电话和微信及时解答客户在使用系统过程中的疑问。

Result(结果)：经过两个月的努力，客户对新系统的使用率提升至70%，客户健康数据完整度提高了40%。客户满意度从60%提升到80%，客户流失率降低了35%，有效增强了机构的客户黏性和市场口碑。

【内容小结】

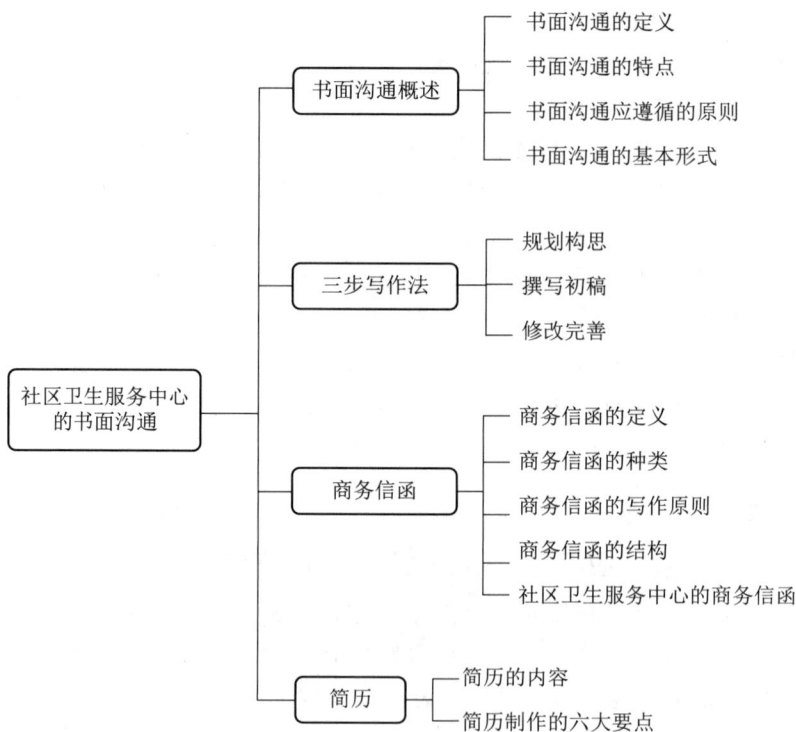

【习　题】

一、思考题

1. 回顾一次你在书面沟通中遇到的困难，思考你是如何通过反思解决问题的。反思过程对你的工作态度和书面沟通习惯产生了怎样的影响？

2. 对于一份优秀的简历，在书写要点上有哪些需要特别注意的地方？试从内容、结构、语言表达等方面进行分析。

3. 在书写商务信函时，如何保持内容的连贯性和逻辑性，使信函更具说服力？试举例说明你在组织内容时的方法和思路。

二、案例分析题

【案例1】

通川区××社区卫生服务中心工作汇报

2020年，通川区××社区卫生服务中心在区委、区政府的关心之下，在市、区卫生局的具体指导下，按照《通川区××社区卫生服务中心工作实施方案》，结合××社区实际，脚踏实地，开拓创新，中心工作成效显著，现将有关工作总结汇报如下。

1. 中心的基本情况

××社区卫生服务中心是2007年7月依托某医院部分转型成立的，是区医保定点医疗机构。几年来，在中心全体医务人员的共同努力下，社区卫生服务工作逐渐获得老百姓的认同和喜爱。××卫生服务中心辖区面积2.69平方公里，覆盖××共7个社区，服务人口6.8万人，其中，户籍人口5.4万人，流动人口1.3万人。中心现有业务用房面积1200平方米，职工49人，其中：专业技术人员41人，中级以上职称23人，占卫生专业技术人员的58%；取得达州市全科医师转岗培训13人，四川省培训3人。现中心有全科医生11人，全科护士15人，全科医师均拥有丰富的基层医疗、卫生保健工作经验，担负着社区的医疗、预防、康复、计划生育、健康教育等工作。中心设有全科医疗、儿童保健、妇女保健、计划免疫、康复理疗、中医诊室等10余个科室。中心实行社区医生负责制，每一个社区都有一个医疗团队定期下社区，为社区居民提供诊疗服务。

2. 开展工作情况

按照社区卫生服务示范中心建设标准和基本原则，社区卫生服务功能分为全科诊疗区、健康人群保健区和行政办公区，开展全科、急诊、中医、医技、防疫、儿保、妇保、康复和健康教育等工作。

1) 公共卫生工作

中心开展基线调查，根据基线调查数据统计分析辖区人口的构成，重点人群的比例、死亡原因、慢性病的顺位等情况，这有利于中心针对性地开展工作。目前已摸底调查××

×共 7 个社区，现调查总人数 28 953 人，其中，男性 13 821 人，女性 15 132 人。

2) 传染病管理

中心健全了传染病管理的各项制度，开展传染病的监测和社区传染病的健康教育宣传等工作，对发现的传染病实行网络直报。

3) 老年保健

中心对 60 岁老年人进行分级评估并进行动态管理，现调查社区共有 60 岁以上老年人 4564 人，建档 4564 人，其中：一级老人 2656 人，占 58%；二级老人 1507 人，占 33%；三级老人 401 人，占 9%。

4) 慢性非传染性疾病管理

中心按照中华医院管理学会社区卫生服务分会《社区高血压和糖尿病病例管理手册》的要求，对高血压、糖尿病病人进行规范化的管理。目前，中心社区患慢性病人数为 2385 人，约占调查总人数的 8.24%，前三位慢性病分别为高血压、糖尿病、脑血管病。其中：辖区高血压病人 1255 人，约占慢性病的 52.62%；糖尿病病人 282 人，约占慢性病的 11.82%。高血压登记建档率 100%，规范管理率 75.4%；糖尿病登记建档 100%，规范管理率 80.15%。

5) 计划免疫

中心积极加强与社区居委会的联系，加大宣传力度，通过各种渠道尽量将流动儿童搜索出来，让社区的儿童都能接受计划免疫、儿童保健等服务，充分享受公共卫生服务。目前管理儿童 1210 人，五苗接种率均为 100%。

6) 儿童保健

中心对婴幼儿做生长发育监测、合理喂养指导、常见病预防，让小宝宝定期到这里称一称，量一量，孩子长高了，长重了，让一家人分享孩子成长的喜悦。目前 0～7 岁儿童共 1210 人，约占调查总人数的 4.18%，建档 1210 人，达 100%。0～3 岁儿童中，常见病以腹泻、上呼吸道感染疾病为主；4～7 岁儿童中，常见病以贫血、龋齿、上呼吸道感染疾病为主。社区儿童生长发育合格率为 90%，患病率为 10%。

7) 妇女保健和计划生育工作

中心每年为辖区妇女包括流动妇女免费提供两次妇科病普查，开展避孕药具发放，监测孕情环情，经常深入社区开展计划生育知识宣传和指导。目前中心总调查育龄妇女 7999 人，2020 年管理孕产妇 75 人，中心还设立了计划生育咨询室，为她们提供计划生育指导和个体化的服务。

8) 精神病管理

现社区有精神病 17 人，建档 17 人，建档率达 100%，有效管理 17 人。有效管理率达 100%。

9) 健康教育

中心成立了健康教育小组，制订了健康教育计划，现有健康教育处方 21 种。小组先后在×××等 7 个社区和社区中心健康教育室开展健康知识讲座 60 多次，活动累计参加人数 3000 余人。小组还举办健康教育宣传栏 40 期，使社区居民对预防保健知识有了更多了解。

10) 基本医疗

中心设立了全科诊室，主要解决常见病、多发病，对病情较重的患者，通过双向转诊协议转到上级医院进行治疗。

11) 中医中药服务

中医药是中华医学的瑰宝，中医药因价格低廉，疗效确切，深受老百姓喜爱，老百姓有一种说法叫"药医有缘人"。中心中医诊室的医生从事中医工作30余年，有着丰富的临床经验，应用火罐、针灸、灸条、刮痧等中医药传统适宜技术为社区老百姓服务。目前，中心中医门诊量占到全部门诊人次的30%。

3. 目前存在的困难

(1) 社区有些部门对中心的工作支持度不够，给中心的工作开展带来了一定的困难。

(2) 社区人员编制至今没落实，医务人员待遇低，不利于调动工作积极性，不利于社区卫生服务工作的开展。

通川区××社区卫生服务中心
2020 年 12 月

【案例2】

高新区社区卫生服务中心工作总结

20××年，高新区汪峪街道社区卫生服务中心(以下简称我中心)严格按照《关于做好20××年国家基本公共卫生服务项目工作的通知》(辽卫发〔20××〕51 号)文件的规定开展 12 项基本公共卫生服务工作。我中心以糖尿病、高血压的规范管理，中医药健康管理及精神病、结核病患者的规范管理为工作重点，全面推进妇保、儿保、计划免疫以及老年人体检与健康教育等公共卫生服务工作。工作完成情况如下。

1. 公共卫生服务经费已拨付 126.98 万元

20××，国家规定的人均基本公共卫生服务经费为 40 元，按照 12 项公共卫生服务项目的开展情况进行拨款。我中心公共卫生服务人口为 5.83 万人，截至 20××年 12 月末，我中心全面完成 11 项基本公共卫生服务工作。高新区已经拨付我中心的公共卫生服务经费126.98 万元，到位率为 55%。

2. 健康档案建档率达标

20××年，我中心为辖区内居民建立纸质版健康档案 5.42 万份，已经建立电子档案 3.54万份，基本完成鞍山市建档率达到 80%以上的要求(齐大山镇齐欣、齐矿与齐选 3 个社区与桃山庄村的健康档案一直在立山区管理，未交付我中心)。

3. 深入社区、农村，对 60 岁以上老人开展免费健康体检

20××年，对高新区 60 岁以上 9818 名老人进行系统的健康体检，按辽宁省标准，对老人进行血常规、肝功、血脂、血糖、心电图、B 超、X 光等检查。对老人的健康情况进行系统评估，为每一位体检老人书写健康体检报告，及时将老人的体检结果返回各社区与村部。对高新区内患有高血压、糖尿病的老人进行中医中药健康指导，纠正一部分老人的

中药无毒观念、无视医生指导随便用药的倾向，指导他们合理服药，为老人的健康提供指导，帮助他们逐步建立正确的健康生活理念，保证他们的身体健康。

4. 进一步规范慢病管理，提升生活质量

20××年，按照国家慢病管理规定，我中心对高新区内 5460 名高血压患者与 3081 名糖尿病患者进行每季度一次的随访，及时跟踪他们的血压与血糖变化情况，对他们的服药、饮食进行健康指导，以延迟高血压、糖尿病并发症的出现时间，提高他们的生存质量。其中，规范管理高血压患者 3880 人次，规范管理糖尿病患者 2188 人次。高血压与糖尿病的规范管理达标率超过 35%。

同时，我中心充分利用 10 月份鞍山市分级诊疗工作全面开展的契机，主动与分级诊疗的上级对口医院——鞍山市肿瘤医院医务科联系配合，开展高血压、糖尿病防治知识宣传，充分利用健康体检的契机为高血压患者、糖尿病患者及其家属宣传相关的医疗、预防、生活保健常识，减轻这两类慢性病及其并发症的危害，保证患者的生活质量。

5. 妇幼卫生工作全面达标

20××年，我中心的计划免疫接种门诊于 10 月份正式开诊。该门诊完全按照辽宁省规范计划免疫接种门诊的科室布置、人员配备的标准进行计划免疫工作。新的计划免疫接种门诊包括候诊室、登记室、核对与接种 4 个窗口，设立了候诊区、留观区、资料室，配备 4 名医务人员开展计划免疫接种工作，接种门诊的硬件和软件配备达到省级规范计划免疫接种门诊要求。

20××年，我中心对辖区内 2334 名 0～6 岁儿童进行计划免疫接种 11 478 人次(不含齐大山防保站)。

20××年，我中心新建儿童保健册 386 份；为辖区内新生儿童进行访视、健康体检近350 人次；抽调专人利用半年时间对辖区内的全部幼儿园进行幼儿健康体检 119×× 次。

20××年，我中心为辖区内 346 孕产妇建立保健手册，按辽宁省孕产妇免费检查的时间和项目对 346 名孕妇开展免费检查。同时利用下午时间对高新区辖区的产妇进行随访，指导产妇正确哺乳，帮助产妇进行产后体质恢复。

6. 多种形式开展健康教育，倡导健康生活方式

我中心充分利用为辖区内 60 岁以上老人提供免费健康体检的契机，采取深入社区、农村的方式开展健康教育。20××年，开展健康教育专题讲座 12 次、健康咨询 8 次，滚动播放健康教育影像资料 9 份。与鞍山市肿瘤医院积极配合，开展慢性病预防与治疗、肿瘤的早期发现与预防等相关知识的宣传；聘请原鞍钢铁东医院眼科的邱主任深入中港社区开展糖尿病眼病、老年性白内障与青光眼等眼科顽症的预防与治疗讲座，提供咨询服务，获得居民一致好评。

7. 全面开展重性精神病、结核病的网络直报与管理

20××年，结合高新区重性精神病、结核病实际分布情况，我中心与高新区文教卫生局、街道、齐大山镇、村配合，全面开展重性精神病的普查工作；同时加强结核病等传染病的网络直报管理工作。针对春季、夏季传染病多发的趋势，对辖区内的中小学、幼儿园进行有针对性的传染病知识培训与健康体检，避免发生重大疾病的流行。

20××年，我中心对辖区内116名患有重性精神病居民的基本情况逐一进行摸底调查，将调查结果与鞍山市精神康复医院逐一核对，规范了对重症精神病人的管理。

8. 全面落实基本药物管理制度

我中心严格执行鞍山市基本药物管理制度，全部在辽宁省基药统一采购平台对使用的基本药物进行采购，基本药物实行零加价。

9. 多种方式协助高新区各部门开展医疗保健工作

20××年，我中心积极配合高新区各部门开展医疗保健工作。我中心在高新区市运动会运动员体检、老年节狮子杯舞蹈比赛医务后勤保障、春季防火救灾医务后勤保障等各项工作中充分发挥医疗部门的后勤保障作用，为活动的顺利进行保驾护航。

以上9方面是我中心20××年基本公共卫生工作完成情况的总结。

20××年1月7日

【案例3】

青岛市某社区卫生服务中心工作总结

××区是青岛市6个辖区之一，地处青岛市北部，是进出青岛市的交通要道，辖区内有6个街道办事处；中心街道位于××区西部，胶州湾北岸，辖管25个社区，现有社区常住人口5.6万人。中心成立于20××年9月，位于中心街道驻地，建筑面积2500平方米，下设23个一体化卫生室，中心主要为辖区内居民提供医疗、预防、保健、康复、健康教育等服务。20××年门诊量为2万余人次，20××年门诊量为40 900人次，较去年同期增长88%左右，20××年上半年门诊量26 000余人次，较去年同期增长23.71%。基本医疗服务水平不断提高。现将中心重点业务开展情况总结如下。

1. 重点工作

(1) 完善科室职能，开展多元化诊疗服务。中心现有职工44人，开设全科诊疗、中医科、妇女儿童保健科、公卫科、口腔科、计划免疫科、检验科、超声科、康复室等多个临床科室，同时不断完善服务能力。中心首先增加了艾滋病、梅毒检测项目，20××年2月份、4月份又相继开展了血脂四项、肾功四项、肝功九项及糖化血红蛋白、C反应蛋白、尿微量白蛋白等辅助检测项目。检验科20××年完成门诊人次1951余人次，较去年增长83.71%。

(2) 解难题、惠百姓，发展特色中医药诊疗服务。一是中心中医科配备艾灸仪、多功能通络治疗仪、腰椎牵引床、中药熏洗仪等多种特色中医设备，开展中药、针灸、推拿、火罐、刮痧、熏洗等中医理疗和连续性服务项目，累计开展业务1.1万余人次。其中20××年上半年中医科完成门诊人次2437余人次，较去年增长151.76%。二是为残疾人康复各项工作设置无障碍设施及通道，配备经济实用、便于使用的康复器材，开展残疾人筛查及康复等工作。三是结合老年人查体和慢性病随访及中医体质辨识工作，印制居民通俗易懂的降脂、养生等中医药健康教育小处方并发放，该类资料深受社区老年居民的喜欢，累计发放1万余份。四是聘请知名老中医医师坐诊，在恶性肿瘤、胃肠疾病等方面提供独特的治疗方案，累计治疗754人次。

(3) 打造规范化接种门诊。中心对预防接种门诊机构标识、门诊布局、人员准入、服务内涵、疫苗供应、公示内容和制度文书进行了统一制订。借助全省免疫规划信息的网络共享，实现了儿童信息录入、疫苗接种及异地接种、接种信息查询及统计分析等功能。上半年建证建卡 374 人，建证率达 100%，开展计划免疫接种 8252 针次，接种率达 98%。

(4) 开展多途径健康教育宣传，提高社区居民健康水平。一是开展健康义诊，邀请上级医院专家专题授课，开展妈妈课题、慢性病病友座谈会等多个场次的专业宣教，在宣传日传授防病治病理念，指导居民形成科学、健康的生活方式。二是在醒目位置悬挂健康教育宣传牌、设置电子显示屏、张贴宣传标语，将健康知识以图文结合的形式通俗易懂地介绍给社区居民。

(5) 信息化老年人健康查体工作，为老年人健康护航。中心 65 岁以上老年人的查体工作全部采用信息化查体车，信息采集、血压、身高、采血、彩超等项目信息的录入全部无纸化，这些措施简化、规范了查体流程。目前 20××年老年人查体工作已经完成，查体 5021 人次，查体率达 80.4%。

(6) 开展老年人体检报告面对面反馈工作。中心组织医师下乡，医师对老年人进行一对一、面对面的查体结果反馈，根据体检报告结果指导合理用药、宣传健康教育知识，排查不良生活习惯导致的健康隐患。上半年共审核查体报告 3906 份，反馈查体结果 2600 多份，同时发放健康教育宣传材料 3000 余份。

(7) 开设中心微信公众平台。20××年 3 月份中心微信公众号正式启动，关注公众号的居民可以在该公众号对中心基本情况、科室导航等进行查询。公众号向用户定期推送健康贴士、健康活动开展情况，让居民第一时间了解政策导向、中心工作动态等。现公众号已有 5 万余关注，推送多篇文章。

(8) 注重医疗安全，加强日常院感检查。一是认真开展处方点评工作，每季度将点评情况汇总得分，将点评情况直接与绩效工资和年底评先评优挂钩；开展抗生素实时监测，坚决避免两联以上抗生素滥用问题；降低抗生素和静脉点滴处方比例；开展病历、处方书写培训，全面提升医疗文书书写水平。二是严格执行查对制度，规范护理治疗，成立院内感染管理领导小组，配备相关设备设施，严格落实医疗废弃物的消毒隔离和处理。

(9) 扎实开展各项公共卫生服务。截至 20××年 6 月底，累计管理电子档案 40 533 人，达街道总人口的 85%；管理 65 岁以上老年人 6269 人，规范管理 5021 人；管理高血压患者 5776 人，规范管理 4862 人；管理糖尿病患者 2432 人，规范管理 2000 余人；管理 0～6 岁儿童 3941 人，规范管理 3546 人；新生儿访视 303 人，孕产妇早孕建册 313 人，产后访视 301 人；登记重症精神病患者 220 人。各项规范管理率均达到要求。

2. 创新工作、亮点工作

(1) 开展慢性病病友座谈会，提高社区居民健康水平。中心成立了各社区慢性病患者病友会，每季度邀请区级医院专家及中心医师下至各社区，现场免费为社区居民诊疗并提出就医指导建议。

(2) 开展中医社区服务活动，打造片区中医理疗中心。利用周末轮流抽调责任医师到社区卫生室坐诊，社区卫生室为居民提供代购业务，将煎好的中药送到居民家中，使居民足不出户可以享受看病、取药的便民服务。20××年共完成上门服务人次 400 余人次；20

××年在社区建立中医理疗中心，由中心中医医师轮流坐诊，为居民提供同等、优质、便捷的服务，现累计完成诊疗××人次，受到群众高度好评。

(3) 家庭医生签约，为分级诊疗打好基础。中心组建"全科医师+中医师+护士"的指导团队深入社区卫生室，开展"阳光家庭医生进您家，签约服务促健康"活动，指导并协助乡医团队为社区老年人做好家庭医生签约服务工作。截至20××年6月份共签约247人。

(4) 与青岛市立医院签订医联体协议。20××年 6 月份中心正式与青岛市立医院签订医联体协议，在中心全科诊室就诊的患者，可根据需要通过医联体绿色通道预约挂号、检查。中心医师将根据病人病情推荐科室及专家，让病人省时省力。

(5) 开展"阳光天使"评选活动。中心推出"阳光天使"评选活动，各科室每月推举出 1 名在工作岗位上兢兢业业、奋发有为的医务工作者，从中通过无记名投票和网络投票两种方式进行公开评选，由患者投票选出自己心中的"阳光天使"，目前为止已选出 2 名"阳光天使"，这项活动有效激励了中心职工更好地为社区居民提供优质服务，构建了更加和谐的医务人员关系，弘扬了奉献精神，树立了医务人员的良好形象，切实落实了"阳光卫计，健康同行"的主题。

20××年×月×日

1. 小组研讨：比较以上 3 个工作总结的优缺点。
2. 个人作业：选择其中一个工作总结制作汇报课件。

项目三　医务人员的管理沟通

【行业背景】

医务人员是指经过考核和卫生行政部门批准和承认，取得相应资格及执业证书的各级各类卫生技术人员。该界定应注意两个方面内容：

第一，医务人员首先应当是卫生技术人员，非卫生技术人员不得从事医务工作。卫生技术人员是按照国家有关法律法规和规章的规定取得卫生技术人员资格或职称的人员。

第二，只有按规定取得相应执业证书的卫生技术人员才能从事诊疗、护理医疗活动。

依业务性质，医务人员分为以下几类：

(1) 医疗防疫人员(包括中医、西医、卫生防疫，地方病及特种病防治，工业卫生、妇幼保健等技术人员)；

(2) 药剂人员(包括中药、西药技术人员)；

(3) 护理人员(具有相关护理学历或护士资格证书，从事医疗护理工作的专业人士，包括护士、护师、护理员)；

(4) 其他技术人员(包括检验、理疗、病理、口腔、同位素、放射、营养等科室的技术人员)。

医务人员自我沟通的重要性体现在：提高医疗效率、提高医疗质量、加强团队合作、提高工作满意度。

医务人员与患者沟通的重要性体现在：了解患者病情和需求；提高临床疗效；避免患者产生不必要的心理负担和顾虑，增强患者对医务人员的信任；提高患者对医疗管理方案的执行意愿；减少医疗争议和纠纷。

因此，加强医务人员自我沟通以及医务人员与患者的沟通，是提高医疗服务质量，有效预防和化解医务人员纠纷的重要手段之一，对创建和谐医务人员关系具有积极意义。

【项目成果】

模拟医务工作场景，开展演讲比赛，比赛应涉及自我沟通、口头沟通、书面沟通等知识点。对参赛人员的发言稿要求：采用生动、优美的语言，能够抓住听众的注意力并让他们产生强烈的情感共鸣；有独特的视角和主题，能够带给听众新奇感和引导听众多角度思考；有清晰的结构和条理，能够在叙事过程中合理地组织和展现事件；具有文学价值和审美价值，能够令听众产生一种美感体验。

任务5　　医务人员的自我沟通

【学习目标】

态度目标：养成自我沟通、主动学习、终身学习的意识；培养自我反思和持续改进的积极态度，以提升职业素养。

知识目标：理解自我沟通的概念及其在医疗环境中的重要性；掌握自我沟通的障碍，如情绪管理不当、认知偏差、环境压力等；掌握自我情绪管理和自我时间管理的基本概念、关键要素和常用方法。

技能目标：能用自我沟通的策略和技巧进行案例分析；能够准确运用自我情绪管理工具和自我时间管理工具，识别自己在情绪管理和时间管理方面存在的问题，并制订有针对性的改进措施；学会使用自我反思工具识别自己在自我沟通中存在的障碍，并制订有针对性的解决措施。

【课前预习】

1. 什么是自我沟通？
2. 小组研讨自我沟通的重要性、自我沟通的方式、自我情绪的调节方式。
3. 举例说明自我沟通的障碍。
4. 思考自我沟通的策略有哪些。

【场景导入】

场景描述：某医务人员通过积极的自我沟通，成功调节了情绪，缓解了工作压力，保持了良好的工作状态，赢得了同事和患者的一致好评。

问题引导：如何通过自我沟通调节情绪？积极的自我沟通如何为职业发展创造更好的条件？

【相关知识】

一、自我沟通概述

1. 自我沟通的定义

自我沟通将信息发送方和信息接收方视为同一行为主体，自行发出信息，自行传递信息并自我接收和理解信息的过程。

2. 自我沟通的内容

自我沟通涵盖以下四个方面的内容：

(1) 自我沟通是发生在同一行为主体上的自我意识沟通。

(2) 自我沟通是自己与自己对话，在自我沟通过程中，通过自身的独立思考、自我反省、自我认知、自我激励、自我冲突以及自我批评达到自我认同，实现内心平衡。

(3) 良好的自我沟通可使自己积极主动地排解消极负面的情绪，使自己保持良好的心境、稳定的情绪以及理智清醒的头脑。

(4) 自我沟通是一个认识自我、提升自我和超越自我的过程。

3. 自我沟通的作用

要说服他人，首先要说服自己，与他人成功沟通的前提是成功实现自我沟通。掌握自我沟通的技能是成功管理者的基本素质。自我沟通的作用体现在以下几个方面：

第一，做到自我认知。人们常说，人贵有自知之明。良好的人际沟通是建立在良好的自我沟通的基础上的。自我沟通不仅事关自己能否认知自我，也事关能否与他人建立有效的沟通。对于个人来说，通过自我沟通可清晰地知道自身的特长与爱好，帮助自己选择理想的工作。

第二，帮助管理者实现有效管理。出色的管理者十分了解自己的长处和不足，不仅懂得怎样扬长避短，而且懂得怎样改进和提升自己以弥补自身的不足，并善于和那些能够与自己优势互补的人一起工作。他们能自我反省，不断完善自我，更深刻地了解自我。

二、自我沟通的过程与特征

1. 自我沟通的过程

自我沟通过程中，信息的发送方和接收方作为同一行为主体，其过程如图 3-1 所示。

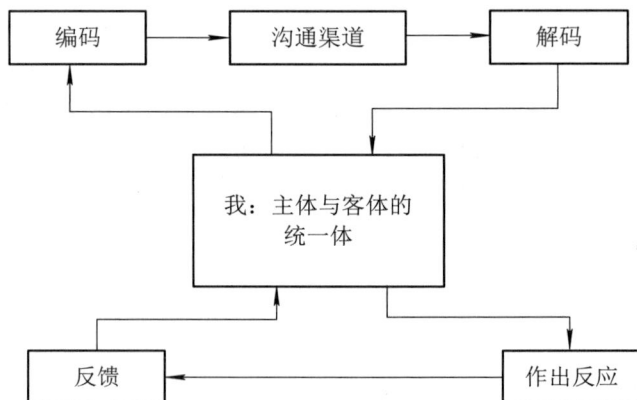

图 3-1　自我沟通过程图

2. 自我沟通的特征

自我沟通的特征主要如下：

(1) 自我沟通目的是说服自己。自我沟通常在自我认知和现实外部环境出现冲突时发生。

(2) 自我沟通的主体与客体相同。沟通的主体和客体都是"我"本身，"我"同时承担信息的编码与解码的功能。

(3) 自我沟通过程中的反馈来自"我"本身。信息的输出、接收、反应和反馈几乎同时进行，同时结束。

(4) 自我沟通中的媒介也是"我"本身。沟通渠道可以是语言、文字，也可以是自我心理暗示。

(5) 自我沟通过程中同样需要采取受众策略、信息策略、媒介策略等。

自我沟通与人际沟通的区别如表 3-1 所示。

表 3-1 自我沟通与人际沟通的区别

差异类型	人际沟通	自我沟通
主客体差异	信息发送方和信息接收方通常是两个独立的主体(如两人之间)	信息在发送方和信息的接收方是同一主体(即同一个人)，同一个人担负着信息的编码与解码的功能，因此，自我沟通的行为具有较强的内隐性
目的差异	在于与他人达成共识	在于说服自己
过程差异	包括发送方编码、沟通渠道、接收方、解码、反馈及噪声等因素	发送方和接收方是同一人，信息发出、信息接收以及反馈几乎同时发生，没有明显的时间间隔
媒介差异	可以通过语言、文字以及肢体语言等媒介来进行	既可以借助语言和文字(如自言自语、写日记)，也可以通过自我心理暗示等方式来进行

三、自我沟通的方式与障碍

1. 自我沟通的方式

自我沟通可以在闲暇之时进行，也可以在工作过程中进行，时间可长也可短。自我沟通的方式主要有：一是自我拷问，即自问自答。当自己遇到内心冲突、挫折、分歧等困惑或问题时，向自己提问。通过问自己我的认识上存在哪些偏差，我是否进行了换位思考，我绩效差的主观原因是什么，我的这个计划是否有不周全之处等问题，进行自我分析和思考，直到给自己答案。通过自我拷问，可以帮助自己理顺思路，调整心态，纠正错误。二是自我批评。自我批评就是对自己的缺点和不足进行自我反省与纠正。通过自我反省，自己可在内心深处坦然地接受自己的缺点和不足，对自己进行批评而无须考虑自尊与颜面，以便很快在行为上加以自我纠正。三是自我分析。自我分析就是借助自我认识能力，对自己进行全方位的解析和评价。管理学上常用的 SWOT 分析法也可以用于自我分析，通过分析，自己可以将自身的优势和劣势、可能的机会和威胁等一一列举出来，并进行系统分析，以便评估自己的长处和短处，从而明确自己的发展机会和威胁。

【相关案例 16】

医院的批评和自我批评

批评和自我批评是中国共产党的优良作风之一，它强调在党内开展积极的思想斗争，通过批评和自我批评来发现问题、改正错误、提高认识。这一优良作风不仅适用于党员之间，也可以应用于各行各业，包括医疗领域。相关案例如下。

某市人民医院的急诊科近期出现了几起因沟通不畅导致的医疗差错事件，引起了患者不满和家属投诉。医院领导决定召开一次专题会议，运用批评和自我批评的方法，查找问题根源，并提出改进措施。会议过程如下：

1. 自我批评

急诊科主任首先进行了自我批评，承认自己在管理上存在疏漏，没有及时组织科室成员进行有效沟通培训，导致年轻医生在处理紧急情况时缺乏经验。一位资深护士也进行了自我批评，她指出，自己在忙碌的工作中有时忽略了对新入职护士的指导和监督，未能及时发现并纠正她们的错误。

2. 批评

一位年轻的医生接受了同事的批评，他意识到自己在与患者沟通时态度生硬，没有充分考虑患者的情绪需求。另一位护士长则被批评，认为她在排班安排上不够合理，导致部分时间段人手紧张，影响了服务质量。

3. 提出改进措施

急诊科主任承诺将定期组织沟通技巧培训，并引入模拟演练，提高团队应对突发事件的能力。资深护士表示愿意担任新护士的导师，加强日常指导和监督。年轻医生计划参加心理学课程，学习如何更好地与患者及其家属沟通。护士长调整了排班系统，确保每个班次都有足够的人手，并建立了应急响应机制。

4. 结果与反思

经过这次批评和自我批评会议，急诊科的医护人员更加明确了自己的责任和不足，也学会了如何从他人的角度看待问题。通过实施改进措施，该科室的工作效率和服务质量有了显著提升，患者满意度也随之提高。

这个案例展示了批评和自我批评在促进团队合作、提高工作效率和改善医患关系方面的积极作用。

---

2. 自我沟通的障碍

自我沟通过程中常常会面临以下障碍。

一是缺乏自我认知。美国心理学家 Joseph 和 Harryington 于 1955 年从自我概念的角度对人际沟通进行了深入的研究，提出了"约哈里窗口"模型，如图 3-2 所示。该理论认为可将对事物的信息认知分为"自己知道—自己不知道"和"他人知道—他人不知道"这两个维度，依据人际传播双方对传播内容的熟悉程度，将人际沟通信息划分为四个区：开放区、盲目区、隐藏区(又称隐秘区)和未知区(也称封闭区)。

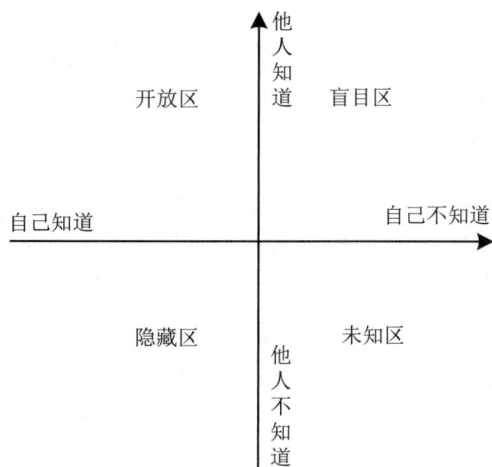

图 3-2　约哈里窗口模型

① 开放区 = 自己知道 + 他人知道。开放区越大，沟通越顺畅。

② 盲目区 = 自己不知道 + 他人知道。盲目区越大，表现为越不拘小节，但更容易夸夸其谈；说得多，从别人那里获得的对自己的反馈就越少，难以自知。

③ 隐藏区 = 自己知道 + 他人不知道。隐藏区带来神秘感，也会带来距离感。

④ 未知区 = 自己不知道 + 他人不知道。未知区大的人，容易失去很多机会；多去做一些难事，多一些挑战，或许更有利于激发自己的潜能。

约哈里窗口模型后来成为被广泛使用的管理模型，用来分析及训练个人的自我意识，增强信息沟通、人际关系、团队发展、组织动力以及组织间的关系。扩大开放区有三种途径：

① 打开隐藏区。愿意向他人分享自己的经历、观点、想法，并且能够识别自己与他人的共同点与差异之处。

② 减少盲目区。愿意倾听他人的意见，并且能够识别他人意见的真实性和价值。

③ 探索未知区。能够与不同的人就感兴趣的话题展开讨论，通过讨论澄清事实，形成更深刻的见解。

二是人生没有目标。树立目标是自我沟通、自我激励的重要环节。目标的树立与追求是认识自我、激励自我的内在驱动力。如果一个人在自己的职业生涯中既没有志向也没有目标，做一天和尚撞一天钟，得过且过，那么很难想象他会对生活和事业充满激情。

三是疏于理性思考。自我沟通也是一个自我反省的过程，通常需要独处静思，需要对自我认知进行梳理。然而，有的人生性急躁，或身处感情的旋涡，难以摆脱压抑的心理状态，对外界的正面信息持逆反心态，不愿进行理性思考。

四、自我情绪的调节

情绪调节与自我沟通之间存在着密切的关系。情绪调节是指个体对自身情绪体验的管理和调整，情绪调节策略的选择和应用直接影响个体的情绪状态和社会功能，对于促进心理健康和适应社会具有重要意义。

1. 情绪的类型和状态

人类在认识外界事物时，会产生喜与怒、乐与苦、爱与恨等主观体验。人对客观事物的态度体验及相应的行为反应称为情绪。情绪是人对客观事物是否符合主观需要而产生的心理体验，是伴随特定生理反应与外部表现的一种心理状态。

情绪可以分为与生俱来的基本情绪和后天学习到的复杂情绪。基本情绪的类型有四种，即快乐、愤怒、恐惧与悲伤。快乐是追求某种目标并实现目标时所产生的满足体验。愤怒是由于受到干扰而使人不能达到目标时所产生的体验。恐惧是企图摆脱、逃避某种危险情景时所产生的体验。悲伤是在失去心爱的对象、愿望破灭、理想不能实现时所产生的体验。在以上四种基本情绪之上，派生出众多的复杂情绪，如厌恶、羞耻、悔恨、嫉妒、喜欢、同情等。积极的情绪包括快乐、愉快、喜欢、高兴等，消极的情绪包括愤怒、悲哀、恐惧、害怕、抑郁、焦虑等。

情绪的状态主要包括以下 3 种：

一是心境。心境是一种具有感染性的、弥散性的、比较平稳而持久的情绪状态，通常叫作心情。当人处于某种心境时，会以同样的情绪体验看待周围事物。如人伤感时，会见花落泪，对月伤怀。心境体现了"忧者见之则忧，喜者见之则喜"的弥散性特点。平稳的心境可持续几个小时、几周、几个月甚至一年以上。例如：某学生高考失败后一个月依旧郁郁寡欢。这说明其情绪状态维持的时间长，体现了长期性。

二是激情。激情是一种爆发快、强烈而短暂的情绪体验。比如，人在突如其来的外在刺激作用下，会产生勃然大怒、暴跳如雷、欣喜若狂等情绪反应。在这样的激情下，人的外部行为表现得比较明显，生理的反应也比较强。例如：范进中举。范进得知中举后，就在那短暂的一段时间呈现疯狂的状态，之后又恢复了正常。

三是应激。应激是指在意外的紧急情况下所产生的适应性反应，是在出现意外事件和遇到危险情境时所出现的高度紧张的情绪状态。当面临危险或突发事件时，人的身心会处于高度紧张状态，从而引发一系列生理反应，如肌肉紧张、心率加快、呼吸变快、血压升高、血糖增高等。例如人在动物园看到老虎冲出围栏的瞬间，在这种状态下当事人无疑会高度紧张，也会发生应激反应，比如肾上腺素提升等。应激的状态不能维持过久，因为这样很消耗人的体力和心理能量。若人长时间处于应激状态，对健康是不利的，可能导致疾病。

2. 情绪管理

情绪管理，对于每一个个体而言，都是一项至关重要的技能。它不仅涉及个人内在的情绪调控，还涵盖了对他人情绪的敏锐观察和恰当反应。在日常生活和工作中，我们时常面对各种情绪挑战，如压力、焦虑、愤怒、喜悦等。有效地管理情绪对于提升个人生活质量、维护人际关系以及实现事业成功都至关重要。

1）情绪管理的 3 个层次

首先，自我认知是情绪管理的基石。我们需要深入了解自己的情绪，认识到不同情绪产生的原因和影响。通过反思和自我观察，我们可以逐渐了解自己的情绪模式，从而有针对性地制订情绪管理策略。保持开放和接纳的态度，不轻易否定或压抑自己的情绪，也是实现自我认知的关键。

其次，自我控制是情绪管理的核心。当情绪高涨时，我们需要学会保持冷静和理智，不被情绪所左右。这需要我们具备强大的意志力和耐心，通过深呼吸、冥想、放松训练等方式来缓解紧张情绪。同时，我们还应该学会换位思考，从他人的角度理解问题，以减少冲突和误解。

此外，保持自我驱动力也是情绪管理的重要组成部分。我们应该积极调整自己的心态，用积极、乐观的情绪去面对生活中的挑战和困难。通过设定明确的目标和计划，我们可以激发自己的内在动力，不断向前迈进。

2）应用 PAC 理论进行情绪管理

PAC 理论又称为相互作用分析理论、人格结构分析理论、交互作用分析、人际关系心理分析，由加拿大心理学家 Eric Berne 于 1964 年在《人们玩的游戏》(*Game People Play*) 一书中提出。

这种分析理论认为，个体的个性是由三种比重不同的心理状态构成的，这就是"父母 Parent""成人(Adult)""儿童(Child)"三种状态，这三种状态在每个人身上都交互存在，也就是说，这三者是构成人类多重天性的三部分。

"父母"状态以权威和优越感为标志，通常表现为统治、训斥等家长制作风。当一个人的人格结构中"父母"状态占优势时，这种人的行为表现为凭主观印象办事，独断专行，滥用权威，这种人讲起话来总是"你应该……""你不能……""你必须……"。

"成人"状态表现为注重事实根据和善于进行客观理智的分析。这种人能从过去存储的经验中，估计各种可能性，然后作出决策。当一个人的人格结构中"成人"状态占优势时，这种人的行为表现为待人接物冷静，慎思明断，尊重别人。这种人讲起话来总是"我个人的想法是……"。

"儿童"状态表现为像婴幼儿般冲动，服从和任人摆布，一会儿逗人可爱，一会儿乱发脾气。当一个人的人格结构中"儿童"状态占优势时，其行为表现为遇事畏缩，感情用事，喜怒无常，不加考虑。这种人讲起话来总是"我猜想……""我不知道……"。

根据 PAC 理论，人与人相互作用时的心理状态有时是平行的，如父母—父母，成人—成人，儿童—儿童。在这种情况下，对话会无限制地继续下去。如果遇到相互交叉作用，出现父母—成人，父母—儿童，成人—儿童状态，人际交流就会受到影响，信息沟通就会出现中断。在父母—儿童这种关系中，主管对员工说话就像家长对孩子一样，员工的回答就像孩子对家长一样。例如，主管说："小李，我希望你停下手中的活，赶快去供给室把为我准备的箱子取回来。"员工回答道："我不想去，因为我很忙；但既然你是我的上司，我不得不去取。"最理想的相互作用是成人—成人。这种交互作用促使问题得到解决，视他人同自己一样有理性，降低了人们之间感情冲突的可能性。

我们从 PAC 理论得到的启示是：增强自我意识，识别自己在不同情境下的心理状态，了解自己何时倾向于哪种状态。学习管理自己的情绪，尤其是管理自己在"儿童"状态下的冲动反应。在作决策时，尝试使用"成人"状态，基于事实和逻辑进行分析，使用"父母"状态的积极方面来激励自己，比如设定目标和鼓励自己。

3) 情绪调节策略

情绪调节的策略多种多样，以下是一些常见的方法。

(1) 认知重评：通过重新审视和评价事件的意义和重要性，以改变我们的情绪状态。例如，当我们遇到挫折时，可以反思自己的行为和反应，从中学习并调整自己的认知，从而减轻负面情绪。

(2) 转移注意力：将注意力从负面情绪转移到其他事物上，例如进行一项有趣的活动、与朋友交流、阅读书籍等。这可以分散我们的注意力，减轻负面情绪的影响。

(3) 放松身体：通过深呼吸、渐进性肌肉放松、冥想等技巧放松身体。身体放松可以帮助缓解紧张和焦虑等负面情绪，提高情绪状态。

(4) 社交互动：与他人交流和互动可以带来情感支持和安慰，减轻负面情绪的影响。与亲朋好友分享自己的感受和经历，或者参加社交活动，都可以提高我们的情绪状态。

(5) 表达情绪：学会表达自己的情绪是情绪调节的重要方面。可以用写日记、绘画、唱歌等方式表达自己的情绪，以减轻负面情绪的影响，同时提高我们的情感表达能力和自我意识。

(6) 积极思考：思考积极的方面和未来的可能性，可以提高我们的情绪状态。例如，当我们面临困难时，可以思考解决问题的方法和可能得到的帮助，从而增强我们的信心和乐观态度。

(7) 调整生活方式：保持健康的生活方式，例如规律作息、健康饮食、适度运动等，可以提高我们的情绪状态和心理健康水平。

五、自我沟通策略

自我沟通的基本策略包括自我认知、自我暗示、自我激励、自我调适、自我超越、自我时间管理。

1. 自我认知

所谓自我认知，是指通过不断学习和实践，深刻体会自我，客观认识自我，看清自己到底在追求什么，全面认识自己的能力、地位、优点、缺点、态度、价值观和领悟能力，从而给自己准确定位，迅速找到自己的社会价值，扬长避短，充分发挥自己的最大潜能。

老子说过:"知人者智,自知者明。"自我认知并非易事,正确的自我认知的途径有哪些呢?一是亲友方面的反馈。由于亲人之间的血缘关系,亲友在不经意间对你的道德形象的描绘中,往往认同占主导地位。也就是说,他们在指出你的缺点时,会不自觉地淡化实际状况。二是好友方面的反馈。在一群经常往来的好友之间,彼此心理上没有特殊的倾向性,好友在不经意间对你的道德形象的描绘,往往评价多于认同。他们会直言不讳地指出你的缺点和不足,且评价大致接近你的真实情况。三是同事、同学的反馈。由于这些人与你相处时间长,工作学习联系密切,互相之间更加了解,这种了解是一种更趋理性的了解,其评价更能反映客观实际。四是审视自我、了解自我这一特殊途径,通过自我肯定、自我评价等内心沟通活动来进行。

2. 自我暗示

自我暗示是通过自己的认知、言语、想象等心理活动向自己发出刺激,以影响自己的情绪和意志的一种心理方法。在运用自我暗示进行自我沟通时,应多用积极的自我鼓舞,多以积极向上的思想、语言提醒自己,尽量避免消极的自我暗示。当你遇到不快的事情时,应告诉自己"不要去想它""忘记过去的不快"。

如果期待成功,就要对自己说,我一定会成功。如果你要做一个自信的人,可以对自己作出一些积极的自我暗示,比如,走路昂首挺胸,说话铿锵有力,做事果断利索。其实,越是难处时,越是修心时,正如王阳明所说:"人须在事上磨,方能立得住,方能静亦定,动亦定。"事实表明,积极的自我暗示有利于激发自己的潜能,潜移默化引导自己走向成功。

3. 自我激励

自我激励指使自己具有一股内在的动力,向所期盼的目标行动的过程。有颗强大的内心,便能无往而不胜。心理学家对人类行为的研究表明,没有受到激励的人,其能力仅发挥了20%~30%,而受到激励后,其能力的发挥相当于激励前的3~4倍。激励可以通过本人对自身的鼓励或由外部的激励来实现,外部激励毕竟是有限的,成功者的经历表明,强烈的自我激励是成功的先决条件。人们在前进中需要勇气与力量,人的内心常常存在渴求激励的欲望。如果没有激励,人们就会缺乏热情,丧失信心。自我激励必须建立在科学的方法之上。下面介绍自我激励的12种方法。

(1) 设定具体目标:明确的目标可以帮助个体集中精力,并为个体目标的实现提供方向。将大目标分解为小的、可实现的阶段目标,有助于逐步推进并保持动力。

(2) 积极心态:保持乐观的态度,相信自己能够克服困难和挑战。

(3) 增强自我效能感:通过经历成功(如完成任务或克服挑战)来增强个体对自己能力的信心。这种信心可以进一步激发更多的努力和坚持。

(4) 自我奖励:为自己实现的小成就提供奖励,无论是物质的还是非物质的奖励,都可以作为激励手段,帮助自己克服自我控制问题。

(5) 回顾与反思:定期回顾自己的成就和进步,认识到自己的努力和成果。用积极的言语鼓励自己,避免消极的自我对话。

(6) 寻找榜样：找到自己敬佩的榜样，学习他们的优点和成功经验。

(7) 培养兴趣：发展个人兴趣爱好，从中获得乐趣和成就感。

(8) 社交支持：与积极向上的朋友和家人保持联系，他们的支持和鼓励可以增强你的动力。

(9) 健康生活：保持良好的生活习惯，如规律的饮食、充足的睡眠和适量的运动，这些都有助于你提高精神状态和身体健康。

(10) 学习新技能：不断学习新的知识和技能，提升自己的能力和自信。

(11) 打造积极的学习环境：创造一个有利于工作和学习的环境，减少干扰因素。

(12) 灵活调整：遇到困难时，要灵活调整策略和方法，不固执于一种方式。

【相关案例 17】

护士长的倾听

某医院护士长负责领导一个护理团队，每天需要处理大量的工作任务。工作中要带领护士们应对各种突发状况。护士长发现，有些护士在工作中会出现情绪问题，这影响了工作效率和团队氛围。为了解决这个问题，护士长采取了以下措施。

1. 倾听团队内部的心声。护士长鼓励团队成员进行集体心理疏导，让护士们倾吐自己的心声，帮助护士获得有效的身心疗愈。护士长经常关注每个护士的情绪状态，及时找到问题原因，提供帮助和支持。

2. 制订明确的工作目标和任务。护士长会定期与团队成员进行沟通，明确每个护士的工作任务和职责，以便更好地组织和管理团队的工作。同时，护士长也会为每一个护士制订具体可执行的工作计划，让他们更清晰地了解工作任务的内容和重要性。

3. 使用积极和正面的自我对话。护士长鼓励团队成员使用积极和正面的自我对话，鼓励自己，增强信心，并快速调整自己的思维和情绪。护士长应经常与团队成员进行交流，明确团队成员的优点和长处，并鼓励护士增强自信心。同时，设立团队口号："携手共进，自信满满"，鼓舞大家的工作热情。

通过上述措施，护士长成功地解决了护士情绪问题和团队管理问题。护士们能够更加有效地完成工作任务，并积极反馈和提交任务结果，护士团队内部也更加紧密团结，团队取得了显著的工作成果。

---

4. 自我调适

自我调适指个体为了不断提高自身的社会适应能力，对自身的认知、情感、行为等心理因素进行调整的过程。人们在人际交往中，常常会思考自我能否适应社会的问题。在管理过程中，尤其是在新组建的团队工作中，自我行为习惯与新的环境之间必定存在差异，自我容易在内心产生适应环境方面的强大压力，要消除这种压力，使自己尽快适应外部环境，就必须自我调适。

自我调适并非易事，正确的自我调适的途径有以下几个。一是正视自我，正确评价自我，既要充分了解自己的优点，又要正确认识自身的不足。二是认识环境，顺应环境。

人到了一个新环境，就要去了解它、认识它，尤其是要了解自己所处的环境有哪些变化和特点，针对这些变化和特点，明白自己应该作出哪些自我调整，客观地认识环境并接受它。三是换位思考，宽以待人。在与人交往的过程中，应保持一颗平常心，严于律己，宽以待人，学会换位思考，以积极的视角去审视那些令自己不快的人和事，重新认识客观实际，使自己的内心平衡。比如，一位护士在处理一位病情复杂且情绪低落的患者时感到沮丧。她通过短暂的休息和情绪管理技巧来调整自己的情绪，然后以更大的耐心和同情心对待患者，获得患者的一致好评。总之，只有充分认识自我，充分认识自身与环境的关系，才能调适自我，使自己始终保持积极乐观的情绪，努力克服消极的情绪，从而不断增强对环境的适应能力。

5. 自我超越

自我超越是指个人在面对挑战和困境时，能够超越自身的限制，实现个人成长和进步。自我超越不仅包括克服困难的能力，还涉及对更高目标的追求和对个人潜能的挖掘。在管理沟通中，自我超越意味着员工能够主动承担责任，积极寻求解决问题的方法，而不是被问题所困。这种能力有助于提高团队的整体效率和协作水平。比如，急诊科医生在连续工作数小时后，面对病情复杂的患者的救治需求，尽管身心疲惫，医生仍通过自我激励和情绪管理技巧，保持冷静和专注，成功进行了紧急手术，挽救了患者的生命。又比如，在病房人手不足的情况下，护士主动加班加点，确保所有患者的护理需求得到满足。医生、护士的责任心和自我牺牲精神体现了高度的职业素养和自我超越的能力。

【相关案例 18】

科学家的自我超越

屠呦呦是首位获得诺贝尔生理学或医学奖的中国本土科学家。她的工作经历充分体现了她在健康领域的自我超越。

1. 临危受命，勇挑抗疟研究重担

20世纪60年代，疟疾在全球肆虐，严重威胁人类健康。20世纪中期，越南战争爆发，越南方面因疟疾影响战斗力，向中国求助。1969年，屠呦呦临危受命，担任中医研究院中药抗疟科研组组长，负责国家"523"抗疟药物研究的任务。在科研条件极其艰苦的情况下，她带领团队开启了艰难的抗疟药物研究之旅。

2. 刻苦钻研，从传统中医中寻找突破

屠呦呦和她的团队深入研究中医典籍。通过查阅大量古代文献，她从《肘后备急方》中"青蒿一握，以水二升渍，绞取汁，尽服之"的记载中获得灵感，意识到传统的中药煎煮方法可能破坏了青蒿的有效成分。她不断尝试不同的提取方法和溶剂，经过无数次实验，终于利用乙醚从黄花蒿汁液中提取对疟原虫有抑制作用的青蒿素。1971年10月，屠呦呦和她的团队经过第191次实验，获得了对疟原虫有100%抑制率的青蒿乙醚中性提取物，这是青蒿素发现史中最为关键的一步。

3. 以身试药，确保药物安全性

在青蒿素的动物实验中，个别实验动物出现中毒现象，这让药物的安全性受到质疑。为了尽快确定药物的安全性，加快研究进程，屠呦呦等 3 名科研人员不顾个人安危，亲自试服该提取物。经过一段时间的观察，证明了药物对人体无毒无副作用，为后续的临床试验奠定了基础。

最终，屠呦呦成功提取出青蒿素，为全球疟疾防治提供了有效的治疗药物，拯救了数百万人的生命。她的创新思维和勇于突破传统的精神，不仅实现了个人在科研领域的自我超越，也为全球健康事业作出了不可磨灭的贡献。

6. 自我时间管理

在实际的工作或学习中，所有的活动既有紧急程度的不同，也有重要程度的不同，确定轻重缓急是一个有效工作者的基本技能。时间管理矩阵帮助我们确定是否应该首先把时间花在某个活动上，活动一般包括紧急程度和重要程度两个维度，如图 3-3 所示。

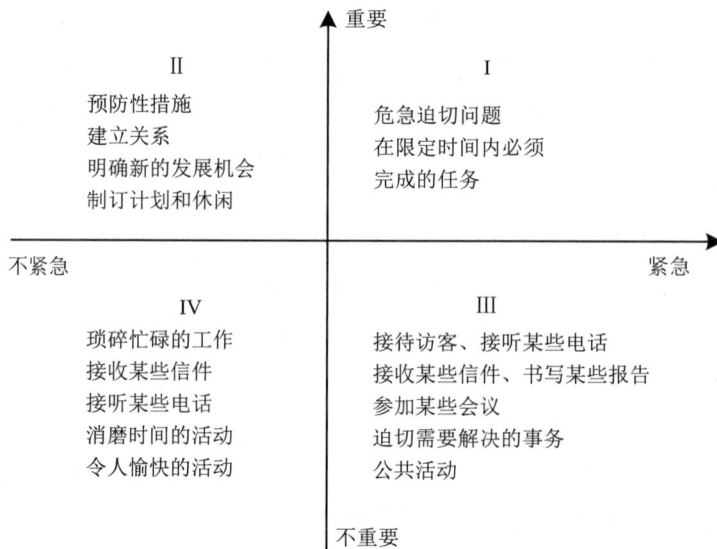

图 3-3　时间管理矩阵

第 I 象限中的活动，紧急又重要，这个象限包含的是一些紧急而重要的事情，这一类的事情具有时间上的紧迫性和影响上的重要性，无法回避也不能拖延，必须首先处理，优先解决。例如，突然遭遇严重车祸，身体多处受伤，需要立即送往医院进行手术、抢救等紧急医疗处理，面对这种关系生命安全和身体健康的紧急大事，必须马上采取行动。

第 II 象限不同于第 I 象限，这一象限的事件不紧急但重要。比如长期的健康生活方式养成，包括均衡饮食、适量运动、规律作息等。这些行为虽然不会立即产生明显的效果，但对于预防慢性疾病、提高身体免疫力、维持身体健康状态具有至关重要的作用，是长期健康管理的基础。

第Ⅲ象限中的活动是紧急但不重要的，这一象限的事件具有很大的欺骗性。很多人认识上有误区，认为紧急的事情都显得重要。比如某种健身或养生方法在网络上突然流行起来，周围很多人都在跟风尝试，而自己并没有充分了解其科学性和适用性，就盲目跟风参与。又比如，看到别人都在做某种网红减肥操，便立刻跟着做，结果可能导致运动损伤。

第Ⅳ象限中的活动是一些琐事，没有时间上的紧迫性，没有任何的重要性，比如，长时间沉迷于电子设备，整天刷手机、看电视、玩电子游戏等，使我们忽视了身体的活动和休息；过度饮酒、吸烟、熬夜等不良生活习惯，这些行为对健康没有益处，甚至会对身体造成长期的损害，应尽量减少或戒除。

运用时间管理矩阵我们需要做到：

(1) 将自己的工作或学习活动按紧急和重要的程度合理地划分到不同的象限中去；

(2) 将大部分时间和精力用于属于第Ⅱ象限的工作；

(3) 许多第Ⅰ象限的工作，实际上也是由于没有按照第Ⅱ象限的工作去做而产生的，应当纠正；

(4) 不要被第Ⅲ象限中的一些活动假象所迷惑；

(5) 根据第Ⅱ象限的工作来制订计划；

(6) 用80%的时间做第Ⅱ象限和第Ⅰ象限的工作，20%的时间做其他象限的工作。

【内容小结】

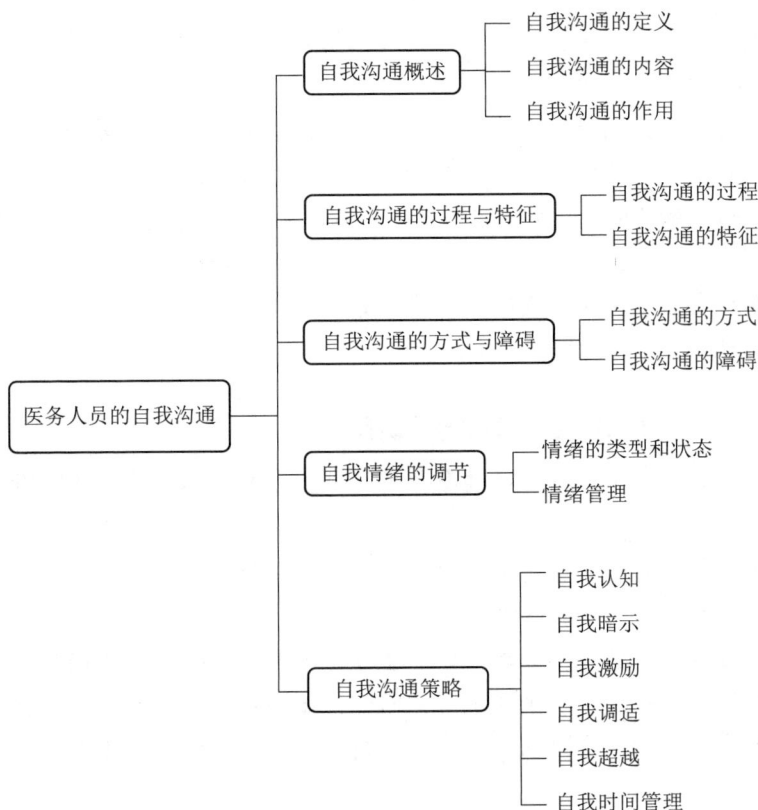

【习 题】

一、思考题

1. 请分享一次你主动学习与自我沟通相关知识的经历，你是如何发现自己需要学习这方面知识的？这次学习对你产生了怎样的影响？

2. 当你在学习或工作中遇到失误或挫折时，你是如何通过自我反思来实现持续改进的？请举例说明这个过程对你的成长有何帮助。

3. 请举例说明如何利用自我时间管理工具来发现自己在时间管理方面存在的问题，并对此制订有针对性的改进计划。

4. 你是如何使用自我反思工具来识别自己在自我沟通中存在的障碍的？在识别出障碍后，你采取了哪些具体的措施来克服它们？

二、案例分析题

【案例 1】

急诊科医生的自我超越

急诊科医生小张每天面对大量的急诊病人，工作压力巨大。为了应对这种压力，他开始进行自我沟通和自我超越的实践。

小张在每天工作结束后，都会花时间反思自己的表现，思考哪些地方做得好，哪些地方需要改进。他会与自己对话，鼓励自己面对困难，保持积极的心态。

通过不断的自我沟通和反思，小张逐渐提高了自己的业务能力和应对紧急情况的能力。他开始主动承担更多的责任，参与更复杂的病例处理，并在实践中不断学习和成长。最终，他成为急诊科的核心力量，为患者提供了更好的医疗服务。

【案例 2】

护士长的自我管理与团队建设

某医院的护士长小李负责一个护理团队，她意识到自我管理和团队建设对于提高护理质量至关重要。

小李每天都会花时间与自己对话，设定个人目标和计划，明确自己的职责和使命。她会反思自己的领导风格和管理方式，寻找改进的空间。

在自我沟通的基础上，小李开始着手改善团队的工作环境和氛围。她组织团队成员进行培训和学习，以提高大家的专业技能和服务水平。同时，她还注重团队建设，增强团队凝聚力和向心力。在她的领导下，护理团队的整体素质得到了显著提升，为患者提供了更加优质的护理服务。

【案例3】

医生的自我激励与职业发展

某医院的医生小王对自己的职业发展感到迷茫，他开始进行自我沟通和自我激励，以寻找新的发展方向。

小王会定期与自己进行深入的对话，思考自己的兴趣、优势和价值观。他会设定明确的职业目标，并制订实现这些目标的计划。

在自我沟通的过程中，小王逐渐明确了自己的职业方向，并开始积极寻求机会进行深造和学习。他参加了各种学术会议和研讨会，与同行交流经验，不断拓宽自己的视野和知识面。同时，他还积极参与科研项目和临床研究，努力提升自己的科研能力和临床水平。最终，小王在职业生涯取得了显著的成就，成为一名备受尊敬的医学专家。

【案例4】

护士小李的时间管理之道

小李是一名在医院工作的护士，她每天需要照顾多位患者。她的工作内容包括给病人测血压、打针、换药、记录病人情况等。由于每个病人的情况不同，小李需要根据实际情况合理安排时间，以确保每个患者都能得到及时的照料。

为了更好地管理时间，小李制订了一份科学的时间管理计划。每天下班前，她会制订第二天的工作计划，并列出每位患者需要接受的护理项目。计划中，她会根据病人的病情轻重，按照时间管理方法，将任务按照优先级进行排序，确保重症患者能够优先得到照料。

小李还会根据自己的工作经验和专业知识，合理安排每个护理项目所需的时间。比如，给病人测血压可能需要 5 分钟，打针可能需要 10 分钟，换药可能需要 20 分钟。小李会精准地计算每个项目所需的时间，并预留一定的缓冲时间，以应对突发情况的发生。

在日常工作中，小李会严格按照工作计划进行操作，确保每个患者都能及时得到照料。如果工作中出现了中断或延误的情况，小李会及时调整计划，合理分配时间，确保工作的顺利进行。

小李还会定期进行时间管理的回顾和总结。她会分析每天的工作情况，找出存在的问题和不足，然后反思如何改进。比如，是否可以简化有些护理项目、是否可以优化流程，是否有些任务可以委托给其他同事或者实习生等。

通过科学合理的时间管理，小李的工作效率得到了显著提高，工作压力也得到了有效缓解，患者们也能得到更加细致周到的照料。

1. 小组研讨：

(1) 思考以上医务人员应用了哪些自我沟通技能？

(2) 请策划一次团队建设活动，旨在增强团队成员之间的信任和合作。在活动中，如何运用自我沟通的技巧来促进团队成员之间的相互理解和支持？根据文档型作业评价标准，做出一份高质量文档。

2. 个人作业：请描述你在工作或学习中遇到困难时，如何通过自我沟通找到解决问题的方法。你在这个过程中有哪些收获？

任务6　医务人员的口头沟通

【学习目标】

态度目标： 在沟通中始终保持对他人的尊重；对新观点和反馈意见持开放态度，愿意接受他人的意见和建议；对自己的沟通内容负责。

知识目标： 能够准确理解面谈的含义，区分面谈的种类；掌握绩效反馈的面谈技巧；能对招聘面试程序进行详细拆解，明确每个环节的目的和作用；能够对演讲稿的撰写质量进行全面、客观的评价，从内容、结构、语言表达等多个维度指出其优点和不足，并提出合理的改进建议。

技能目标： 能根据不同的面谈类型和目的，调整沟通策略和技巧，以达到最佳效果；能通过实践和反思，不断提高自己的演讲技巧，包括语言表达、肢体语言和观众互动等。

【课前预习】

1. 面谈的类型有哪些？
2. 演讲的类型有哪些？
3. 口头沟通的技巧有哪些？
4. 如何通过口头沟通来与患者建立良好的医务人员关系，以促进健康管理行为的顺利进行？
5. 以小组为单位，模拟面试场景，录制成视频。

【场景导入】

场景描述： 某医生用通俗易懂的语言与患者沟通，帮助患者更好地理解治疗方案，患者依从性显著提高，治疗效果显著改善。

问题引导： 如何通过口头沟通提升医患关系？通俗易懂的语言如何为患者创造更好的治疗体验？

【相关知识】

一、口头沟通概述

语言是人类的交际工具和思维工具，是人们沟通信息、交流思想、联络情感、建立友谊的桥梁。"酒逢知己千杯少，话不投机半句多""良言一句三冬暖，恶语伤人六月寒"等名言警句，大家耳熟能详。在交际活动中，语言的表达作用集中体现在语言活动的整个过程中。

1. 口头沟通的定义

口头沟通是指借助口头语言进行信息传递和交流的一种沟通方式，是管理沟通中最直接、最常用且互动性最强的沟通方式之一。

2. 口头沟通的重要性

口头沟通的重要性体现在以下几点：

(1) 信息传递及时准确。在管理工作中，口头沟通能够快速地将信息传递给相关人员，避免延误，尤其是对于一些紧急情况或需要立即反馈的信息，如项目突发问题、临时任务安排等。同时口头沟通通过语言交流中语音语调的变化，可以更准确地表达情感、意图和重点，减少信息误解的可能性。

(2) 促进互动与协作。管理者与员工之间、团队成员之间通过口头沟通实时互动，人们可以直接交流想法、提出疑问、发表意见，从而更好地理解彼此的观点和需求，增强团队协作精神。例如，在项目会议中，成员们可以通过口头讨论，共同分析问题、制订解决方案，提高工作效率和质量。

(3) 建立良好的人际关系。有效的口头沟通有助于拉近管理者与员工、同事之间的距离，建立起彼此间信任和尊重的关系。当人们能够清晰、友好地表达自己，并认真倾听他人时，对方会感受到被重视和认可，从而增强对彼此的信任。

3. 口头沟通的方式

口头沟通的方式主要有面谈、发言、演讲。

1) 面谈

在管理沟通中，面谈是一种直接、个人化的沟通方式，它是涉及两个或两个以上个体的面对面的交流。面谈是管理沟通中非常重要的一种形式，因为它能够直接地建立更加深入的联系，有助于增进理解、解决问题、促进合作以及加强人际关系。面谈形式多样，既包括非正式的比较随意的聊天和谈心，也包括比较正式的会见和谈话。

2) 发言

发言既有事先准备的发言，也有事先未做准备的即兴发言。即兴发言是在特定场合，为实现自己的表达意愿或应现场需要而临时进行的讲话。即兴发言既可能是主动发言，也可能是经邀请或督促所进行的被动发言。发言的种类包括以下几个。

(1) 传递信息的发言。要在短时间内向受众提供他们原来不知道或知之甚少的信息，发言人事先必须清楚受众对信息的了解程度，从而避免说得太多或太少。为了更清楚、更直观地说明问题，发言人最好事先准备一些辅助性的道具，如图表、照片、模型等。

(2) 引荐发言。引荐发言指为了激发或要求受众去听发言人的讲话而进行的发言。引荐发言应具体、有针对性、简短而吸引人。做好引荐发言的关键是，引荐人既要了解发言人，也要了解受众，要善于从双方背景中找出令人感兴趣的东西和共鸣点，并强调受众将如何得益于发言人的讲话。

(3) 介绍性发言、总结和汇报性发言。这两类发言总是围绕某个项目、某项议题或者某个活动进行。介绍性发言要求语言通俗易懂，总结和汇报性发言则要求所述的内容全面完整，通常包括执行过程、取得成绩、存在问题、解决方案和今后计划等。

3) 演讲

演讲指一种事先经过充分准备的、正式的口头沟通，往往具备较高的艺术性和技巧性，广泛地应用于企业的内外部沟通之中。根据目的不同，演讲可分为多种形式。演讲的特点要求演讲者掌握一些专门的技巧和手段。演讲的本质是说服的过程。

【相关案例 19】

国家卫生健康委的发言

2024 年的一次国家卫生健康委召开的新闻发布会介绍了关于"推进卫生健康事业高质量发展，护佑人民群众生命健康"的有关情况，以下是国家卫生健康委新闻发言人发言内容。

各位朋友，大家上午好！

欢迎参加国家卫生健康委新闻发布会。今年是中华人民共和国成立 75 周年，是实施"十四五"规划的关键一年，也是卫生健康事业改革创新、强基固本、全面提升的重要一年，国家卫生健康委将以更加务实的行动推进卫生健康事业高质量发展。

今年全国两会上，国务院政府工作报告部署了 2024 年重点工作任务。国家卫生健康委将从以下几个方面重点推进：一是持续深化拓展医改，促进医疗与医保、医药的协同发展和治理，深入开展改善就医感受提升患者体验主题活动，深入实施医疗卫生机构信息互通共享攻坚行动。二是统筹提升卫生健康服务能力，全面推进紧密型县域医共体建设，推动城市医疗资源下沉，加强县乡村医疗服务协同联动和用药衔接。三是加强科技创新和人才培养工作，统筹推进医药卫生科技重大攻关，组织好"国家杰出医师"和"优秀青年医师"选拔培养工作，加强全科医师培训培养，发展壮大基层医疗卫生人才队伍。四是全面认识、正确看待人口发展新形势，大力推进人口高质量发展。积极稳妥完善生育支持政策，多渠道增加托育服务供给，营造良好的生育支持氛围。五是持续做好重点传染病防控工作，积极防范公立医院运营风险，深入开展安全生产治本攻坚三年行动。六是增强法治思维，提升卫生健康法治水平。加快推进相关立法工作，强化普法遵法，提升依法行政水平。

通过以上发言内容可以看出，国家卫生健康委新闻发言人的发言通过明确的开场白、背景介绍、事实支持、具体行动计划阐述、强调人口发展新形势的认识以及总结与呼吁等口头沟通技巧，有效地传达了政府推进卫生健康事业高质量发展的决心和计划。

4. 口头沟通的基本要求和原则

1) 口头沟通的基本要求

要达成一次有效的口头沟通，必须满足以下几个基本要求：

(1) 准备要充分。要酝酿好口头沟通的内容，应明确哪些话先说，哪些话后说，说到什么程度，重点是什么，哪些话该说，哪些话不该说。对于采用什么方式来表达，也要做到心中有数。要做好运用非语言手段的准备，对于如何运用非语言的手段来补充和完善口头表达的内容要有一个初步的计划。

(2) 主题要明确。不管是面谈、发言还是演讲，凡是比较正式的口头沟通都要有明确的主题。若主题不明确，则交流就不能深入，沟通的受众只能感受到一大堆杂乱无章的语言刺激，起不到沟通的效果。

(3) 语言要简洁生动，语气语调要恰到好处。任何有效的沟通，其语言都必须是清晰、明确、简明、完整、有建设性和有礼貌的。很多人在口头表达时说话啰唆拖拉，空话、废话多，语言呆板枯燥，对方往往觉得索然无味，不感兴趣甚至不得要领，一头雾水。此外，有时候同样一句话，不同的语气语调，所表达的意思和取得的效果也会完全不一样。

(4) 口头沟通要谨慎和留有余地。口头沟通的形式往往是你一言，我一语，便于双方迅速作出反应。如果一方事先考虑不周，很可能出现冒犯对方的情形，造成不良的印象，因此要把握说话的分寸，根据对方的情况，估计对方会怎样理解，能否接受你的观点，能接受多少等。说话一定要留有余地，不要把话说得太绝对，点到为止。

(5) 要善于倾听。有效沟通是一个双向的交流过程，沟通过程中一定要先听清楚别人所说的话，再表达自己的意思。

2) 口头沟通的基本原则

在交际中，口头沟通应该坚持"四有四避"的原则，即有分寸、有礼节、有教养、有学识，避隐私、避浅薄、避粗鄙、避忌讳。

(1) 有分寸。这是语言得体、有礼貌的重要体现。在人际交往中，口头沟通要有分寸，适当考虑措辞，哪些话该说，哪些话不该说，哪些话应该怎样说才能达到更好的交谈目的。同时还要注意讲话尽量客观，实事求是，不夸大其词，不断章取义。讲话尽量真诚，要有善意，尽量不说刻薄话、挖苦别人的话，不说刺激、伤害别人的话。此外，配合以非语言要素，要在背景知识方面知己知彼，要明确交际的目的，要选择好交际的体式，语言和行动表达要恰当。

(2) 有礼节。有礼节就是指在与人沟通时，多运用文明用语。文明用语不仅可以向别人表达感激的心情或歉意，更重要的是能够建立起融洽的人际关系。如在得到别人的帮助时，应真诚地说一声"谢谢"。同样，在打搅别人、给别人添麻烦时能真诚地说一声"对不起"。恰当地使用文明用语是建立融洽的人际关系的第一秘诀。另外，注意使用一些"添加语言"，如"实在对不起""真是不好意思""打搅您一下""麻烦您一下""领导，对不起，我能打扰您一下吗"等，把这些语言添加进去，后面语句的语气就会变得委婉。人际交往中，多使用"添加语言"，人际关系会变得更加融洽、和谐。

(3) 有教养。在生活中，我们形容一个有教养的人，常常谓其言语沟通不凡、言语沟通优雅。说话有教养体现在几个方面。一是不要高声。二是不要语速太快。语速快了，别人听不明白，而且给人听上去像吵架的感觉。同时，语速太快会影响讲话思路。三是不要抢话。别人正在说话，你突然打断别人自己说，是不尊重别人的表现。四是要耐心等待别人说完。无论别人说得如何没有道理，无论别人的观点如何刺耳，无论你的见解多么高明，你都要耐心地等待别人说完。五是不要指手画脚。

(4) 有学识。"腹有诗书气自华。"准确、缜密的语言，头头是道，能够说服人；清新、优美的语言，饱含激情，能够打动人；幽默、机智的语言，妙趣横生，能够感染人。这些都来源于头脑中的广博知识。那种不学无术的油腔滑调、油嘴滑舌算不上好语言，那种不着边际的、没有什么实际意义的夸夸其谈也不是好语言。只有那种以丰富的知识为坚强的后盾，能够给人以力量、愉悦之感的语言，才是真正的好语言。

(5) 避隐私。隐私，顾名思义，隐蔽、不公开的私事。这是一种与公共利益、群体利益无关，当事人不愿他人知道或干涉的个人私事，以及不愿他人侵入的个人领域。在交谈过程中，不能窥探他人隐私，不能触及别人隐痛或伤及别人的自尊心。说话要坚持"六不问"，即不问年龄、婚姻、住址、收入、经历、信仰等。

(6) 避浅薄。浅薄，是指不懂装懂，讲外行话，或者言不及义。话语单调，词汇贫乏，语句不通。如果有教养、有知识的人与浅薄者相遇，无疑会感到不快。社会是知识的海洋，我们每个人都不可能是"万能博士"或"百事通"。我们应当学有专攻又知识渊博，但总有不如他人之处，因此与人沟通要谦虚谨慎，不可妄发议论。

(7) 避粗鄙。常言道"言语是一个人学问、品格的衣冠。"一个相貌堂堂、看上去高贵文雅的人，如果一开口就说出粗俗不堪的话，那么别人对他的敬慕之心就会马上烟消云散。其实，这些人中的相当一部分并非学问不好、品格不好，只是在追求语言的新奇和俏皮的过程中，不知不觉地染上了这种难以更改的坏习惯。要成为一个举止优雅的人，就要在日常生活中有意识地调整、训练自己的言谈举止，不断提高自己的文化素养。

(8) 避忌讳。人际交往的艺术其实就是语言艺术。一个人口才好、说话流利，善于表情达意，就能达到社交成功的目的。但也有人虽能言善辩，却没有一个知心朋友，大家见了他都敬而远之，其原因就是他不知谈话的要领和忌讳。所以，在交谈中，要注意管好自己的口，要知道什么话应该说，什么话不应该讲。不知道所忌，就会造成失败；不知道所宜，就会造成停滞。俗语"打人不打脸，揭人不揭短"说的就是这一道理。

二、口头沟通技巧

常言道"小节之处见精神，言谈举止见文化。"优雅的语言、举止是日常生活中形成的习惯，是一种长久熏陶、顺乎自然的结果。要成为一位举止优雅的人，就要在日常的交际场合中有意识地调整、训练自己的言谈举止，不断地提高自己的文化素养，从而成为交际场合中的强者。

1. 保持良好的说话神态

面对面的口头沟通中，人们不仅会从说话人的语言中，也会从说话人的神态中揣摩对方的意思，因此，说话神态也是口头沟通的重要手段之一，关于说话神态，说话人往往需要注意以下几个方面：

(1) 应保持干净整洁和适合环境的外表形象。口头沟通中，外表形象会影响对方对你的看法、对你讲话的理解，对方甚至在听你讲话之前就可能根据你的外表形象对你形成某种看法。不适当的外表形象很可能会造成误解和偏见，口头沟通对外表形象的要求是保持干净整洁和适合环境，那种刻意追求时尚或保持正统的做法都是不可取的。

(2) 保持良好的姿态。讲话人的姿态会影响对方的情绪，并直接影响沟通的效果。讲话时，斜靠或没精打采的姿态会给人一种疲倦、厌烦和乏味的感觉，坐姿和站姿给对方留下的印象也会不相同，特别要注意避免因情绪和心理的原因造成失态，这将严重影响沟通效果。

(3) 保持礼貌、友好和自然的态度。口头沟通时的态度容易受当时情绪的影响。无论如何，控制情绪、保持礼貌和友好的态度是必要的，要做到这点，关键是换位思考，站在对方角度看问题，这样，即使面对任何恼怒，也就不难保持礼貌和友好的态度了。无论是面对上司还是下属，态度都应当自然。对于双方来说，态度自然是言语可信和说服对方的基本条件，态度自然体现了说话者的真诚。对于讲话者本人而言，不自然的态度也说明讲话者缺乏自信。

(4) 保持机敏和愉快的情绪，说话要富有激情。机敏能使人视野宽阔、反应灵敏；愉快能使人语调动人、富有兴趣，两者都能对对方产生更大的吸引力。说话要充满感情，富有激情，这样能极大增强说服力。要保持激情，自己就应该对所讲的内容充满兴趣，关心受众的感觉，并做到全身心地投入。

(5) 保持目光接触和交流。说话的人与受众之间保持目光接触，表达了一种友好的态度和重视对方的行为。说话时从不看对方表达了对对方"不感兴趣"或"不喜欢"的态度，也可能反映了对自己"缺乏自信"或"把握不大"的信号。当然，目光接触要适度，既要避免目光不接触，也要避免目不转睛地凝视。

2. 提高声音质量

声音质量主要包括音调、音量、语速和语调四个方面。鲁迅说"语言有三美，意美在感心，音美在感观，形美在感目。"由此可见，语言美何等重要。声音在语言中的地位相当重要。语言沟通礼仪要求人们在讲话时要用有魅力的声音，给人以美的享受。要使自己说话的声音充满魅力，起码要做到两点。第一，要在乎自己说话的声音；第二，每天不断地练习自己说话的声音，而且应从以下几个方面坚持不懈地努力。

(1) 音量适中。讲话时声音不宜过高，音量大到让人听清即可，明朗、愉快的音调最吸引人，降低声调比提高嗓门声嘶力竭地喊更让人感到舒适。所以，音调偏高的人应该设法降低音调。当然，这要把握适度，声音太低也不易让人听清楚。

(2) 语调柔和。在社交场合中，一般以柔和言语沟通为宜。尽可能使声音听起来柔和，避免粗糙尖硬的讲话，以理服人，而不是以声、以势压人。语言美是心灵美的表现。"有善心，才有善言。"因此，要掌握柔和言语沟通，首先应加强个人的思想修养和性格锤炼。

(3) 语速适中。讲话时，要依据实际情况的需要调整语速的快慢，讲话速度最好不要过快(特别是有分量的谈话内容)，应尽可能娓娓道来，给他人留下稳健的印象，也给自己留下思考的余地。

(4) 音调抑扬顿挫。讲话时应注意音调的高低起伏、抑扬顿挫，以增强讲话效果。应避免平铺直叙、过于呆板的音调，这种音调使人听着乏味、达不到预期的效果。任何一次讲话，应注意语速的变化、音调的高低，抑扬顿挫、搭配得当才能和谐动人。

(5) 吐字清晰。口头沟通时，首先是思维清晰，说话的人能够清晰地表达自己的想法，有条理、表达流畅、语言简洁；其次是所使用的词语要含义明确，是受众所熟悉和容易理解的；最后是吐字清晰，避免含糊其词、咬字不清，杜绝咬舌的习惯。宁可把讲话的速度放慢，也要把话说清楚。

(6) 语言准确。准确指要保证用词能够精确地表达自己的意思，避免使用容易引起争论和产生歧义的语句。准确要求引用的依据或事实要恰当、可靠，避免进行没有事实依据的评说。

(7) 讲话流利。口吃和言语沟通不清晰的人，要下决心纠正此缺点，比较好的方法是练习大声朗读。只要坚持不懈，科学地勤学苦练，就一定会提高自己的口头沟通技巧。

三、面谈

1. 面谈的特点

面谈是指任何有计划、有目的、受控制的，在两人或多人之间进行的，并且在进行过程中双方互有听和说的谈话。面谈可以采用一对一的形式进行，也可以采用一对多的形式进行。面谈是人际沟通的重要形式。面谈有以下几个特点。

(1) 目的性。参与面谈的一方或者双方具有明确的目的。

(2) 计划性。沟通者对于谈什么、在何处谈、何时谈、与谁谈和如何谈等都要有预先的计划。

(3) 控制性。有一方在面谈中处于控制地位，或者由双方共同控制。

(4) 双向性。面谈必须是相互的，而不是单向的批评或教育。

(5) 即时性。面谈一般要求沟通双方及时对沟通信息作出回应。

2. 常见的面谈类型

常见的面谈按照面谈目的可以分为信息收集面谈、招聘和求职面谈、绩效评估面谈。

1) 信息收集面谈

信息收集面谈根据目的不同又可以分为调查型面谈、诊断型面谈和研究型面谈。调查型面谈是通过收集信息，得出相关的结论和作出解释，以便确定今后的行动。诊断型面谈则是通过收集信息，确定存在的问题。研究型面谈是研究问题产生的原因以及可能的解决方案。信息收集面谈分为以下三个步骤。

(1) 收集背景信息。在多数情况下，事先收集必要的背景信息会对随后的正式面谈有很大的帮助。如果能够从有关网站、某些出版物或者相关专业人士处获得所需要的背景信息，那么对随后的正式面谈进行计划和设计就会更合理。

(2) 确定面谈目标和问题。面谈目标要尽可能具体，对于重要的信息收集面谈，最好用文字记录下来，以便作为日后确认是否得到所需要结果的依据。在明确了目标以后，还必须设计出一组帮助达到上述目标的问题，问题设计应确保所收集到的信息中既包括事实，也包括别人的意见，并对两者进行清晰的归类。

（3）选择合适的面谈对象。信息收集面谈是众多类型的面谈中唯一一种沟通者可以选择适当对象的面谈类型。对象的选择往往是决定面谈能否成功的重要因素，面谈对象应当是既掌握你所需要的信息，又愿意给你提供信息的人。面谈过程中还需要保证对方的回应能围绕你的目标和问题展开，否则可能一无所获。

相关案例20

医生的信息收集

有一名57岁的男性患者，有高血压病史，长期吸烟。近期，尽管使用三联降压药，但血压仍然难以控制，且未发现其他阳性体征。面对这一情况，医生围绕患者的生活习惯、心理状态、家族病史等方面进行深入询问来深入了解患者的状况。

首先，医生详细询问了患者的饮食习惯。得知患者平时饮食口味较重，经常摄入高盐食物，如腌制食品、咸菜等，且喜爱吃油腻的肉类，蔬菜摄入相对较少。医生向患者耐心解释了高盐和高脂肪饮食对高血压的不良影响，强调了调整饮食结构的重要性，建议患者减少盐分和油脂的摄入，增加蔬菜、水果和全谷物的摄入。接着，关注到患者长期吸烟的情况，医生进一步询问了患者的吸烟量和吸烟年限。患者表示每天至少吸一包烟，烟龄长达30余年。医生郑重地向患者说明了吸烟对血管内皮的损伤以及在高血压发病中的协同作用，鼓励患者尽快戒烟，并给出了一些戒烟的建议和方法，如使用戒烟辅助药物、逐渐减少吸烟量等。最后，医生深入了解了患者的运动情况。患者表示由于工作繁忙，平时很少有时间进行体育锻炼，大多时间是久坐状态。医生强调了适量运动对于控制血压和整体健康的关键作用，建议患者每天至少抽出30分钟进行如散步、慢跑、游泳等有氧运动。

在面谈过程中，医生还特别关注了患者的心理状态。经询问得知，患者近期由于工作压力大，经常感到焦虑和紧张，睡眠质量也受到了影响。医生指出精神心理因素在高血压的发生发展中扮演着重要角色，指导患者学会一些放松的技巧，如深呼吸、冥想等，以缓解精神压力，改善睡眠质量。

经过上述面谈，患者懂得了治疗不能仅仅依赖于药物，更需要对生活方式进行全面的干预和调整。

2）招聘和求职面谈

招聘和求职面谈即大家熟知的招聘面试。招聘面试是用人单位与应聘者之间就应聘者的能力、经验、教育背景以及是否符合岗位需求进行的交流。企业通过招聘面试从众多的求职者中筛选出合格的应聘人员，对应聘人员作出正确合理的评价，并发现那些具有良好素质和培养潜力的人才。对于求职者来说，参加招聘面试几乎是找工作的必经之路。掌握招聘面试的技巧，无论是对于个人还是对于企业来说，都是一项必要的基本技能。以下这些沟通技巧也值得在招聘面试中加以运用。

（1）面试官角度。

① 开场营造轻松氛围。面试开场时，面试官可以通过一些简单的寒暄，如询问应聘者的通勤情况、对公司的初印象等，来缓解应聘者的紧张情绪，营造一个轻松、友好的面试氛围。这样有助于应聘者放松心态，更好地展现自己的真实水平。

② 善用开放式问题。提问时，多采用开放式问题，避免封闭式问题。开放式问题能够让应聘者有更多的发挥空间，分享自己的经历、想法和见解，从而让面试官更全面地了解应聘者的能力和素质。比如，不要问"你有没有项目管理经验？"这种封闭式问题，而可以问"请分享一下你在过往项目管理中遇到的最大挑战，以及你是如何解决的？"通过这种方式，面试官可以深入了解应聘者的实际工作能力、解决问题的思路以及应变能力等。

③ 积极倾听与反馈。在应聘者回答问题的过程中，面试官要积极倾听，给予对方充分的关注。通过眼神交流、点头等方式表示自己在认真倾听，同时可以适时给予应聘者一些简短的反馈，如"嗯，很有意思，请继续""我明白了"等，让应聘者感受到自己被尊重和重视。

④ 控制语速和语调。面试官的语速和语调会影响应聘者的理解和感受。语调要保持平稳、温和，避免过于生硬或急促。同时，根据不同的问题和情境，适当调整语调的高低和语气的强弱，以增强沟通的效果。

⑤ 合理追问挖掘信息。当应聘者的回答不够明确或深入时，面试官要善于进行合理追问。通过追问，进一步挖掘应聘者的相关信息，了解其工作业绩和能力水平。例如，应聘者提到自己在某个项目中取得了显著成果，面试官可以追问"具体取得了哪些成果？这些成果是如何量化的？"通过这样的追问，能够更准确地评估应聘者的工作业绩和能力。

（2）应聘者角度。

① 提前准备有针对性答语。在面试前，应聘者要充分了解应聘公司和岗位的要求，结合自身的经历和优势，准备一些有针对性的答语。例如，对于常见的"请介绍一下你自己""你为什么选择我们公司"等问题，要提前构思好清晰、有条理的答语，突出自己与岗位的匹配度。同时，要准备一些具体的案例和数据来支持自己的观点，增强答语的可信度。

② 清晰简洁表达观点。在回答问题时，要做到语言清晰、简洁，避免冗长和复杂的表述。先明确地表达自己的观点，然后再用具体的事例进行解释和说明。例如，在回答"你具备哪些优势能够胜任这个岗位"时，可以说"我认为我具备较强的沟通能力和团队协作能力，这使我能够胜任这个岗位。在之前的项目中，我负责与多个部门沟通协调，成功推动了项目的顺利进行，提前完成了项目目标。"这样的回答既清晰明了，又有具体的事例支撑。

③ 运用恰当的肢体语言。肢体语言在面试沟通中也起着重要的作用。应聘者要保持良好的坐姿，挺胸抬头，展现出自信和积极的态度。与面试官进行眼神交流时，要真诚、自然，不要躲闪或长时间盯着对方。同时，可以适当地运用一些手势来辅助表达，但要注意手势不要过于夸张或频繁。

④ 展示积极的态度。在整个面试过程中，应聘者要始终展示出积极的态度。对面试官的提问要表现出浓厚的兴趣，认真思考后再回答。即使遇到自己不太熟悉的问题，也不要

慌张或抱怨，可以诚实地表示自己对这个问题不太了解，但愿意学习和探索。例如，"这个问题我目前了解得还不够深入，但我对这个领域很感兴趣，回去后我会进一步学习和研究。"这种积极的态度能够给面试官留下良好的印象。

⑤ 适时提问展示关注。在招聘面试接近尾声时，面试官通常会给应聘者提问的机会。应聘者要抓住这个机会，提出一些有针对性、有价值的问题，展示自己对公司和岗位的关注和兴趣。例如，可以询问公司的发展战略、岗位的职业发展路径、团队的工作氛围等。通过提问，不仅可以进一步了解公司和岗位的情况，还能让面试官感受到应聘者的积极性和主动性。

3) 绩效评估面谈

绩效评估面谈是指管理者与员工之间，围绕员工在一定时期内的工作绩效表现所进行的面对面交流。通过这种方式，管理者能够将员工的绩效评估结果反馈给员工，同时与员工一起分析工作中的优点和不足，探讨未来的发展方向和改进措施。

(1) 绩效评估面谈的意义。

对员工而言，绩效评估面谈为员工提供了一个了解自己工作表现的机会，有助于他们认识到自己的优势和劣势，明确个人的职业发展方向。同时，通过与管理者的沟通，员工可以获得有针对性的指导和建议，得到更多的培训和发展机会，从而提升自己的工作能力和职业素养。对管理者而言，有效的绩效评估面谈可以帮助他们识别高绩效员工和需要改进的员工，为企业的人力资源决策提供依据，如薪酬调整、晋升、培训安排等。此外，良好的绩效评估面谈还可以提高员工的工作积极性和工作效率，促进企业整体绩效的提升，增强企业的竞争力。

(2) 绩效评估面谈的技巧。

① 面谈前的准备要点。a. 收集资料：管理者要全面收集员工的绩效数据，包括工作目标完成情况、工作质量、工作效率、团队协作等方面的信息。同时，也要了解员工在工作中遇到的困难和挑战，以及其他同事对该员工的评价。b. 制订计划：根据收集到的资料，制订详细的面谈计划。c. 准备面谈内容：确定面谈的时间、地点和时长，确保面谈环境安静、舒适，不受干扰。明确面谈的目的和重点，列出需要讨论的问题和要点，提前准备好相关的文件和资料。d. 通知员工：提前通知员工面谈的时间、地点和目的，让员工有足够的时间准备自己的工作成果和想法。同时，鼓励员工在面谈前对自己的工作进行总结和反思，以便在面谈中能够更好地交流和沟通。

② 面谈中的沟通要点。a. 营造良好氛围：面谈开始时，管理者要以轻松、友好的态度与员工交流，避免一开始就进入严肃的评估环节。可以先进行一些简单的寒暄，如询问员工近期的工作和生活情况，缓解员工的紧张情绪，营造一个开放、信任的沟通氛围。b. 客观公正评价：在反馈绩效评估结果时，管理者要以客观、公正的态度评价员工的工作表现。使用具体的事例和数据来支持自己的观点，避免主观臆断和模糊不清的表述。既要肯定员工的优点和成绩，也要实事求是地指出员工存在的问题和不足。c. 鼓励员工表达：在面谈过程中，要给予员工充分的发言机会，鼓励他们表达自己的想法和感受。认真倾听员工的意见和建议，不要打断员工的发言。d. 了解员工需求：通过双向沟通，了解员工对自己工作表现的看法，以及他们在工作中遇到的困难和需求。e. 共同制订改进计划：针对员工存

在的问题和不足，与员工一起探讨改进的方法和措施，制订具体的改进计划。明确改进的目标、时间节点和责任人，确保改进计划具有可操作性和可衡量性。同时，要给予员工必要的支持和资源，帮助他们实现改进目标。f. 关注员工发展：除关注员工当前的工作表现外，还要关注员工的职业发展规划。与员工一起探讨他们的职业兴趣和发展方向，根据企业的发展需求和员工的个人能力，为员工提供相应的培训和发展机会，帮助他们实现个人职业目标。

③ 面谈后的跟进。a. 记录面谈内容：面谈结束后，管理者要及时记录面谈的内容，包括员工的工作表现、存在的问题、改进计划以及双方达成的共识等。将面谈记录整理归档，作为员工绩效评估和职业发展规划的重要依据。b. 跟踪改进情况：按照改进计划，定期跟踪员工的改进情况，及时给予反馈和指导。对于员工在改进过程中取得的进步，要给予肯定和鼓励；对于遇到的困难和问题，要提供必要的帮助和支持。c. 持续沟通：评估面谈不是一次性的工作，而是一个持续的过程。管理者要与员工保持定期的沟通，了解他们的工作进展和需求，及时解决员工工作中出现的问题，不断提升员工的工作绩效。

【相关案例 21】

医院的绩效沟通

EL 医院于每月初召开绩效考评会议，邀请院领导及院内中层干部参与，包括各科主任及副主任、护士长等。绩效考评会议开始前，EL 院绩效管理工作小组会将上一次绩效考评的结果下发至各中层干部。会议开始后，首先由院领导对上一次绩效考评的结果作出点评，点名批评表现较差的科室，之后由各中层干部对本科室的绩效工作情况轮流作出总结汇报，并提出自己的意见与建议，院领导则在会议上认真倾听各科室主任、副主任的发言，若发现绩效考评的过程与结果存在问题，则及时予以纠正，并结合 EL 医院的实际情况把控下一次的考评尺度，确保绩效考评工作正确落实，保证绩效考评的公平性。但这种绩效沟通与反馈的模式存在诸多弊端，比如，绩效沟通与反馈的内容仅限于绩效考评的过程与结果，且并没有对绩效结果较好的科室给予一定的激励等，此外，EL 医院当前的绩效沟通与反馈是在院领导与中层干部间进行的，院领导并没有下到基层去亲身了解绩效考评的过程，也并未与科室内的员工进行直接沟通，同时院内也并没有为员工设置反馈平台。员工对绩效考评的过程与结果一旦出现异议，只能向科室主任、副主任反映，其意见不一定会真正上达至院领导，也未必会得到妥善解决。长此以往，很可能会使院内的员工对绩效考评产生愤懑抵触的情绪。

为解决 EL 医院绩效沟通环节未发挥作用的问题，建立纵向绩效沟通机制。自上而下绩效沟通方面：一是将绩效考核结果以书面的形式正式下发给各科室员工，并辅以相应的激励手段；二是以正式面谈的方式，与员工面对面沟通与讨论。面谈的员工分为两类，一是绩效考核结果较差的员工，通过面谈的方式与之深入探讨发现的问题，指明有效的改进措施；二是对绩效考核结果有质疑的员工，通过摆出数据事实来证明绩效考核结果的真实性与公平性。自下而上绩效沟通方面：EL 医院需要建立健全完善的员工申诉制度，以便于职工发现问题后及时向上反馈，将其负面情绪降至最低，同时有利于绩效管理小组发现执行计划过程中的偏差，便于及时改进。

四、演讲

演讲是指以一定的方式和语言，向一定的听众或受众传达信息、思想或观点的一种口头表达形式。演讲者通过语言、肢体、表情等方式表达自己的思想和观点，同时通过语言交流来与听众建立联系，达到沟通目的。

1. 演讲的类型

根据不同的依据和标准，演讲可划分为不同的类型。

按照内容性质，演讲分为政治演讲、学术演讲、竞聘演讲等。按照演讲的方式，演讲分为即兴演讲、命题演讲、辩论演讲等。按照演讲目的不同，演讲分为四类。一是娱乐性演讲，如欢庆胜利的宴会演讲、员工联欢会演讲、大学新生见面会演讲等。二是传授性演讲，主要用来传递信息，演讲的主题是没有争议的，而且演讲范围和内容是事先确定好的，演讲者和听众都已经做了比较充分的准备，如向委员会作报告。三是说服性演讲，比如辩护演讲，说服一些持有反对意见或者态度冷淡的听众，赞同或支持演讲人的观点和主张等。四是鼓励性演讲，鼓励人们的行动，其目的是说服人们为一定的目的采取行动。

2. 演讲设计

1) 明确演讲目标

演讲者首先要明确具体的演讲目标，这是整个演讲的指南，然后决定说什么和怎么说。确定演讲目标主要从以下两个方面着手。

第一，明确演讲目标的类型。演讲目标的类型有三种。一是施加影响，比如销售某种产品或服务；说服某一特定群体，使人们信服某个观点；为组织内的某项错误做法道歉；以及特殊的动员会等。二是传递信息，比如通知职员，解释一种新产品的变化、年度财务通报等。三是传授知识，比如某种新技术交流会、新产品演示等。除此之外，演讲者还有次一级的目标，如体现个人的专业和自信，改变人们的看法或引起某个重要人物的注意等。这类目标也非常重要，它同样影响着演讲的整个过程。

第二，掌握确定演讲目标的原则。确定演讲目标的原则是演讲目标应该清晰、具体，避免模糊或笼统的表述。明确你想要听众在演讲结束后采取什么行动或产生什么改变。确保演讲内容与听众的兴趣、需求和背景紧密相关，考虑听众的知识水平、文化背景和价值观，使演讲更具吸引力和共鸣。

比如，竞聘演讲是一种特定的演讲形式，主要用于在机关、企事业单位等机构中选拔人才时进行。这种演讲通常是在公开的场合下，由候选人针对某一职位或岗位发表自己的看法、计划和优势，以期获得听众的认可和支持，从而达到竞聘成功的目的。竞聘演讲的核心目的是让评委和听众对演讲者有充分的了解和认识，判断其是否能胜任该职位。竞聘演讲稿的撰写需要考虑多个方面，包括但不限于展示个人的优势、提出工作设想，以及如何通过语言表达技巧增强演讲的效果。

【相关案例22】

护理部主任的竞聘演讲

尊敬的领导、亲爱的同事们：

大家好！在这个阳光灿烂的早晨，我们聚集在这里，共同见证一个新的旅程的开始。我站在这里，怀揣着多年来在护理一线积累的经验和对护理事业的无限热爱，竞聘护理部主任一职。

在医疗领域飞速发展的今天，护理早已不再是简单的照护和安慰。它已经发展成为一门集专业知识、人文关怀和技术技能于一体的综合学科。正如我们所看到的，护理工作的核心正在从"以疾病为中心"转变为"以患者为中心"。在这样一个转型期，如果我有幸成为护理部主任，我将致力于打造一个学习型、创新型、和谐型的护理团队，不仅仅关注患者的身体健康，更关心他们的心理需求，力求让每一位患者都能感受到家一般的温暖。

在我过往的职业生涯中，我曾遇到一个案例，一位年迈的患者在手术后恢复期间因家人无法时时陪伴而感到孤独和焦虑。通过我们护理团队的共同努力，我们不仅优化了护理方案，还增加了护理人员与患者的互动交流，最终帮助这位患者顺利康复。这位患者及其家人对我们的服务赞不绝口。这个案例让我深刻理解到，护理工作的每一个细节都至关重要，都直接影响患者的康复效果和对医院的整体印象。

基于这样的理念，未来我将推行几项创新举措。首先，加强护理团队的业务培训和职业道德教育，确保每位护理人员都能够不断进步，提供最专业、最有温度的服务。其次，推动护理信息化建设，利用现代科技手段，如智能护理系统，提高护理效率，减轻护理人员的工作负担，同时保障患者安全。最后，建立和完善患者反馈机制，真正将患者的需求和意见作为我们改进工作的出发点和落脚点。

我要感谢所有在场的领导和同事们，是你们的支持和鼓励，让我有勇气站在这里，分享我的想法和梦想。无论竞聘的结果如何，我对于护理事业的热爱和追求不会改变。我相信，护理工作不仅仅是一份职业，更是一份使命，一份用爱心、耐心、细心、责任心守护生命、传递温暖的使命。我渴望与大家一起，用我们的双手和心灵，共同创造护理事业更加美好的明天。

谢谢大家！

2）认真分析听众

演讲是演讲者与沟通对象之间建立某种联系的过程，演讲者对沟通对象了解越透彻，演讲的针对性越强，对沟通对象的吸引力以及产生的效果也就越好。演讲者要明确的一个基本观点是演讲不是我想说什么，而是听众想听什么。分析听众，主要从以下两个方面入手。

第一，分析听众类型。听众类型有三种，一是视觉学习者。这类听众对图片、图表以及其他视觉刺激的反应最佳。有研究显示 30%～40%的人属于视觉学习者。例如，如果医生正在解释高血压的治疗过程，可以使用一张图表显示不同药物的效果，或者一个视频展示如何正确使用血压计。二是听觉学习者。这类听众对词语以及其他声音易产生反应。大约有 20%～30%的人属于听觉学习者。例如，在讨论糖尿病管理时，可以分享一位患者通过调整饮食和锻炼成功控制血糖的真实故事。三是动觉学习者。这类听众更易被实际的运动所吸引。大约有 30%～50%的人属于动觉学习者。对此，演讲者要在演示材料中添加视觉学习内容，从而引起听觉学习者的兴趣，可采取实际操作、小组讨论、提问与回答等方式。例如，在营养咨询中，可以邀请患者一起制定一份健康食谱，甚至进行一次烹饪演示，让患者在实际操作中获得知识。此外，演讲者要为动觉学习者增加活跃因素，可采用角色扮演、游戏等能够亲自演示和互动体验的活动方式。

第二，分析听众信息。这些信息主要包括听众的角色、背景状况。听众的角色指听众是规划者、决策者、顾客还是政府官员。他们与演讲主题之间的关系如何。听众的背景，指听众的职业、行业、文化程度的分布曲线、群体规模、职位等。听众的状况，指听众与演讲者是什么关系，听众对演讲主题了解多少，他们需要了解些什么，他们的兴趣、爱好、关注点是什么，听众对这次演讲的期望是什么，等等。

3) 确定演讲题目

题目在演讲中具有核心地位，它不仅反映演讲的主题、形式、范围和内容，还深刻影响着演讲的风格与格调。一个精炼而富有深意的题目，是演讲者思想的集中体现，它能够引领听众深入演讲的核心议题，激发听众的兴趣与思考。确定演讲题目应注意以下三点。

第一，明确题目的作用。演讲题目可以揭示主题，如《心底无私天地宽》；可以采用问题形式激发听众兴趣，如鲁迅的演讲题目《娜拉走后怎样》，美国中文演讲比赛金奖题目《假如我是姚明》等；也可以明确范围，如《大学生的任务》。

第二，明确题目要求。英国一位演讲家曾讲过，一个好的题目本质上包含"是什么""为什么""怎么样"三个方面。对题目的要求有如下几个：一是要积极向上，紧跟社会主旋律，弘扬正能量；二是要有适应性，要适应听众的实际，适应自己的身份，适应演讲的时间；三是要新奇，如《伟大的化石》《老调子已经唱完》《象牙塔与蜗牛庐》等；四是要富有情感色彩，如鲁迅的《流氓与文学》，马克·吐温的《我也是义和团》；五要体现生动性，能感动人，能触动对方的内心深处，引发共鸣感。

第三，规避题目禁忌。演讲题目一忌冗长，如《祖国儿女在为中华腾飞而拼搏》；二忌深奥怪僻、艰涩费解，如《我对文明之管窥》《五彩石》；三忌宽泛且不着边际，如《诚信》《理想》《责任》，让听众云里雾里，不知所云。

4) 设计演讲稿结构

演讲稿结构就是解决"怎么说"的问题，一般包含意义各不相同的三个部分，即开场、正文、结尾。从形式上看，这三个部分各自独立，各有各的意义和作用。从内容上看，这三个部分则是统一的，是同一个主题、题材或材料在不同部位的表现，达到的是同一个目的。

第一，开场设计。开场表明了演讲的起点高低，它对演讲至关重要。开场设计包括三个方面内容。首先，开场要解决好三个心理问题，也就是你要讲什么、听众为什么要听你讲、你讲的对听众有什么好处。其次，开场应达到三个目的，也就是拉近距离、建立信赖、引起兴趣。最后，开场方式要恰当。开场的方式主要有十种，包括故事型、直白型、幽默型、引用型、悬念型、强力型、抒情型、闲聊型、自嘲型、趣闻型。

第二，正文设计。正文主要有议论式结构模式和叙述式结构模式两种。议论式结构模式，即以普通论文方式安排的结构，由提出问题、分析论证和得出结论三部分组成，其结构顺序一般是问题在前，分析论证在中，结论在后，即开头→问题→分析论证→结论→结尾。叙述式结构模式，即以听众的心理变化为线索的内容结构，主要以趣味、情感打动听众，比如小说、故事的开头。无法明显分出问题、论证和结论的各部位，主旨在夹叙夹议中显露，所叙述的几件事或以时间为序，或以空间为序，从引人入胜的目的出发进行安排，即开头→夹叙夹议(往复)→结尾。

第三，结尾设计。结尾不要试图总结你的观点，而是告诉听众要做些什么和想些什么，因为听众总是会牢牢记住自己最后听到的话。结尾方式主要有 8 种，一是以故事结尾，二是以名人名言结尾，三是以诗词结尾，四是以幽默结尾，五是以呼吁结尾，六是以祝贺结尾，七是以对联结尾，八是以点题结尾。

3. 演讲练习

1) 熟悉演讲内容

熟能生巧，演讲亦是如此。要熟悉演讲内容，一是将演讲内容熟化于心，熟记所有内容；二是标注有效的语言及其他提示语，特别是在播放演示片的时候，更要明确标注，如减速、加速、看着观众、放松、微笑、介绍来宾等提示语，把每个环节熟记在心，让整个演讲自然流淌。

2) 反复练习演讲

好的演讲一定是练出来的，只有反复练习才能发现问题，才能改进提升。一要做好录音、录像，反复回放，把自己作为一个听众来发现问题，然后作出自我调整。二要把握时间，做到心中有数。演讲不在篇幅，而在思想内容。每次演讲总要突出 2~3 个观点，能够让听众记住且受到启发。三要大声朗读，其目的是让脸部肌肉记住演讲稿内容，表情自然临场时发挥最大效果。切忌在练习过程中默读和默记，这样可能导致在台上面对观众的时候，大脑会一片空白。

3) 做好演讲心理准备

演讲前一定要做好心理准备，尤其是调整好情绪。心理准备包括三个方面。一是不断调整认识。演讲者紧张情绪的自我调节尤为重要。专注于当下，全神贯注于当前的演讲，而不是担心过去的错误或未来的可能性。接受任何出现的紧张感，知道它是正常的，并且会随着演讲的进行而减轻。二是做好充分准备，比如掌握内容、反复练习、了解听众、把握问题。三是切实排除干扰。别人的意见建议可以采纳，也可以不采纳，相信自己是最好的，千万不要让别人的意见绑架了自己的想法，乱了阵脚。

4) 训练演讲台风

第一，登场练习。登场练习主要包括以下几点内容：一是根据情况选择登场前的休息地点，比如休息室、幕后、第一排、最后一排、室外活动区等；二是依据场合选择登场方式，比如跑步登场、正步登场、直接提前坐在台上等；三是熟知登场礼仪，比如鼓掌、与主持人握手、鞠躬、接麦、正立、定神3～5秒开始演讲。

第二，台上站姿练习。台上站姿通常有以下几种。一是两脚平行并拢站立。二是两脚平行站立。两脚分开约一脚距离，两脚平分但不能与肩同宽，若与肩同宽则两脚分得太开，看起来不雅观。三是"稍息式"站立。即一脚稍前，一脚稍后，重心主要压在后脚上，这样两脚可以调换休息，减轻疲劳。此外，台上站姿练习时，头应当平正闲适，而不是偏侧倾斜，应当和表情及手势相对应，头部的动作不能过多。身躯直立，做到收腹挺胸，摆平双肩，拉直双腿，给人一种庄严大方、朝气蓬勃的感觉。同时，眼睛要注视听众，与听众互动交流。

第三，上台拿麦练习。了解不同类型的麦克风，如手持式麦克风、领夹式麦克风、头戴式麦克风等，根据演讲的场景和需求选择合适的麦克风。如果选择手持式麦克风，要确保其重量适中，易于握持；如果选择其他类型的麦克风，要提前熟悉其佩戴方法和使用注意事项。

第四，互动鼓掌训练。互动鼓掌训练可以采用以下三种方式。一是通过真挚的情感表达和语气语调的运用，传递出感染力，使信息表达更生动，引起观众的共鸣。二是使用幽默的台词或顺口溜来调动现场气氛，使观众在轻松愉快的氛围中自发鼓掌。三是通过提问、游戏、互动环节等方式，让观众积极参与其中，自然而然地产生鼓掌的行为。这种互动不仅增强了观众的参与感，还能有效地提升现场气氛。

4. 演讲展示

1) 基本要求

演讲从口语表达角度来说，必须做到发音正确、清晰、优美，词句流利、准确、易懂，语调贴切、自然、动情。

第一，发音正确、清晰、优美。演讲以声音为主要传播手段，对发音的要求很高，要求发音既要能准确地表达丰富多彩的思想感情，又要悦耳爽心，清新优美。为此，演讲者必须认真对发音进行研究，努力使自己的声音达到最佳状态。最佳语音的标准包含四个方面。一是准确清晰，即吐字正确清楚，语气得当，节奏自然。二是清亮圆润，即声音洪亮清晰，铿锵有力，悦耳动听。三是富于变化，区分轻重缓急，随感情变化而变化。四是有传达力和穿透力。声音有一定的响度和力度，使在场听众都能听真切，听明白。在实际演讲中，发音常见的问题有声音痉挛颤抖、飘忽不定，大声喊叫、音量过高，音节含糊、夹杂明显的气息声、声音忽高忽低，朗诵腔调、生硬呆板等，所有这些都会影响听众对演讲内容的理解。

要想达到最佳语音效果，需要做到以下三点。一是要字正腔圆。字正是演讲语言的基本要求，要读准字音，读音响亮、送音有力。读音要符合普通话声母、韵母、声调、音节、音变的标准，避免地方音和误读，如将"鞋子"说成"孩子"，将"干涸"说成"干固"等。读错、讲错字音，一方面直接影响听众对一个词、一个句子甚至整篇内容的理解，另一方面也直接影响演讲者的声誉和威信，降低了听众对演讲者的信任感。腔圆，即声音圆润清亮，婉转甜美，富有音乐美。二是要分清词界。词分为单音节词和多音节词，单音节词不会割裂分读，而多音节词则有可能割裂引起歧义。三是要讲究音韵搭配。汉语讲究声调，声调能产生抑扬急缓的变化，本身就富有音乐美。好的演讲，平仄错落有致，抑扬顿挫，显得悦耳动听。汉语中的一些单音节词表达意义复杂、深刻，如果能改成双音节词就明白、通俗些，且双音节词响亮明朗、有顿挫变化，易于表现语言的音乐美。如果在适当的地方有意押韵，则能产生一种声音的回环美与和谐美，让词句讲起来上口、听起来悦耳，似有散文诗的风韵。此外，恰当地运用象声词和叠声词，进行渲染烘托，也能收到声情并茂的功效。

第二，词句流利、准确、易懂。听众通过演讲活动接受信息主要受听觉作用影响，演讲者借助口语发出的信息，听众要能立即理解。口语与书面语之间有较明显的差异，书面语是最后被理解，而口语则需要立即被听懂。因此，口语的特殊性使得对口语表达有如下要求：一是不宜使用过长的句子，语言要简洁明了；二是要使用常用词语和一些较流行的口头词语，使语言富有生气和活力；三是无须作某些精确的列举，特别是过大的数字，所以常用约数。

第三，语调贴切、自然、动情。语调是口语表达的重要手段，它能很好地辅助语言表情达意。一般来讲，表达坚定、果敢、豪迈、愤怒的语气急骤、声音较重；表达幸福、温暖、体贴、欣慰的思想感情，语气舒缓、声音较轻；表示优雅、庄重、满足，语调前后弱中间强。语调的选择和运用，必须切合思想内容要求，符合当下语言环境。语调贴切、自然、纯正是演讲者思想感情在语言上的自然流露。所以，演讲者恰当地运用语调，必须准确地掌握演讲内容且把握感情。

2) 技巧训练

第一，语音训练。演讲者要想取得良好的发音效果，必须加强语音训练。"声乃气之源"，发音基础中，一是呼吸。响亮、动听的声音与科学的呼吸训练是分不开的，演讲者要了解自己的发音器官，自觉地控制气息。一般来讲，采用胸膛式呼吸较好，这种呼吸是通过横膈膜的收缩和放松来进行的，气量大，能为发音提供充足的动力。平日可结合生活实际进行练习，为正确的吐字发音打好基础。二是音量要适中。音量大小变化有利于准确地表达思想感情，演讲者要学会准确地控制和把握音量大小，根据演讲内容对音量进行调节。三是用气要科学。"气乃音之帅"，气息是声音的原动力，科学地运用运气发音方法可以使声音更加甜美、清亮、持久、有力。

第二，语调训练。语调包括停顿、轻重音、升降、快慢等要素。语调训练是口语表达训练的重点和难点。语调训练主要包括五个方面。

一是讲究停顿。口语表达中，停顿既是一种语言标志，也是一种修辞手段。它一般分为语法停顿、感情停顿和特殊停顿三种。语法停顿既能满足演讲者自然换气润嗓的需要，也能使演讲的语句、段落层次分明。感情停顿是为了表达复杂或微妙的心理感情，常常以拖长音节发音，欲停不停或适当延长时间来表现，并且常常辅以体态语言，使感情表达得更加自然清楚。特殊停顿是为了加强某些特殊效果或满足演讲现场的某些特殊需要。有次演讲比赛，一位女士走上讲台，在黑板上写出一道醒目的标题——《论坚守岗位》，便走下讲台，扬长而去。这时，全场听众哗然，焦急、气恼、猜测、议论，大约过了 3 分钟光景，演讲者再次登台，诚挚而郑重地说"同志们，如果我在演讲时离开是不能容忍的话，那么工作时间纪律松弛、玩忽职守、擅离生产岗位，难道不应该受到谴责吗？我的演讲完了。"这时，听众恍然大悟。

二是注重轻重。在演讲时，人们常常把某些词语讲得比一般词语重些或轻些，这样便能起到突出强调的作用。若按声音强弱划分，重音可分为轻读型重音和重读型重音。若按表现思想感情、内容重点或句子语法结构来划分，重音可分为感情重音、逻辑重音和语法重音。

三是力求抑扬。语调大体可分为平直调、高升调、曲折调、降抑调四种。平直调用于陈述事实或表达客观信息，给听众一种平静、稳定的感觉。例如，在介绍一种疾病的症状如"糖尿病的典型症状包括口渴、多尿和体重减轻。"时，可以使用平直调。高升调用来表达疑问、惊讶或强调某一点。比如，演讲者在说："我们难道不应该更加重视疫苗接种吗？"可以使用高升调，以强调预防措施的必要性。曲折调用于表达复杂情感或强调语句中的多个重点。比如，在叙述一个复杂的病例或治疗过程如"这位患者在接受手术后，起初恢复缓慢，但经过精心护理，最终康复得非常好。"时，可以使用曲折调。降抑调用来表达决断、肯定或结束一个话题。比如，在作出医疗决策或强调治疗的重要性如"我们必须立即采取这种治疗方案，以防止病情恶化。"时，可以使用降抑调。

四是调整语速。语速的变化也是表情达意的重要手段。正常谈话，每分钟说大约 120～150 个字，演讲的语速不能太快，否则听众难听懂，也使人产生怀疑，认为演讲者怯场。当然讲话也不能太慢，太慢就显得拉腔拖调，给人以愚笨、迟钝、缺少教养的感觉。演讲的语速一般可分为快速、中速、慢速三种。快速一般用于叙述事情的急剧变化、质问斥责、雄辩表态，刻画人物机智、活泼、热情的性格，表现紧急命令、行动迅速、热烈争执，表达急促、紧张、激动、惊惧、愤恨、欢畅、兴奋的心情，不太重要的句段，排比、反问、反语、叠声语句中。中速一般用于一般性说明和叙述感情变化不大的语句中，感情平静、客观。慢速一般用于抒情、议论，叙述平静、庄重的事，表达幽静、庄重、安闲、宁静、沉重、沮丧、悲痛、哀悼情感，重要句段，比喻、引语、双关、对偶、粘连语句中。演讲语速要做到快慢得体，缓急适度，快而不乱，慢而不拖，快中有慢，慢中有快，张弛自然，错落有致。这样，才能显示语言的清晰度和节奏感，使演讲具有音乐美。

五是把握节奏。节奏是指各种不同要素的有秩序、有规律、有节拍的变化。常见的演讲节奏有轻快型、持重型、平缓型、急促型、低抑型五种。轻快型用于轻松、欢快、活泼的情况，语速较快，如欢迎词、祝酒词、贺词等。持重型用于庄重、镇定、沉稳、凝重的情况，语速较慢，如理论报告、工作报告、开幕词、闭幕词。平缓型用于平稳自如、有张有弛的情况，如学术演讲、座谈讨论。急促型用于语势急骤、激昂慷慨的情况，语速快，如紧急动员、反诘辩论等。低抑型用于声音低沉、感情压抑的情况，语速迟缓，如悼词、纪念性演讲等。

【相关案例 23】

"叙事护理"演讲比赛的评价标准和演讲稿

评价标准：

(1) 主题呈现。主题鲜明且具有深度，在演讲中通过具体事例充分展现主题内涵，使听众能快速理解并留下深刻印象。

(2) 故事讲述。案例故事真实、具体且富有感染力，能清晰展现问题解决过程和对患者的积极影响，情节描述生动细致，引发听众情感共鸣。

(3) 情感传递。演讲者能够自然流畅地传达对护理工作的热爱、对患者的同情关爱以及对同事的敬意，情感真挚饱满，能带动听众情绪起伏。

(4) 语言表达。语言简洁明了、准确规范，无明显语病或用词不当，语速适中、语调富有变化，增强演讲的表现力和吸引力。

(5) 逻辑结构。演讲结构清晰合理，开头引人入胜，中间有条理地展开论述，结尾有力总结升华，各部分过渡自然连贯。

演讲稿：

以心为灯，照亮生命之路

大家好！我是来自××医院的××，非常荣幸能够站在这里，与大家分享我的护理经验和心得。今天，我要演讲的主题是"以心为灯，照亮生命之路"。

作为一名护士，我们的职责不仅仅是执行医嘱，更是用心感受每一位患者的痛苦与需求，用我们的专业和爱心为他们带去希望和温暖。记得有一次，我遇到了一位年迈的老人，他因为长期卧床而情绪低落，对治疗失去了信心。面对这样的情况，我没有急于进行药物治疗，而是选择了坐在他的床边，耐心地听他讲述自己的故事。通过交流，我发现他对园艺有着浓厚的兴趣。于是，我联系了医院的社工部门，为他安排了一些简单的园艺活动。慢慢地，老人的情绪有了明显的改善，他开始积极配合治疗，身体状况也逐渐好转。

这个案例让我深刻体会到，作为护士，我们不仅仅要关注患者的生理健康，更要关心他们的心理需求。我们要成为他们的倾听者和支持者，让他们感受到家的温暖和社会的关爱。

在未来的工作中，我将继续秉承"以病人为中心"的服务理念，不断提升自己的专业技能和服务水平。我相信，只要我们用心去关爱每一位患者，就一定能够赢得他们的信任和尊重，共同创造更多的生命奇迹。

最后，我想对所有坚守在护理岗位上的同仁们说：你们辛苦了！让我们携手并进，为人类的健康事业贡献自己的力量！

谢谢大家！

【内容小结】

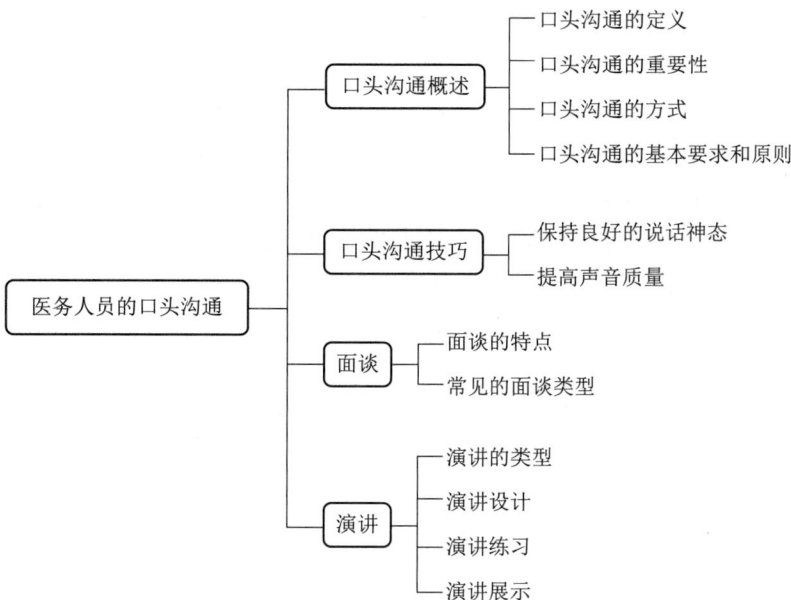

【习　题】

一、思考题

1. 当你提出一个自认为不错的想法，但收到了很多负面反馈时，你会如何积极回应并接受这些反馈？

2. 假设你在团队项目中担任负责人，面对团队成员提出的不同意见和建议，你会如何采用尊重他人、开放包容和对沟通内容负责的态度来处理这些情况？

3. 在绩效反馈面谈中，当员工对反馈结果表示不满时，运用不同的面谈技巧可能会产生哪些不同的效果？请结合实际案例进行分析。

4. 在演讲过程中，如何通过肢体语言的连贯性和协调性来增强演讲的感染力？你能举例说明一些有效的肢体语言运用方式吗？

二、案例分析题

【案例1】

爱心暖人心

某晚期肺癌的老年女患者拖着虚弱的身体被儿女们搀扶着走进了某医院胸外科病房，当时，家属们表情上满是疑虑。

当患者进到病房，所有在场的医务人员连忙放下手中的工作，很快，轮椅推来了，床铺准备好了。管床医师及护士将患者推进病室，抱到床上，然后对老人说："我们在您的床单下铺了水垫，这样睡着舒适、柔软、不会生褥疮，我们还为您准备了开水、洗脸盆、便盆，我们随时会来帮助您。"随即，医务人员询问病史，作出初步诊断，给氧、输液、测量生命体征、上监护仪，给患者安排饮食……。家属看到这些，激动地对医务人员说："你们的服务让我们有了家的感觉，这种感觉真好。老人住在这里，我们放心了。"

此后的每一天，医务人员都要到老人的病床边，笑着鼓励她、帮助她增强战胜疾病的信心，询问她的睡眠和不适，帮她按摩手脚，教她咳嗽排痰，和她聊家常。老人也成天笑容满面，看不出是一个生命垂危的晚期肺癌患者。尽管病魔最终还是夺走了这位老人的生命，但她生前出于对医务人员高尚医德和热情周到服务的感动，留给医务人员一席话："如果这次我真的走了，那也是带着你们的关心、你们的爱走的，我一点恐惧都没有。"

本例中，正是由于该院医务人员高尚的医德和热情周到的服务，才有患者生前留下的那些值得永久回味的话语。有高尚的医德，才会有高水准的医务人员沟通效果和交流质量。

【案例2】

打包票的医师

患者，男，12岁。该患者出生4个月后，患者家人发现其右侧颈部有一约鸽蛋大小的瘤子，瘤子随年龄增长而变大，当地医院诊断为血管瘤，因当地医院无手术条件，患者于某年3月1日第一次来省城医院看专家门诊，专家看完病对患者家长说，此患者得的病可能是右颈部淋巴管瘤，建议手术治疗。但这种淋巴管瘤手术治疗后也有复发的可能，你们如果同意手术就办手续入院治疗(已记录在门诊病历上)。家长说，小医院不敢做，这里是省城大医院，只要尽了心，我不怪你们。于是患者当天住了院。

手术前1天，患者家长为手术后果再次询问该科室一位住院医师，这位年轻的住院医师说："患者诊断是颈部淋巴管瘤，明天就可以手术，这样的手术我们做得多了，保证不会复发。"次日，手术中医生发现部分淋巴管缠绕在颈部大血管旁，已尽力剥离。术后5天，其家长因经济原因，即办手续出院，回当地医院按时拆线，伤口愈合尚可。但1周后患者颈部又出现肿块，且逐日长大，家长由高兴转为担忧。20天后，患者返回省城医院，住原病室。经检查确认患者颈部淋巴管瘤复发，通过注射平阳霉素等方法，淋巴管瘤消失后患者出院。

出院时，患者家长要求赔偿上次住院费并说道："你们的医师说，不会复发，现在复发了，第一次手术不是白做了？"医务科了解了各方面情况，查阅了门诊病历和住院病历，发现在专家门诊病历书上确有"可能复发"字样。对随意解释病情的年轻医师进行了批评教育。患者家长方才认可，离开了医院。

此案中，住院医师与患方讲话过于草率，无依据地打包票，致使引发矛盾。专家门诊病历的文字记载完善，是解除此次矛盾的关键。医务人员沟通贯穿着医疗全过程，在这个过程中的每个医务人员都有与患者及其亲属妥善沟通的责任。任何环节的疏漏和不妥都会引发矛盾，产生纠纷。此教训值得吸取。

【案例 3】

语言沟通技巧

王先生，63 岁，患慢性支气管炎、冠心病 20 余年，一直靠服药控制病情。3 个月前因阵发性房颤转为持续性房颤，发病后住院治疗 10 天又转为左心衰竭而进行抢救，此后病情稳定。医师向患者及其家属介绍了置换人工二尖瓣的情况，患者妻子主张患者及早接受这种手术，医师也同意择期手术，但患者尚在犹豫之中。患者已退休在家，近来胃口一直不好，自诉心神不宁，入睡困难，易惊醒，并一直反复问医师护士手术的危险性。患者看上去很痛苦，面部表情紧张、疲倦，经常皱眉叹气，说话急促。

护士："早上好，王先生，这几天病情已稳定下来，您觉得好些了吗？"

王先生："好？我这几天好像不是我自己了，我整天都在考虑手术的危险性，这种手术成功的可能性有多大呢？手术之后的情况会比现在好吗？我或许还是不做手术的好吧！我的妻子、儿子都赞成我做手术，但他们对手术的结果都说不出个所以然来。唉！我真不知该怎么办才好！"

对于以上王先生的表述，可以有如下评估：

表面想法： 王先生认为这项手术风险太大，而他对手术是否成功持怀疑态度，他急切地想了解更多、更具体的关于手术的情况(安全性、效果等)。

情感流露： 从王先生的语言性及非语言性行为来看，他显得忧心忡忡，十分焦虑，为自己不能作出决定而很不满意(好像不是自己了)。

潜在愿望： 希望得到同情、安慰和理解，希望自己的家人能表现出更多的关心和重视，以帮助自己作出决定。

根据以上评估，应该怎样与王先生交谈呢？下面有四种情况：

护士 A："医师、护士们这几天为稳定你的病情已尽了极大努力，你也不应该不相信这个医院，这种情绪对你的疾病不利，你应该振作起来。"

护士 B："你应该庆幸才是，你毕竟还有接受手术治疗的机会。上次有个病人想手术还不够条件呢！你这种手术在我们医院不是第一次，你的担心是不必要的。"

护士 C："这场大病对您来说真是非同小可，您能坚强地挺过来真不容易。现在总算稳定下来了，这为您提供了手术治疗的条件和机会。所以您家人主张您尽快做手术不是没有道理的。当然，这种手术比较复杂，我非常理解您的担忧和紧张。但这种手术我们医院已经做过好多次，都很成功。我曾经护理过两位与您情况十分相似的患者，我可以详细地向您介绍他们在手术前、手术中和手术后的情况……"

护士 D："您应该决定手术才对。这里的医师技术好，一定能治好您的病，您可以放心。"

解析

护士 A 在回答中过早地作出了主观判断，断定王先生"不相信这个医院"，其实王先生对手术的担忧并不能等同于不相信医院。这种过早的判断，表现出一种不平等的、教训人的态度，更缺乏同情和理解。这种沟通，不仅不能解决患者的问题，而且会给患者造成新的压力。患者会有一种被人误解的委屈感受。

护士 B 在回答中，实际上回避了患者获得信息的要求以及得到同情、安慰和理解的愿望，是一种没有针对性的回答。患者甚至还可能有被讥讽(应该庆幸)的感觉，因而产生不信任感。

护士 C 的回答，是一个具有共情性的回答，是完全针对患者的要求、情感需要和潜在愿望所进行的回答，充满了护士对患者的关注、同情和理解，因而可以有效地缓解患者的焦虑。

护士 D 的回答，没有满足患者对于信息、情感的需要，也没有满足患者潜在的愿望，只是匆忙地做了一个保证(一定能治好您的病)。因为这个保证缺乏必要的说明和依据，因此显得虚假和不恰当，并不能解决患者疑虑。

1. 小组研讨：结合以上 3 个案例总结口头沟通的注意事项。
2. 个人作业：总结口头沟通的技巧，并制作 PPT。

任务 7　医务人员的非语言沟通

【学习目标】

态度目标：将良好的非语言沟通习惯内化为个人的行为准则，在日常交流和学习中，主动运用非语言沟通技巧来提升沟通效果，意识到非语言沟通对塑造管理思维的积极作用。

知识目标：准确掌握非语言沟通的概念与分类；能对给定的沟通案例进行深入分析，能够剖析非语言沟通的运用是否恰当，以及其运用对沟通效果产生的影响；能够对不同类型的非语言沟通技巧进行评价，并结合实际案例分析其技巧在不同沟通场景下的有效性和适用性。

技能目标：在模拟的沟通场景中，能够独立运用所学的非语言沟通技巧，与模拟对象进行有效的沟通，并能根据模拟对象的反馈和教师的评价，判断沟通效果是否达到预期；在实际沟通中，能够准确感知对方的非语言沟通信息。

【课前预习】

1. 非语言沟通的基本特征是什么？
2. 非语言沟通有哪些类型？
3. 非语言沟通的技巧有哪些？
4. 组队进行"你比画我猜"游戏，通过表情和姿态，灵活运用非语言沟通。

【场景导入】

场景描述：某医院的医生通过温暖的微笑和充满关怀的肢体语言，赢得了患者的信任和好评，医患关系更加和谐。

问题引导：非语言沟通如何提升医患关系？如何通过肢体语言、表情等传递关怀？

【相关知识】

一、非语言沟通概述

1. 非语言沟通的起源

人类历史上的非语言沟通可以追溯到早期人类的时代，当时人们还没有发展出书写、说话和运用符号的能力，只能通过肢体语言、面部表情、声音、触觉等非语言方式进行交流。因此，非语言沟通可以看作人类的基本交流方式。随着人类文化和社会的发展，语言和文字的出现大大丰富了沟通方式，但非语言沟通始终是人际交往中不可或缺的一部分。即使在现代社会中，人们仍然使用姿势、手势、面部表情和声音等方式进行非语言沟通，以促进语言沟通的效果。

因此，非语言沟通是人类发展历史上的一个重要组成部分，它与人类的社交生活密切相关，在人类文明的发展和进步中发挥了重要的作用。

2. 非语言沟通的基本概念

非语言沟通是指人们借助语言之外的其他各种形式来传递信息的一种沟通方式。一方面，在语言沟通过程中，同时运用非语言沟通将大大丰富沟通所传递的信息，提高沟通的效率；另一方面，在沟通中，有时人们甚至完全不需要利用语言，只需要通过姿态、眼神、表情、仪表和服饰等非语言信息，就能很有效地传递有关信息。

3. 非语言沟通的基本特征

非语言沟通具有 6 个基本特征，分别为普遍性、真实性、社会性、民族性、规范性、情境性。

1) 普遍性

我们从人与人之间交流、沟通的过程中发现，几乎每个人从小就具备了非语言沟通能力，这种沟通能力是人生来就具有的一种本能反应。例如，孩子在出生以后就会对自己熟悉的人报以最纯真的笑容。随着人类实践活动的发展、社会的进步和人际交往范围的扩大，人类的非语言沟通能力也不断得到丰富和发展。这种非语言沟通能力不仅中国人有，外国人也有。不过，由于各国文化的不同，这种非语言沟通的表达方式也有所不同，但就一般意义上来讲，与各国各民族所用的语言比较起来，非语言沟通的信息共享力更强一些。

【案例 24】

护理部的微笑服务

有人说，微笑是人与人之间最短的距离；微笑是最灿烂的阳光；微笑是抚慰心灵的良药。2024 年，某医院护理部开展"温暖服务、始于微笑"活动以来，始终把"改善就医感受，提升患者体验"作为优质护理服务的目标。全院各科室医护人员以微笑服务为起点，用温暖的笑容迎接每一位患者。初次接诊时面带微笑的一句"您好"，查房时声声温暖与关切的询问，治疗时一个坚定而又鼓励的眼神，出院时一张饱含祝福与叮嘱的温馨提示卡……护理人用每一次微笑、每一个贴心又温暖的行动诠释着对患者的关爱。在提高医院护理队伍精神风貌和职业素养的同时，医务管理者应进一步激发全体护理人员的服务积极性和职业认同感，使患者提高满意度，为患者留下深刻的就医体验与感受。

下面是该医院一位医务工作者的发言：

温暖服务，从心开始。当你面带微笑为病人打针治疗时，他们会给予很好的配合；当你微笑面对忧愁的病人时，可以减少他们的烦恼；当你微笑面对暴躁的病人时，可以使他们平静；当你微笑面对绝望的病人时，可以激励他们坚强的意志！微笑不仅是献给别人的，也要给予自己，因为它本身就是一种自我调控心境的手段。有人说只有善待自己的人才会善待他人，只有会对自己微笑的人才会给予别人最真诚、最优质的服务。

2) 真实性

非语言沟通能够真实地反映个人的情感和态度，这种真实性使得非语言沟通成为理解他人情感状态的重要途径。例如，在一个简单的对话中，一个人可能通过微笑来表达友好和开放的态度，或者通过皱眉来表示不满或怀疑。这种非言语沟通往往比语言沟通更直接、更难以伪装，因此可以被视为情感的真实反映。

3) 社会性

人与人之间的关系是一种社会关系。人们的年龄、性别、文化程度、伦理道德、价值取向、生活环境、宗教信仰等社会因素都会对非言语沟通产生影响。在不同的社会和文化群体中，非语言沟通的规范和期望可能会有所不同。例如，在某些文化中，在打招呼时身体接触是常见的，而在其他文化中则可能被认为是不适当的。同样，不同职业和不同社会阶层也可能有自己独特的非语言沟通规则。比如，在一些职业领域内，如军事或执法部门，有更严格的姿态和仪态要求，以体现纪律性和权威性。有些年轻人之间喜欢相互用手拍肩膀以示友好，然而，如果对父母亲或年龄较大的长辈使用同样的方式，就显得缺乏礼貌。

4) 民族性

不同的民族有不同的文化传统和风俗习惯，这种不同的文化传统和风俗习惯决定了其特有的非言语沟通符号。比较典型的人际沟通例子是不同国家或文化的人们表达自己对他人的欢迎的方式不同。在欧洲一些国家，拥抱、亲吻是一种礼节，是一种友好热情的表示。但中国人往往不太习惯，而更习惯以握手的方式来表达同样的感情。在拉丁美洲，握手通常比较轻柔，可能伴随着拥抱或其他身体接触，这反映了拉美文化中对个人空间和亲密接触的不同看法。而在北美，特别是美国，握手往往更为有力和直接，这被视为自信和专业的表现。

5) 规范性

规范性是指一个社会群体或一个民族在特定文化传统的影响下，长期以来对非言语沟通所产生的社会认同。每一种社会角色都有着被大家承认的行为举止准则，在进行非语言沟通时，要考虑沟通对象的文化因素、民族因素、环境因素、年龄因素、心理因素、社会道德因素等。一旦人们忽略了某种非语言沟通方式所特有的规范性，可能会造成误解。另外，人们通常会发展出一套关于非语言沟通的规范和期望，比如在正式会议中保持特定的坐姿或站姿，以及在办公环境中保持穿着的专业标准。

6) 情境性

非言语沟通一般不能够单独使用，不能脱离当时当地的条件、环境背景。只有那些善于将非语言沟通与真实环境背景联系起来的人，才能使非语言沟通运用得准确、适当。例如，在中国表达亲昵的感情时，成年人对小孩常抚摸其头或者拍肩，小孩则常搂抱大人。但是在信奉佛教的国家，例如泰国，头是神圣不可侵犯的，绝对不可以摸别人的头。又如，同一个手势在非正式会议中可能是友好的，而在正式演讲中可能被视为不专业。

4. 非语言沟通的作用

1) 增强信息的表达效果

(1) 丰富语言内容。语言是抽象的，而非语言沟通可以通过表情、手势等具体的形式丰富语言的内容。例如，一个人在说话时配上恰当的手势，可以使语言表达更加生动形象，帮助对方更好地理解信息。比如，当一个人用手指着某个方向说"就在那边"，手势就增强了语言的指向性。

(2) 强化语气和情感。非语言信息可以增强语言中所蕴含的语气和情感。比如，一个人用坚定的眼神和挺直的身姿说"我会完成这个任务"，这种非语言信息会强化他话语中的自信和决心。

2) 传递真实的情感和态度

(1) 揭示内心状态。非语言沟通往往比语言更真实地反映一个人的内心状态。即使一个人口头上说"我很好"，但如果他垂头丧气、眼神黯淡，那么他的非语言信息就会传递出他内心的不快乐或焦虑。心理学研究表明，人们在表达真实情感时，非语言信息往往是最难伪装的。

(2) 表达微妙情感。有些情感很难用语言准确表达，但可以通过非语言方式传递。比如，微笑可以传递友好和善意，眼神的闪烁可能暗示着不安或紧张，而一个轻轻的拥抱则可以传递安慰和温暖。

3) 建立和维护人际关系

(1) 增强亲和力。微笑、眼神交流、点头等非语言行为可以拉近人与人之间的距离，增强彼此的亲和力。例如，微笑是一种跨文化的友好信号，它能够迅速打破陌生感，让对方感到被接纳。

(2) 传递尊重和关注。在交往中，保持适当的眼神接触、倾听的姿态(如身体微微前倾)等非语言行为，可以向对方传递出尊重和关注的态度，有助于建立良好的人际关系。相反，如果一个人在交流中眼神游离、东张西望，可能会让对方感到被忽视。

4) 弥补语言沟通的不足

(1) 在跨文化沟通中增强沟通效果。在不同文化背景下，语言可能会存在障碍，但一些基本的非语言行为(如微笑、点头)是通用的。例如，在国际场合中，微笑可以作为一种友好的问候方式，即使双方语言不通，也能通过这种方式建立初步的联系。

(2) 在特殊情境下增强沟通效果。在一些场合，语言可能无法使用或不适宜使用，而非语言沟通则可以发挥重要作用。比如，在安静的图书馆里，一个点头或手势就可以代替语言交流，表达自己的意图。

5) 影响沟通的氛围和效果

(1) 营造积极或消极的氛围。非语言信息可以营造出积极或消极的沟通氛围。例如，开放的身体姿态(如双手摊开、身体正对对方)可以营造出开放和友好的氛围，而交叉双臂、身体后仰等姿态可能会传递出抵触或冷漠的情绪，从而影响沟通的效果。

(2) 调节沟通节奏。在沟通过程中，非语言信息还可以调节沟通的节奏。例如，通过点头、微笑等行为，可以鼓励对方继续说下去；而通过眼神的转移或身体的后撤，可以暗示对方暂停或结束话题。

【相关案例 25】

正性暗示和非语言沟通的积极作用

××市中心医院对某手术麻醉前采用不同护理措施。对照组采用常规护理，观察组在常规护理的基础上采用正性暗示及非语言沟通，采用焦虑自评量表(SAS)对患者焦虑情绪进行评估，采用视觉模拟评分(VAS)评估患者恐惧程度。评估进入手术室后两组患者心率、血压变化。

(1) 正性暗示。进入手术室后，护理人员与患者沟通语气要轻松。护理人员、麻醉医生、手术医生共同设计并完成正性语言暗示，内容如下。护理人员问麻醉医生：这位患者进行局部麻醉困难吗？术间会感觉到疼痛吗？麻醉医生答：患者体征良好，穿刺容易，麻醉没有困难，几乎不会感觉到疼痛。护理人员问手术医生：这位患者手术需要多长时间？腹股沟疝修补术您做了多少台？患者预后如何？手术医生答：患者症状典型，诊断明确，手术时间应该不长。这种手术做得太多了，已经很熟练。手术后患者恢复快，预后比较好。

(2) 非语言沟通。帮助患者调整正确、舒适的体位，动作轻柔、熟练，多与患者进行眼神沟通，对患者多微笑，可握住患者双手，适当通过触摸、手势等进行安抚，传递关心、鼓励等信息。

本研究结果表明，麻醉前，观察组 VAS、SAS 评分低于对照组($P<0.05$)，观察组心率、舒张压、收缩压低于对照组($P<0.05$)，说明正性暗示与非语言沟通可缓解患者麻醉前恐惧、焦虑等负性情绪，降低患者血压升高等应激反应。

二、非语言沟通的类型

非语言沟通包括身体语言沟通、音调语言沟通和环境语言沟通。

1. 身体语言沟通

身体语言(通常简称体语)沟通，指采用非词语性的身体符号，包括肢体语言、面部表情、姿态语言和其他语言如着装、化妆等进行信息的传递和交流。人与人交流沟通时，即使不说话，我们也可以凭借对方的身体语言来获取一些信息，对方也同样可以通过身体语言了解到我们的真实想法。身体语言沟通的内容很丰富，我们可以将它分为以下几个类型(见表 10-2)。

表 10-2 身体语言沟通的分类

分类	示例
肢体语言	手部、头部、肩部、腿部等的动作
面部表情	眨眼、撇嘴、皱眉、微笑等
姿态语言	坐姿、站姿、行姿等
其他语言	空间距离、着装、饰物、化妆等

1) 肢体语言

(1) 头部的语言信息。头部集中了所有的表情器官，所以往往是人们关注、观察身体语言的起点。头部一些细微的动作往往可以传达很多信息，例如：① 头部微微侧向一旁，说明对谈话有兴趣，正在集中精神听；② 低头，说明对谈话不感兴趣或持否定态度(在沟通过程中，"低头"这种身体语言是非常不受欢迎的)；③ 头部向后，表示惊奇、恐惧、退让或迟疑。

(2) 手部的语言信息。手所表达出的语言信息也非常丰富，所以往往是身体语言沟通的焦点。下面是一些手部语言的例子：① 手指轻轻抚摸下巴，表示正在思考或者作决定。② 双手忙个不停(没事找事做)。沟通过程中，如果一边和别人说话，一边双手忙个不停，那么很可能正在表达一种无言的拒绝。③ 用手拍拍前额，通常表示健忘，如果用力一拍，则可能是自我谴责，后悔不已。

(3) 肩部的语言信息。肩部所表达的含义虽然不多，但在商务交往中也要给予足够的留意。① 肩部舒展，说明有决心和责任感。在沟通中，这种肩部姿态无疑是对方非常希望看到的。② 肩部耷拉，说明心情沉重，感到压抑。③ 肩部耸起，说明处在惊恐或愤怒之中。

2) 面部表情

(1) 眼部的语言信息。眼睛是心灵的窗户。在沟通中，除了要把握眼神的注视范围外，还要注意眼神注视的角度和方法。① 眼神发虚或者东张西望，会让对方产生一种不踏实的感觉。② 眼睛死死地盯视一个人，特别是盯视她的眼睛，不管有意无意，都是一种不礼貌的表现，会令对方感到不舒服。③ 斜视表示轻蔑，仰视表示尊重或思索，正视表示庄重等。

(2) 嘴部的语言信息。在非语言沟通中，嘴部的语言信息主要体现在嘴部动作上，这些动作可以传达丰富的情感和信息。嘴部的语言信息包括：① 嘴唇半开或全开表示疑问、奇怪、惊讶，如果嘴巴全开就表示惊骇；② 嘴唇撇着表示生气、不满意，这种表情在沟通中会被认为是不尊重对方的表现；③ 嘴唇紧绷表示愤怒、对抗或者决心已定；④ 微笑，既能向对方表达自己充满善意，传达出愉悦、欢迎、友好、欣赏或者请求、领悟等信息，也可以表示道歉、拒绝、否定等含义，对有声语言沟通可以起到很好的强化作用。

3) 姿态语言

(1) 坐姿的语言信息。① 手脚伸开懒洋洋地坐在椅子上，说明相当自信并且有些自傲，不把对方放在眼里。② 坐在椅子边上，说明不自信，还有几分胆怯，有随时"站起来"和中断话题的准备。③ 使劲挨着桌子坐，说明对话题很感兴趣，也表现出几分不拘小节。

(2) 站姿的语言信息。① 站立时背部对着对方，斜靠在其他物体上，双手平端或抱在胸前，把一只手插进衣袋，等等，这些都是不重视对方的表现。② 边说话边晃动脑袋容易给人嚣张、轻浮的感觉。③ 站立时双腿频繁地换来换去，或用脚在地上不停地划弧线，会给人浮躁不安、极不耐烦的感觉。

(3) 走姿的语言信息。① 走路时故意肚子腆起，身体后仰会给人一种傲慢的感觉。② 脚步拖泥带水，蹭着地走，耷拉眼皮或低着头，给人一种不自信、不情愿的感觉。

2. 音调语言沟通

音调语言沟通指人们通过有声但无固定语义的辅助性语言，如音质、音调、音量和语速，以及如停顿、叹息或嘟囔的声音所进行的沟通。音调语言虽然有声音，但却是非语言的，人们通过选择一定的音质、音调、音量和语速可以实现信息传递与交流的目的。例如，高音调通常表示兴奋、惊讶或愤怒，而低音调则可能表示冷静、沉稳或不屑。通过音调的变化，人们可以更直观地感受到对方的情绪。例如，在演讲或讲解中，通过加重语气或提高音调来突出关键信息，可以帮助听众更好地理解和记忆重点内容。强有力的音调可以传达说话者的自信和权威，从而增强说服力。音调语言可以弥补语言表达的不足，使语言更具表现力和感染力。例如，通过语速的快慢和停顿的长短，可以更好地控制交流的节奏。

3. 环境语言沟通

环境语言沟通指通过环境因素来实现信息的传递与交流。这里的环境因素包括背景环境，如办公场所的布局与设计、光线和噪声等，也包括空间环境，如座位布置和空间距离等，还包括时间环境，如准时、迟到、早到等。所有这些都可以作为传递沟通信息的工具。

1) 背景环境与沟通

(1) 办公场所的布局与设计。办公场所的布局和设计可以传递出组织的文化和价值观。例如，开放式的办公空间通常传达出开放、合作和创新的文化，而传统的隔间式办公则可能传递出更正式和等级分明的氛围。

(2) 光线与噪声。

·光线。充足的自然光可以提升人的精神状态和工作效率，而昏暗的光线则可能让人感到压抑和疲惫。在沟通中，适当的光线可以营造出积极的氛围。

·噪声。噪声水平直接影响沟通的质量。一个安静的环境有助于达成高效的交流，而嘈杂的环境则可能让人难以集中注意力，甚至产生烦躁情绪。

2) 空间环境与沟通

(1) 座位布置。座位的布置可以传递出不同的信息。例如，圆桌会议通常传达出平等和合作的氛围，而传统的长方形会议桌则可能传递出等级和权威的氛围。

(2) 空间距离。空间距离不仅影响沟通的舒适度，还传递出不同的信号。例如，保持适当的距离可以传达出尊重和礼貌，而过于接近或过于远离则可能让人感到不舒服或被忽视。在沟通中，个人空间的大小和距离也非常重要。例如，亲密距离(0～0.5 米)通常用于亲密关系，个人距离(0.5～1.2 米)用于朋友和熟人，社交距离(1.2～3.6 米)用于正式场合，公共距离(3.6 米以上)用于公开演讲。

3) 时间环境与沟通

准时是对他人时间的尊重，传递出可靠和专业性。在商务和正式场合中，准时被视为一种基本的职业素养。迟到可能传递出不尊重、不重视或不可靠的信息。在某些文化中，迟到被视为严重的失礼行为。早到可以传递出积极和主动的态度，但也可能让人感到不自在，尤其是当对方还没有准备好时。

三、非语言沟通的礼仪与技巧

1. 非语言沟通的礼仪

非语言沟通时，应注意仪表服饰恰当得体、表情举止适宜、时空距离恰到好处。

1) 仪表服饰恰当得体

在日常沟通中，尤其是结识新客户，与客户初次见面时，客户最容易通过仪表服饰来判断和评价一个人。一般来说，仪表服饰能直接反映一个人的性格气质、精神风貌。穿戴大方得体、整齐干净、利落的员工能给客户一个精明干练、诚实守信的印象，容易赢得客户的信任与好感；而衣冠不整、不洁的员工会给客户做事马虎粗心、懒惰大意的印象。不容忽视的事实是，客户更愿意和值得信赖、仪表端庄的员工沟通。

【相关案例26】

"衣"与"医"的关联

纵观历史发展，"衣"与"医"的关联与结合存在一定必然性。医术脱离不了技术与物的支持，其中，医疗服饰在医疗的发展中扮演着重要角色。从初期简易的医用布料，到成熟的医用纺织品以及具有识别功能的医生制服，都体现着服饰对古代医疗发展的辅助和推动作用。同时，医疗理念的进步也促进了医者服饰的发展与演变，使医疗服饰的功能性与识别性紧密结合。

中国古代医疗的发展离不开"衣"的辅助。秦汉时期，人们借夸张的服饰来施展"祝由之术"，又用经久耐用的纺织材料制药囊。到了唐宋时期，"医"借"衣"祛病救人，提出独特的衣冠疗法，再次将服饰与医疗紧密结合，容臭(香囊)、药枕更是凭借其实用性沿用至今。明清"医""衣"已经形成了完整的体系，防护意识更是提升到了一个新的高度，甚至将理念寄于服饰图案，如艾虎五毒纹、莲花蝙蝠、吉祥八宝等。流传的医疗典籍更是明确记述了何以借衣除病、以衣御病等，《瘟疫论》中还详细记述了如何处理患病之人的衣物。

2) 表情举止适宜

眼神、姿态、手势能真实表露人的内心世界，最能直接反映一个人的文明修养与道德品质。懒散、拖沓的表情举止，即使配以精致考究的服装，也无法掩饰内在涵养的苍白与贫乏。企业员工与客户见面时，最初留给客户的印象最为深刻，而最初的印象往往取决于员工的表情举止。客户往往根据表情举止来确定员工是否有诚实的品行，是否有涵养。

表情举止适宜，是指亲切的微笑、端庄的姿态和自信的步伐。微笑是友好、善良、自信的体现，端庄的姿态和自信的步伐是愉快和能干的表现，这些无不给客户留下友爱、自信的印象。

3) 时空距离恰到好处

在商务沟通中，时间和空间的安排应相互协调。例如，如果会议时间较短，可以选择较小的会议室；如果会议时间较长，可以选择较大的会议室并提供舒适的座位和茶歇。在安排商务会议时，要确保会议时间合理、会议室环境舒适且座位布置得体。例如，选择一个安静、明亮且布置得体的会议室，根据会议的性质和目标选择合适的座位布置。在客户拜访中，要提前安排好时间，确保准时到达。同时，要注意与客户的空间距离，避免过于接近或远离。在跨文化交流中，要特别注意时间和空间的安排。例如，在与中东客户沟通时，可以适当靠近一些，传递出热情和友好；而在与北欧客户沟通时，要保持适当的距离，传递出尊重和专业性。

2. 非语言沟通的技巧

1) 坐姿自然轻松

坐姿应保持自然轻松，当你与对方交流时，上身微微前倾或微微点头，可以让对方感受到你正在专注地聆听他的讲话。如果对方显得紧张不安，你可以通过握手或轻拍肩膀来表示关心，这有助于让对方放松下来。

2) 目光适当

适当的目光接触可以鼓励对方继续分享他的想法和感受。但请注意，你的目光应主要落在对方的脸颊下部，避免长时间盯着对方的眼睛，以免给人带来压迫感。同时，避免斜视或目光游移，这些都会让对方感到不被尊重或不安。如果对方的话题偏离了主题，你可以适当地将目光移开，以提示对方简明扼要地表达。

3) 表情呼应对方

你的表情应该与对方的情绪相呼应。当对方讲述他的困扰时，你的表情应该显得认真、专注，甚至眉头微皱；当对方分享快乐时，你的脸上应该露出微笑，表示你与他的喜悦共鸣；当对方倾诉内心时，你可以通过点头表示理解；当对方谈及隐私时，你可以稍微靠近对方，缩小彼此的距离，以展现你的倾听和尊重。这些回应将使你显得更加友善和亲切。

4) 因人而异

在与不同性格的人沟通时，非语言沟通技巧的运用的确需要有所不同，因此，根据对方性格特点灵活调整非语言沟通方式，能显著提升沟通效果。外向型的人通常热情开朗、善于表达，喜欢与人互动交流。与这类人沟通时，可适当增加身体的开放性动作，如保持开放的姿势，不要交叉双臂或双腿，这会让对方感受到你的友好和接纳。内向型的人相对较为内敛、敏感，可能不太习惯过于强烈的非语言信息，在与他们沟通时，要保持温和、适度的非语言表达。眼神交流不要过于直接和持久，避免给对方造成压力，可以适当转移视线，让对方感到轻松自在。

【内容小结】

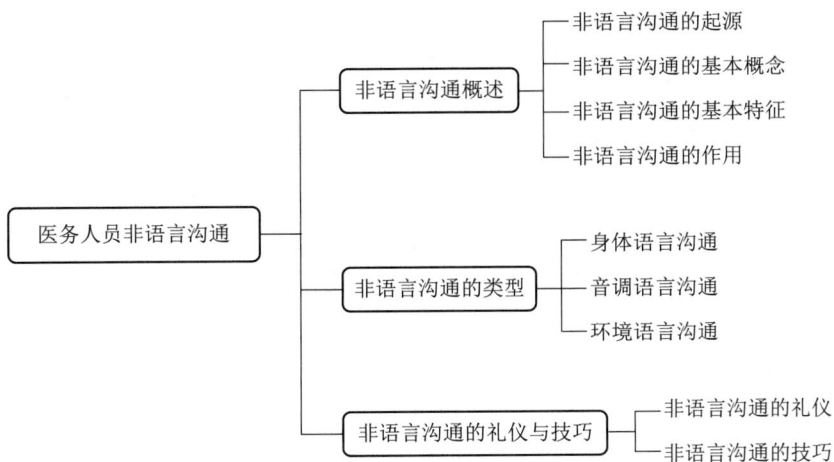

【习　题】

一、思考题

1. 观看一段名人演讲视频，分析演讲者在演讲过程中运用了哪些非语言沟通信息来增强演讲的感染力和说服力？这些非语言沟通信息与演讲的内容是如何相互配合的？

2. 请描述一个你在实际沟通中运用非语言沟通技巧成功解决问题的案例，分析你运用了哪些具体的技巧，这些技巧是如何发挥作用的？

3. 在与不同性格的人沟通时，非语言沟通技巧的运用是否要有所不同？你认为应该如何根据对方的性格特点调整自己的非语言沟通方式？

二、案例分析题

【案例1】

非语言沟通的艺术

在一家大型医院的急诊室内，一位中年妇女因为持续的胸痛被紧急送来。她脸色苍白，显得非常焦虑和害怕。接诊的是一位经验丰富的内科医生，他迅速对患者进行了初步检查，并询问了她的病史。

在这个过程中，医生注意到患者的非语言信息——她的手臂紧紧交叉在胸前，这是人们在感到不安全或防御时的一种常见姿势。她的眼神游离不定，避免与医生进行直接的眼神交流，表明她感到紧张或不信任。此外，她的语速很快，声音略显颤抖，这些都是焦虑的表现。

医生意识到，为了建立信任并缓解患者的紧张情绪，他需要采取一些特别的非语言沟通策略。他身体稍微倾向患者，面部表达出友好和同情。同时，他保持眼神接触，用平静而温和的声音说话，他还时不时地点头，认真听取患者的叙述。

通过这些非语言的沟通方式，医生成功地让患者放松了下来，她开始更加主动地分享自己的症状和担忧。医生耐心地解释了他的诊断计划和接下来的治疗步骤，确保患者理解每一个环节。最终，患者被确诊为心绞痛，并在医生的指导下接受了适当的治疗。几天后，患者的症状得到了明显改善，临走时，她对医生的专业能力表示敬佩、对医生的帮助和同理心表示了深深的感激。

【案例2】

用细心、耐心换来患者的开心

这是一位护理学专业实习生的日记。

轮岗实习的一天，一位60岁的患者住进了心内科病房，可能是由于身体的原因，有护士给他扎针，一针没扎上，或是个别护士的态度不热情时，该患者就会生气，脾气暴躁，所以大家都尽量避免和他"有接触"，作为实习生的我，内心也非常害怕，并和带教老师沟通了该情况。后来从带教老师的口中得知，该患者刚做完造影手术，需要器械压住血管止血，他的整个手以及胳膊都非常的肿胀，而且十分的难受，所以有时对医护人员态度不好……我经过细致的观察，确实发现这一情况，在这以后只要是我有时间，都会去病房安慰他、陪他说说话，为他贴上冰凉贴，便于消肿，缓解疼痛，并嘱咐他多喝水，多排尿……在我的坚持下，该患者的态度逐渐缓和，也愿意积极配合医护人员治疗，出院时他非常感谢我的耐心照顾。通过这件事，我意识到了对工作存在畏难情绪，是对患者的不负责任，作为医护工作者，在运用好专业技能的同时，更要用自己的细心、耐心换来患者的放心和开心。

1. 小组研讨：结合以上案例，分析医师、实习生与患者沟通成功的原因是什么？可以从多个角度(如医生、患者、旁观者)来分析。

2. 个人作业：查找医患或护患非语言沟通的成功案例、失败案例各一个，并分析成功之处和失败的原因，根据评分标准，制作高质量的PPT。

项目四 健康行业的企业管理沟通

【行业背景】

20 世纪 50 年代末，健康管理(Managed Care)的概念最先在美国出现，其核心内容是医疗保险机构通过对其医疗保险客户(包括疾病患者或高危人群)开展系统的健康管理，有效控制疾病的发生或发展，显著降低疾病发病概率和实际医疗支出，从而减少医疗保险赔付损失。

最初的健康管理概念还包括医疗保险机构和医疗机构之间签订最经济适用处方协议，以保证医疗保险客户可以享受较低的医疗费用，从而减轻医疗保险公司的赔付负担。

20 世纪 90 年代末，健康管理服务开始在我国出现，近年来发展迅速。2002 年，中国第一家健康管理公司注册成立；2005 年，中国医师协会成立医师健康管理和医师健康保险专业委员会，同年国家人力资源和社会保障部确认"健康管理师"为新职业；2020 年，中国健康管理市场规模达到 18 107 亿元，预计到 2028 年将突破 30 000 亿元。目前，中国健康管理行业正朝着多元化、标准化、融合化的方向发展，形成了包括院内体检、院外体检、互联网医疗、保险、检测、养老等多种形式的健康管理服务模式。同时，健康管理服务正逐渐从针对疾病治疗转向全生命周期的健康管理，用户群体也在有序扩容，形成了更广泛的市场需求。此外，健康管理行业在技术、资本和政策的推动下，正迎来新的发展机遇。新兴技术如云计算、大数据、物联网、人工智能等的应用，提高了健康管理服务的智能化水平和效率。

大健康产业是具有巨大市场潜力的新兴产业，包括医疗产品、保健用品、营养食品、医疗器械、保健器具、休闲健身、健康管理、健康咨询等多个与人类健康密切相关的生产和服务领域。

根据相关报告和资料可以了解到一些在行业内有影响力的健康管理公司。京东健康、阿里健康、平安好医生等是互联网医疗领域内较为知名的企业。此外，还有一些专门提供健康管理服务的公司，如爱康国宾、美年大健康等，它们在提供体检、健康咨询等服务方面也具有较高的知名度和市场占有率。

【项目成果】

分析大健康相关企业管理案例，包括压力沟通、危机沟通、跨文化沟通的相关知识点、技能点，要求分析有理有据、语言流畅，且结合知识点进行。具体框架如下。

(1) 公司背景：介绍公司的发展历程、组织结构、市场地位等基本信息。

(2) 问题陈述：陈述公司遇到的、涉及本项目管理沟通方面的具体问题。

(3) 问题分析：对公司遇到的沟通问题进行分析，找出问题的根本原因和影响因素。

(4) 解决方案：根据问题分析得出该公司的解决方案，细致分层次分析问题并运用本项目所介绍的知识点。

任务 8　大健康相关企业的压力沟通

【学习目标】

态度目标：养成学生管理思维和良好的压力沟通习惯，能将压力视为成长和学习的机会，不断寻求提升自己的压力管理技能。

知识目标：准确理解压力的定义，探究公司中压力的来源；能够深入理解压力的影响范围，清晰认识到压力的危害；能够运用所学知识，在实际情境中准确识别出压力的表现和来源，判断自己或他人是否处于压力状态；能够对不同的缓解压力的沟通方法进行评价，判断其在不同压力情境下的有效性和适用性。

技能目标：在模拟的健康管理场景中，能够独立运用所学的缓解压力的沟通方法，与模拟的健康管理对象进行有效的沟通，帮助其缓解压力；在真实场景与健康管理对象沟通时，能够准确把握对方的压力状态，运用恰当的沟通方法，有效缓解对方的压力。

【课前预习】

1. 压力源有哪些？公司中管理者和员工会遇到怎样的工作压力？
2. 压力产生的影响有哪些？
3. 如何看待及处理压力？
4. 以小组为单位，情景模拟压力沟通事件，拍摄 5 分钟视频。

【场景导入】

场景描述：某健康管理公司在面临健康信息泄露事故引发的舆论危机时，通过及时、透明的沟通，成功化解了危机，赢得了公众的信任和支持。

问题引导：如何在危机中通过沟通赢得信任？有效的危机沟通如何为公司创造更好的发展环境？

【相关知识】

随着社会发展和人们生活方式的变化，压力事件在人们日常生活中十分常见。越来越多的人在面对工作、学习、生活等方面的压力时，产生不同程度的焦虑、抑郁、失眠等压力反应。因此，如何应对并缓解压力，已成为现代人生活中亟待解决的难题之一。

一、压力概述

1. 压力的词源和定义

压力(Stree)这个词可以追溯到古希腊神话中的"斯特雷斯"，指一种由众神施加的神秘力量。20世纪40年代，美国心理学家 George A. Miller 首次将"stress"作为独立研究对象，认为压力是由认知负荷过大导致的。20世纪50年代中期，心理学家汉斯·塞利(Hans Selye)进一步发展了压力的概念，提出了著名的"一般适应综合征"(General Adaptation Syndrome，GAS)，将压力视为生物体对环境变化的适应过程。随着心理学和社会学研究的深入，"压力"一词开始频繁出现在公共讨论中，成为描述现代生活挑战和应对策略的常用词汇。压力的概念不仅在医学和心理学中得到应用，还扩展到了社会学、经济学、管理学等多个领域，成为分析和解释个体和群体行为的重要概念。

在现代语境中，压力通常被定义为个体在面对工作、环境或其他生活领域的挑战、要求或不确定性时所经历的心理和生理紧张状态。这种状态可能由多种因素引起，如工作量、工作时间、人际关系、职业发展等。

2. 压力沟通的定义和特点

压力沟通是指在工作环境中，个体、团队或组织为了应对、减轻或管理压力所进行的信息交换过程。这种沟通旨在识别和解决导致压力的问题，改善员工的工作体验，提高团队的凝聚力和组织的整体效能。

压力沟通的特点包括以下几个。

(1) 双向性。压力沟通强调信息的双向流动，即管理者与员工之间的沟通是双向的，旨在共同识别问题并寻找解决方案。

(2) 开放性。有效的压力沟通需要在开放、诚实的环境中进行，管理者应鼓励员工表达他们的担忧和感受，而不必担心负面后果。

(3) 建设性。压力沟通的目的不仅仅是识别问题，更重要的是找到解决问题的方法，提供必要的支持和资源，以减轻压力。

(4) 及时性。及时的压力沟通有助于迅速识别和解决问题，防止压力积累到不可控的程度。

(5) 持续性。压力沟通不是一个一次性的过程，而是需要持续进行的。定期检查和反馈可以帮助管理者及时发现新的压力点，并采取相应的措施。

3. 压力源的分类

压力源有多种，按照来源将其分为环境压力源、组织压力源、工作压力源及个体压力源等，如图4-1所示。

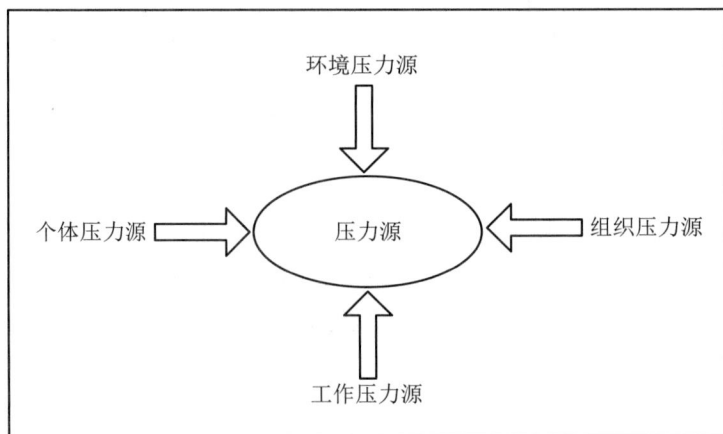

图 4-1　压力源的类型

1) 环境压力源

环境的不确定性不仅影响组织结构的设计，还会影响组织成员的压力水平。环境压力源包括以下几个。

一是变幻莫测的市场造成经济的不确定性。在商业环境中，市场的变幻莫测和经济的不确定性常常给企业带来压力。这些压力可能源于市场需求的变化、竞争格局的变动、政策调整、全球经济形势的波动等多种因素。当市场变化难以预测时，企业往往面临决策困难、经营风险增加和业绩不稳定等挑战。

二是社会的不稳定和政治的不确定性。社会的不稳定可能包括各种因素，如犯罪率的上升、社会冲突的加剧、贫富差距的扩大等。这些因素可能导致人们感到不安全、不确定和焦虑，从而对个体的身心健康产生负面影响。对于企业和组织来说，社会的不稳定可能带来运营困难、市场波动和供应链中断等风险，进而影响社会经济效益和持续发展。政治的不确定性则可能源于政策变化、政治动荡、国际关系紧张等。这些因素可能导致经济环境的不稳定，给企业带来投资、贸易和合作等方面的风险。政治的不确定性还可能影响消费者的信心和情绪，进一步影响企业的市场表现和盈利能力。

三是新技术革命。自动化、机械化及其他形式的技术创新使人们产生压力感。例如，人工智能技术可以对大量的数据进行处理和分析，且效率和精确度较高。人工智能的广泛应用在一定程度上给人类带来了压力，这主要体现在以下几个方面。

(1) 就业机会。随着人工智能技术的发展，很多传统的工作可能会被自动化取代，例如生产线上的工人、仓库管理人员等的工作。这使一些人担心自己的工作岗位将被自动化取代，进而产生心理压力。

(2) 隐私和安全问题。人工智能技术需要进行大量的数据收集和处理，而这些数据往往包含个人隐私信息。人们更加担心个人隐私安全。

(3) 伦理和社会问题。人工智能的发展还带来了一系列伦理和社会问题，如隐私侵犯、算法偏见、安全问题等。这些问题不仅影响个人的生活质量，也对社会公平正义带来挑战。

（4）过度依赖技术和技术失控的风险。人工智能的便利性可能导致人们过度依赖技术，从而忽视了其他重要的方面。此外，技术失控的风险也是一个不容忽视的问题，尤其是在缺乏有效监管的情况下。

（5）心理状态的影响。人工智能的应用改变了工作环境和方式，对员工的心理状态产生了不同程度的影响。例如，生产制造业员工可能因为工作性质的变化而感到更严重的心理焦虑感，而交通运输业员工则可能因为工作的稳定性和可预测性而感到较轻的心理焦虑感。

【相关案例27】

健康管理公司员工的压力分析

在数智化时代，健康管理公司的员工面临着多种压力，这些压力主要源于技术快速变革、数据驱动的管理方式以及客户需求的日益复杂化。以下是关于健康管理公司员工压力的具体分析。

（1）技术更新压力。随着数智化时代的到来，健康管理公司需要不断引入新的技术工具和平台，以提高服务效率和质量。然而，对于员工来说，他们需要不断学习和掌握这些新技术，以适应公司的发展需求。如果员工无法跟上技术更新的步伐，可能会感到压力和焦虑。

（2）数据处理压力。在数智化时代，数据是健康管理公司的核心资产。员工需要处理大量的健康数据，包括客户的基本信息、健康记录、疾病史等。这些数据需要被准确地录入、分析和解读，以便为客户提供个性化的健康管理建议。数据的复杂性和多样性可能给员工带来处理上的压力，尤其是在数据安全和隐私保护方面。

（3）客户沟通压力。随着客户对健康管理的需求日益增加，健康管理公司的员工需要与客户保持密切的沟通，了解他们的需求和反馈。客户的需求因人而异，员工需要耐心倾听并给出专业的建议。如果员工无法满足客户的期望或处理不当，可能会引发客户的不满和投诉，这会给员工带来压力。

（4）绩效考核压力。健康管理公司可能采用更加数据化和量化的绩效考核方式，以评估员工的工作表现。员工需要关注各种指标和数据，确保自己的工作符合公司的期望。如果员工的绩效表现不佳，可能会面临晋升困难、薪资调整等负面影响，从而产生压力。

（5）团队协作压力。健康管理公司可能需要跨部门和跨团队的协作，以完成复杂的项目或任务。然而，不同的部门和团队之间可能存在沟通和协调上的困难，导致项目进度受阻或质量不达标。员工需要积极参与团队协作，并承担一定的责任和任务，这可能会给员工带来一定的压力。

2）组织压力源

在组织环境中，很多因素不仅影响组织的整体效能，还会影响组织成员的压力水平。分析影响组织成员压力水平的因素，具体有如下几个。

第一，人际关系。人际关系压力是个体在与其他成员接触过程中所面临的压力。人和人之间的关系构成了组织中的主要压力来源。良好的人际关系可以促进个人和组织目标的实现，而紧张的人际关系就会使成员产生相当的压力感。周围的人出席或缺席都会影响个人对抗压力的方式和面对压力的表现。工作伙伴在场时会增加工作信心，从而有效减轻压力。在一个充满压力的环境中，一个有信心、有能力的工作伙伴会使工作氛围更轻松。

第二，组织结构。组织结构与组织文化有关，在等级森严的组织中，严格的规章制度和标准化管理模式代表的是一种封闭式文化。在这样的组织中，员工不仅缺乏参与决策的机会，而且会感到多重约束和压力。

第三，领导者风格。如果组织中从一线管理者到高层管理者采用命令式或任务导向型的管理风格，就会导致员工产生紧张、恐惧、焦虑情绪。这类管理者对员工的控制过于严格，并经常严厉批评和指责达不到其要求标准的员工，使员工时时刻刻处于压力的包围之下无法自拔。这种压力对组织发展具有明显的消极影响。有时因这种压力得不到正常的宣泄，个别人甚至会走极端。

第四，社会支持。通俗地讲，社会支持就是社会关系网络。组织中的成员会充分利用这种社会关系网络来获得各种信息。有些人消息灵通、八面玲珑，明显处于优势地位。而有些人则孤陋寡闻、信息匮乏，明显处于弱势地位。渐渐地，后者会产生孤立感和自卑感。

第五，决策参与度。不同组织在作决策时，对于员工的参与要求不一样。一般来说，有两种极端情形：一是组织把员工看成一些完全无意识的人，是机器的附属物，因而完全排除员工的参与；二是认为员工最了解工作，因而在决策中首先征求他们的意见。研究表明，提高员工的决策参与度将使员工更加明确工作目的，有效减轻工作压力，提高工作质量。

3) 工作压力源

工作压力源是指使个体在工作环境中感到压力的因素或刺激。以下是一些常见的工作压力源。

第一，工作负荷压力。工作负荷压力可以从两个方面来理解。一方面是从工作量来看，需要在一定时间内完成的任务量远远超过了员工的承受能力。另一方面是从工作的性质来看，尽管任务量并不是不可完成的，但由于工作的复杂性，或者艰巨性任务或项目的频繁出现，员工需要快速响应和完成，需要投入相当大的精力。

第二，时间压力。严格的时间限制和紧迫的截止日期，或者在多个任务之间频繁切换，导致员工产生压力感。

第三，角色冲突压力。角色压力是指个人在组织中扮演的角色给其带来的压力。在一个缺乏沟通的组织环境中，组织成员往往由于对工作目标、工作预期、上级对自己的评价等问题有不确定感而茫然，即产生角色冲突。角色冲突会使人无所适从。

第四，工作特性压力。组织中，工作的特性差异也会因为个体偏好的不同而导致工作压力。对于有些人来说，他们习惯从事常规的工作，不喜欢或惧怕具有挑战性的工作。对于另一些人来说，他们愿意接受风险性或难度比较大的工作以体现自身价值。一份好的工作应该既丰富多彩又具有适度的挑战性，以最大限度地激励员工工作。

【相关案例28】

AI 在医学领域的应用与挑战

人工智能大模型在医疗领域的广泛应用，通过智能化诊疗、个性化治疗、医学影像分析和医疗质控等多个方面的举措显著提升了医疗服务的质量和效率，为医疗行业带来了深刻的变革。

(1) 智能化诊疗。百度灵医大模型利用其强大的数据处理能力，在200多家医疗机构中展开应用，显著提升了诊断的准确性和效率。

(2) 个性化治疗。圆心科技的源泉大模型对每一个用户设有标签，管理服务会根据不同特性的人从药物依从性、联合用药的预警以及疾病康复等方面进行针对性管理，通过大模型数字化应用为患者生成定制化疾病科普和药品服务。

(3) 医学影像分析。首都医科大学附属北京天坛医院联合北京理工大学团队合作推出"龙影"大模型(RadGPT)，基于该模型研发的首个"中文数字放射科医生小君"能够通过分析 MRI 图像描述快速生成针对百多种疾病的诊断意见，平均生成一个病例的诊断意见仅需 0.8 s。

(4) 医疗质控。惠每科技推出的医疗大模型在病历质控场景中的应用：可以模拟人工专家，自动分析病历文书中存在的内涵缺陷，并通过 CDSS 推送缺陷问题和修改意见，供医生修改病历时进行参考。

AI 在医学领域的应用虽然给社会带来了许多便利和进步，但同时也对人提出了一系列挑战。

(1) 就业结构变化。随着 AI 技术在医学领域的广泛应用，一些传统的医疗岗位可能会被自动化系统取代。例如，在药物研发、医学影像分析等领域，AI 的高效性和准确性可能使部分科研人员和医生面临职业转型的压力。

(2) 技能需求转变。医疗从业者需要掌握新的技能来适应 AI 时代的要求。他们不仅需要了解 AI 技术的基本原理和应用方式，还需要学会与 AI 系统协作，以提供更高质量的医疗服务。

(3) 数据隐私和安全。AI 在医学中的应用往往涉及大量的患者数据。如何确保这些数据的安全和隐私成为一个重要的问题。医疗机构需要建立严格的数据保护机制，防止数据泄露和滥用。

(4) 伦理和法律问题。AI 在医学领域的应用也引发了一系列伦理和法律问题。例如，当 AI 系统出现错误时，责任应该由谁来承担？此外，AI 决策的透明度和可解释性也是亟待解决的问题。

4) 个体压力源

每个人都有自己的个性、生活经历和沟通方式。个体对待工作压力的态度以及处理工作压力的方式取决于多种因素，具体说明如下。

一是个体对环境的感知。个体对环境的感知会影响其看待压力的方式。例如，两位经理面临岗位的变动，其中一位经理把这次的岗位变动当作一个学习新技术新思想的好机会，但是，另一位经理却认为这是个巨大的威胁，并且认定这次岗位变动是由于自己在工作上表现不尽如人意。

二是过去的经历。人们在过去的工作和生活中或多或少会遇到这样那样的压力，他们成功或失败的经历会影响他们看待和处理目前遇到的压力的方式。换言之，过去相似情况下所取得的成功经验能够降低目前所面临的压力，而过去失败的经历则会增加目前所面临的压力。

三是绩效的高低。实践证明，工作压力的大小对工作绩效的高低有着明显的影响。如图 4-2 所示，工作压力与绩效的关系是一个倒 U 形曲线，当个人感受到的压力很低时，绩效也处于很低的水平上。随着工作压力的增大，绩效会逐渐升高。这时由于工作具有挑战性，人们会比在压力很低时干得更好，他们会成功地抓住机会，有效地处理潜在的问题。随着压力进一步增加，压力达到一个最优的水平状态，在这个水平上，人们的劳动生产率最高、工作绩效最高。这时，如果压力进一步增大，绩效将会下降。只有在适度的压力下，人们才能发挥出最好的水平。实际上，各种情况下的压力曲线是不同的，不同的人、不同的工作任务对此都有影响。

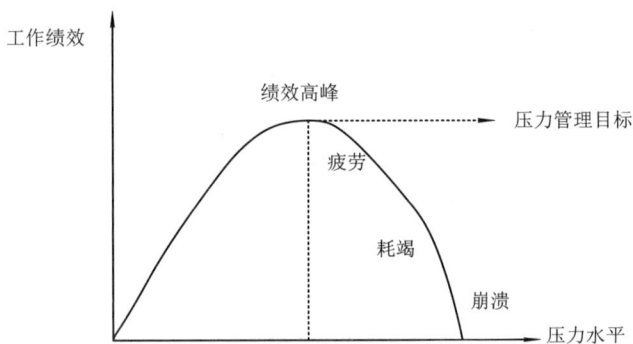

图 4-2　工作绩效与压力关系图

四是个性。个性差异会导致人们以不同的态度看待压力，并以不同的方式来应对压力。有研究发现，不同性格的人看待压力的方式截然不同。

二、压力的影响

过大的压力会对个体、群体、组织甚至社会产生影响。

1. 对个体的影响

有研究表明，长期的过大压力通常会使人患上许多疾病，包括高血压和心脏病，增加心理或精神疾病的患病率。源于压力的行为变化，比如酗酒、吸烟，同样会对身心健康带来极大的危害。另外，人们一旦遇到压力，容易无法慎重地作出决策。当人因为重大压力产生自卑感时，情况更为严重，那些承受重大压力的人可能通过破坏行为来宣泄，给自身、组织及社会带来惨重的代价。

2. 对群体的影响

压力可以相互传染，所以，压力会影响整个群体及群体中的每个成员。比如，一旦某个企业的群体旷工率骤然升高、人员流动频繁、企业与顾客关系恶化、安全事故迅速增多、质量管理混乱，群体便处于巨大的压力之下，群体成员之间容易出现关系紧张、互相猜忌、互相推诿、不合作、缺乏信任等现象。久而久之，这个群体会士气低下，失去凝聚力和战斗力。

3. 对组织的影响

压力对组织的影响具有两面性，既可能带来一些积极的推动作用，也可能产生诸多消极的负面效果。适当的压力可以激发创新和变革、增强团队凝聚力、提高工作效率；过大的压力则会导致员工出现身心健康问题(员工容易出现焦虑、抑郁、疲劳等心理问题，以及头痛、失眠、心血管疾病等生理问题)，影响工作绩效，阻碍组织创新和变革，损害组织形象，等等。

4. 对社会的影响

当社会中普遍存在高压力状态时，人们之间的信任和互助行为可能会减少，社会凝聚力会受到影响。例如，失业、贫困、收入不平等等问题会引发社会不满情绪，甚至导致社会动荡。另外，弱势群体往往承受更大的压力，这可能导致社会矛盾加剧，甚至引发社会冲突。

【相关案例29】

社区卫生服务中心的心理健康服务

党的二十大报告中明确指出，要"推进健康中国建设"，要"把保障人民健康放在优先发展的战略位置，完善人民健康促进政策"，要"重视心理健康和精神卫生"，这体现了国家对心理健康问题的高度重视。

上海市青浦区在推进"健康中国"建设，特别是重视心理健康和精神卫生方面的努力，展现了地方政府积极响应国家号召、勇于创新社会治理模式的典范。

1. 战略定位与政策响应

青浦区将保障人民健康置于优先发展的战略位置，特别强调心理健康和精神卫生的重要性，这是对国家政策的深入理解和精准执行。这种战略定位不仅体现了政府以人为本的执政理念，也彰显了提升全民健康水平、构建和谐社会的决心。

2. 社会心理服务体系建设的创新

青浦区全面启动社会心理服务体系建设试点工作，将心理健康服务纳入社会治理体系，实现了从单一治疗向全面预防、干预和康复的转变。

3. 专业人才队伍建设

通过专业培训和实践锻炼，建立起一支专业的心理咨询师队伍，他们不仅具备扎实的专业知识和技能，还具备高度的责任感和使命感。这支队伍的存在，为居民提供了可靠的心理援助渠道，有效缓解了社会心理压力。

4. 社会组织机构的培育孵化

青浦区与专业的心理咨询机构紧密合作，形成了多元化的心理健康服务网络。通过社会组织的参与，可以更好地整合资源、优化服务流程、提升服务质量，确保每一位有需要的人都能得到及时、有效的帮助。

5. 心理健康文化的普及

青浦区还致力于心理健康文化的普及，通过宣传教育、主题活动等形式，提高公众对心理健康的认识和重视程度，营造全社会关注心理健康的良好氛围。这种文化的普及有助于减少心理问题的发生，促进社会和谐稳定。

三、压力的识别

一个人是否承受过大的压力，可通过观察症状或进行压力测定来识别。

1. 观察症状

仅凭一个症状不能判定是否有过大压力存在，比如有压力者和无压力者同样可能患有心脏病，同样可能饮酒过量。压力承受者有一个共同特点，即多种症状并发。从症状来看主要包括以下几个方面。

一是生理症状。在临床上由压力引起的最常见疾病有高血压和心脏病。由压力引起的其他心理症状有失眠、长期疲劳、头疼、出红疹、消化系统紊乱、溃疡、食欲缺乏或暴食，其中许多症状是在紧张事件过后出现的。压力引发的这些生理症状有时可能有致命的危险。另一些常见的症状具有一定的即时性，如恶心、窒息或口干舌燥。必须指出，上述这些症状也有可能是由压力之外的因素引发的，所以对自身承受的压力程度切勿草率作出判断。

二是情绪症状。压力引发的情绪症状包括易怒、严重焦虑、意志消沉、情绪沮丧、丧失幽默感、精神不集中等。当然，辨别压力程度的关键是了解是否存在反常的情绪波动和异常的行为举止。由压力引起的异常行为有遭遇冲突时容易激动或好斗，对以往感兴趣的事不再有兴趣，遇事犹豫不决，有莫名的失落感，感到自卑和缺乏自信等。

三是行为症状。为了逃避压力，有些人沉溺于过量的饮食、吸烟、酗酒和挥霍。有了较大压力后，以往很少喝酒的人可能会变得嗜酒如命。

四是工作症状。有经验的管理者往往能够从员工身上发现压力过大的表现，比如员工的工作时间比平常长很多，员工话少了许多，行动反应越来越迟缓，旷工次数增加，作决策时总觉得很困难，完成工作的时间超过规定期限，忘记开会的时间，与别人相处越来越困难，一旦出现失误便忐忑不安或不断自责。

2. 进行压力测定

无论压力是来自心理的还是来自生理的，都可以通过压力的测定了解大致的压力程度。一般来讲，压力测定的对象不同，如个人、团队或社会等，压力因素也不同。压力测定一般有 3 种方法。

一是环境压力程度的测定。环境压力来自组织内部及外部，甚至整个社会大环境。要想了解环境压力程度，最可靠的信息是全国范围的统计数字，如每年的心脏病发病率以及自杀率。各时期间发生变化的统计数字更能说明问题，因为它们反映了不同时期社会环境的变化情况。心脏病及自杀率的提高，通常反映了一个国家在某一时期出现了许多重大社会问题，从而导致民众承受的压力增大。可测定的因素包括经济衰退情况、犯罪率、失业率(特别是市区失业率)、辍学人数等。

二是群体压力程度的测定。群体压力是指组织中造成士气不振，引起组织人事问题和财务问题的压力。组织及其他群体所承受的压力程度可根据一些影响因素测定，如日旷工率。在压力面前，许多公司的员工上班不出力，消极怠工，他们虽然人在班上，但不能为公司带来任何效益。可测定的因素包括旷工率、客户对产品质量投诉、工伤事故发生频率、对工作引发疾病的投诉次数等。

三是个体压力程度的测定。个体压力可以通过心率和肾上腺素的分泌量来测定。由于心率和血压因人而异，因此个体压力的确定尚无统一的标准。不同的人对于压力的反应也不一样。在遭遇压力时，有人表现出恐慌、头疼、胃病发作，有人表现出失眠、缺乏自信。不同性别的人对于压力的反应也有所不同，女性往往变得孤僻、沮丧、自闭、懊恼，男性则易怒好斗或沉溺于种种癖好。可测定的因素包括是否出现失眠多梦、痉挛、头疼、胃疼的症状，是否出现红疹或其他莫名的生理症状，饮食习惯是否变化，是否吸烟、酗酒，甚至吸毒。总之，过大的压力在许多方面会造成不良的后果，应采取有效措施防止过大压力的产生。

四、压力与情绪管理

1. 压力与情绪的关系

压力往往伴随着强烈的情绪反应。当个体面临压力时，可能会产生焦虑、紧张、愤怒、沮丧等负面情绪。这些情绪反应是身体对压力的自然反应，但如果长期持续，可能会对个体的身心健康产生负面影响。情绪也会影响个体对压力的感受和应对方式。积极的情绪可以帮助个体更好地应对压力，而消极的情绪则可能加剧压力感，使个体更难以应对。

2. 情绪管理在压力应对中的重要性

情绪管理可以帮助个体更好地应对压力。通过识别、理解和调节自己的情绪，个体可以更好地控制自己的行为，采取更积极、更有效的压力应对方式。

科学研究发现，大脑中的 4 种神经递质——多巴胺、血清素、内啡肽和催产素，被称为"快乐激素"，它们在调节情绪、提升幸福感方面发挥着重要作用。下面介绍几种增加这些快乐激素分泌的方法。

① 增加多巴胺分泌。设定一些切实可行的小目标，如每天阅读 30 min、完成一项工作任务等，每实现一个目标，大脑就会分泌多巴胺作为奖励。也可以参与自己喜欢的活动，如听音乐、看电影、玩游戏等，这些都能刺激大脑分泌多巴胺，带来愉悦感。

② 增加内啡肽分泌。进行中高强度的运动，如跑步、游泳、跳健身操等，当运动达到一定强度和时间时，身体会分泌内啡肽，帮助缓解疼痛，带来轻松愉悦的感觉。此外，吃辣也能刺激身体分泌内啡肽，在可承受范围内适当吃辣，能让大脑产生愉悦信号。

③ 增加血清素分泌。适量晒太阳，阳光能促进血清素合成，每天晒 15～30 min 太阳，如在户外散步、晒太阳浴等。色氨酸是合成血清素的原料，饮食上多摄入富含色氨酸的食物，如鸡蛋、奶酪、香蕉、坚果等，有助于提升血清素水平。

④ 增加催产素分泌。与亲朋好友进行亲密的身体接触，如拥抱、亲吻等，能促进催产素分泌，增强彼此情感联系。养宠物并与它们互动玩耍，也会使大脑分泌催产素，带来温暖、愉悦的感觉。

3. 情绪的 ABC 理论

合理情绪疗法(Rational Emotive Behavior Therapy，REBT)是 19 世纪 50 年代由阿尔伯特·艾利斯在美国创立的，合理情绪疗法是一种认知心理疗法。合理情绪疗法的核心理论是 ABC 理论，其理论示意图如图 4-3 所示。ABC 理论中，A 代表诱发性事件(Activating Events)，如工作压力、人际关系问题、健康问题等，这些事件可能引发情绪反应，但通常不会直接导致情绪反应。B 代表个体遇到诱发性事件之后相应而生的信念(Beliefs)，即个体对诱发性事件的看法、解释和评价。这些信念可能来自个人的价值观、偏见、童年经历等因素。C 代表诱发性事件所引起的情绪反应和行为结果(Consequences)。这些情绪可能包括焦虑、抑郁、愤怒等，行为可能包括回避、逃避、自责等，这些情绪和行为后果通常是不健康和具有破坏性的。通常人们认为情绪反应和行为后果直接由诱发性事件 A 引起，即 A 引起 C，而 ABC 理论则认为诱发性事件 A 只是引起情绪反应和行为结果 C 的间接原因，B 即个体对诱发性事件 A 的看法、解释和评价(产生的信念)才是 C 的直接原因。

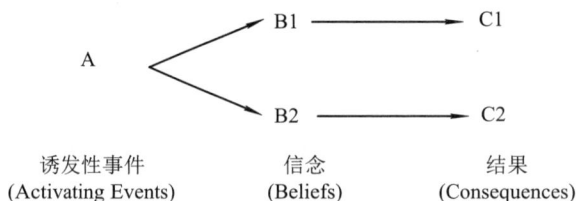

```
                   ┌─────→ B1 ─────────→ C1
           A ──────┤
                   └─────→ B2 ─────────→ C2

      诱发性事件              信念              结果
 (Activating Events)      (Beliefs)       (Consequences)
```

图 4-3　情绪的 ABC 理论

甲乙两个人遭遇到同样的诱发性事件——工作失误造成一定的经济损失，产生了很大的情绪波动，在总结教训时，甲认为吃一堑长一智，以后一定要小心谨慎，防止再犯错误，努力工作，把造成的损失弥补回来。由于甲有了正确的认知，产生了合乎理性的信念，所以此事件没有引发不适当的情绪反应和行为后果。而乙则认为发生如此不光彩的事情，实在丢尽脸面，表明自己能力太差，怎好再见亲朋好友，由于有了这样错误的或非理性的信念，他再也振作不起精神来，导致不适当的甚至是异常的情绪反应和行为结果。合理情绪疗法就是以理性控制非理性，以理性思维方式来替代非理性思维方式，帮助人们改变认知，以减少由非理性信念所带来的情绪困扰和随之出现的行为异常。"人不是被事情本身所困扰，而是被其对事情的看法所困扰。"这个理论提供了一个理解和管理情绪的新视角，强调了信念在情绪产生中的作用，并提供了改善情绪应对能力的方法。

【相关案例 30】

ABC 理论在裁员事件中的应用

公司的裁员名单公布后，人事部负责逐个与被裁员工进行沟通。其中有一名员工王工非常不理解，与人事部的林主管发生了冲突。后经过了解，王工在得知裁员的消息后，非常沮丧，虽然之前他自己心里也隐隐约约地有些感觉，但得到确认后心里依然难以接受。在面谈过程中，王工内心顶着非常大的压力，害怕面对这样的结果，不愿意接受。而更深层的原因是他不知道该如何向家人交代。另外，家里还有房贷尚未还清，经济压力也是其不愿意接受这个结果的原因。

这个案例中，诱发性事件 A 即裁员。结果 C 即不接受裁员结果。支撑结果 C 的信念 B 是不知道该如何面对家人，对未来的迷茫，以及尚未还清的房贷。王工所表现出的情绪兼具焦虑与恐惧。林主管运用 ABC 理论进行了上述分析后，再次将王工约到了会议室。王工的眼神黯淡无光，林主管从王工所持的信念 B 入手，谈及王工的想法，以及他的家人朋友可能会有的反应，并向王工列举了几个曾经被裁员工如何应对后续生活的案例。

这个过程中王工黯淡的目光开始聚焦，隐隐有些泪光。林主管见状使用共情的方法，先处理王工的情绪，让王工接受自己，使林主管与王工的敌对状态变为同处一方的战友，接着开始共同探讨如何面对裁员后的生活，包括如何与家人沟通，如何面对朋友的评价，并给出求职建议、离职补偿金数额，以及处理房贷的方法等。经过这一番谈话后，王工对于裁员的决定不再抱有敌对态度，能够开始面对，对今后的生活也有自己的打算。

五、压力沟通策略

1. 个体压力沟通

个体压力沟通涉及了解或识别压力，正确认识并分析压力产生的原因，从而有针对性地采取措施以消除或控制压力带来的消极影响。人们常说，一个人无法掌控天气，但可以调节自己的心情。学会以平和的方式应对工作中的变故，是战胜压力的关键。个体压力沟通策略有如下几个。

(1) 培养积极思维。我们应该以乐观向上的精神去面对挑战，用积极的思维方式营造安静、低压力的工作环境，以微笑来应对压力。这种积极的状态会对同事产生正面的影响，进而减轻团队或组织的压力。当整个群体都能够自觉努力、积极思维时，压力将得到有效消除。

(2) 设置合适目标。首先，个体需要对自己的能力、资源和时间进行真实评估，了解自己的优势和局限。然后设定 SMART[具体(Specific)、可测量(Measurable)、可达成(Achievable)、相关性(Relevant)、时限性(Time-bound)]。最后，与上级或团队成员沟通，确保目标符合组织和团队的期望及方向；向同事、上级或导师寻求反馈，了解目标设定的合理性；将大目标分解为小步骤或短期目标，使其更易于管理和实现；评估实现目标所需的资源，并与管理层沟通以确保资源的可用性；合理安排时间，为每个小目标设定截止日期，避免临近期限时产生不必要的压力；识别可能影响目标实现的潜在风险，并提前准备应对策略；保持目标的灵活性，根据实际情况进行调整；寻求组织内的支持系统，如培训、指导或辅导，以帮助实现目标；达成小目标时给予自己正面的反馈和奖励，以提高动力；定期与团队和管理层沟通进度和遇到的挑战，寻求帮助和指导；定期反思目标实现过程中的经验教训，并根据需要调整目标；在追求职业目标的同时，注意工作与生活的平衡，避免过度压力。

【相关案例31】

健康管理师的 SMART 目标应用案例

工作目标：提高客户满意度并增加客户保留率。

· 具体(Specific)：针对每位客户的健康需求和目标，设计并实施一套个性化的健康管理计划。

· 可测量(Measurable)：通过客户满意度调查，将满意度评分从当前的 8 分(满分 10 分)提高至 9 分或以上。在接下来的 6 个月内，将客户保留率从 70% 至少提升至 85%。

· 可达成(Achievable)：根据以往经验和客户反馈，制订实际可行的目标，确保有足够的资源和时间来实现这些目标。

·相关性(Relevant)：目标与健康管理师的主要职责相关，即提供高质量的健康管理服务，满足客户的健康需求。

·时限性(Time-bound)：在 2024 年 12 月 31 日之前完成目标设定的所有指标。

基于以上原则，健康管理师的工作目标可能是：

目标描述：在 2024 年 12 月 31 日之前，通过提供定制化的健康管理服务和持续的客户沟通，将客户满意度提升至 9 分以上，并将客户保留率提高至 85%。

具体行动计划：

(1) 每季度对客户进行一次健康评估，以调整和优化健康管理计划。

(2) 每月至少与每位客户进行一次跟进谈话，确保他们的健康目标得到满足。

(3) 设计并分发客户满意度调查问卷，每两个月收集一次反馈。

(4) 根据客户反馈，每季度对服务流程进行一次审查和改进。

(5) 实施客户忠诚度计划，提供激励措施以鼓励客户续签服务。

(6) 定期参加专业培训，以提高专业知识和服务质量。

(7) 利用 CRM(客户关系管理)系统跟踪客户互动和服务历史，确保服务的连贯性。

(3) 保持平和心态。加强对自己情绪的认识，了解何时及为何感到压力，并学会表达这些感受；在沟通时，即使在压力下，也要努力保持冷静和专业，避免情绪化的言辞；学习情绪调节策略，如重新评估情绪或解决问题，以减少压力的影响；与同事、朋友和家人建立支持性关系，这些人可以在你感到压力时提供帮助和鼓励；有效管理时间，设置事件优先级，避免因紧急任务而感到压力；定期寻求同事和上级的指导，了解如何改进沟通和进行压力管理；培养正向思维习惯，关注解决问题的方法而不是问题本身；如果压力变得难以管理，可以寻求心理健康专业人士的帮助。

(4) 采用适当途径释放压力。不良情绪可以通过适当的途径进行排遣和发泄，以避免对身心健康造成不良影响。因此，在适当的时候，可以大哭一场来释放消极情绪，或者找知心朋友倾诉以缓解心烦。心理学家克皮尔随机调查了 137 人，他将这 137 人分为两组，一组是由健康人组成的健康组，一组是由消化性溃疡和结肠炎(这两种疾病与精神紧张密切相关)患者组成的患病组。调查结果显示，健康组哭的次数明显多于患病组，并且他们哭后的自我感觉较哭前有明显好转。美国圣保罗雷姆塞医学中心精神病实验室的专家对哭泣者的眼泪进行了化学分析，发现眼泪中含有两种重要的化学物质，即亮氨酸脑啡肽和催乳素。有趣的是，这两种化学物质仅存在于受情绪影响而流出的眼泪中，在受洋葱等刺激流出的眼泪中则测不到。专家们因此认为，眼泪可以把体内积蓄的、导致忧郁的化学物质清除掉，从而减轻哭泣者的心理压力，使其心情舒坦。有研究还表明，在哭泣时，人的情绪强度一般会降低 40%，这也解释了以上实验中哭后的感觉比哭前要好许多的现象。不过，任何事情都要有度，不能过分，哭也一样，一般不宜超过 15 min，否则对身体反而有害。另外，当我们感到不满时，适当发发牢骚也是一种宣泄方式；愤怒时，适度表达愤怒情绪也有助于缓解压力。情绪低落时，唱唱欢快的歌曲也能提升情绪。总之，重要的是找到适合自己的途径，将不良情绪发泄出去，以免给自身造成压力。

2. 群体压力沟通

群体压力是指个体在群体中感受到的一种心理压力，这种压力来自群体的期望、规范或标准。在面临群体压力的情况下，持少数意见的人一般会对持多数意见的人采取服从态度。群体压力可能导致个体在认知、判断和行为上趋向于与群体中多数人一致，即使这与他们自己的个人判断或偏好相冲突。群体压力的产生可能与多种因素有关，包括群体的规模、凝聚力、专长和性质。

群体压力沟通是指在团队或组织中，成员之间通过交流和互动来影响彼此的态度、行为和决策的过程。这种沟通形式在企业管理、团队协作和社会心理学等领域具有重要意义。群体压力沟通的策略包括以下几种。

(1) 创建开放和包容的对话环境。创建一个心理安全的环境，让团队成员能够在不担心被评判或惩罚的情况下表达自己的想法和意见；提供多种反馈渠道，如一对一会议、团队讨论板、在线匿名调查等，以便成员选择最适合自己的沟通方式。

(2) 明确角色和责任。与每个成员制订角色协议书，明确他们的职责、权限和期望成果；使用项目管理工具或定期的进度报告来追踪和审查各成员的任务执行情况。

(3) 促进多样性和包容性。定期举办文化多样性和包容性培训，提高团队成员对于多元文化和不同背景的理解和尊重；鼓励团队成员分享自己的独特经验和观点，将差异视为团队创意和解决问题的宝贵资源。

(4) 建立信任和支持。确保团队成员对共同的目标有清晰的理解和认同，以增进相互间的联系和协作；建立互助小组或导师制度，让新成员或面临挑战的成员获得必要的辅导和支持。

(5) 提供培训和支持。根据团队的具体需求和挑战，制订沟通和冲突解决培训方案；鼓励团队成员参与在线课程、研讨会和工作坊，持续提升个人能力。

(6) 强调个人贡献的价值。定期举办项目展示或成果分享会，让团队成员展示个人贡献和项目进展；实施奖励和认可制度，对表现优异的团队成员给予物质或精神上的奖励。

(7) 鼓励批判性思维和创新。引入思维导图、SWOT(优势、劣势、机会和威胁)分析等工具，帮助团队成员系统地分析和评估问题；定期举行无限制的头脑风暴会议，鼓励创新想法的产生，无论这些想法多么大胆或非传统。

(8) 保持透明和及时的沟通。建立信息共享平台，如团队内部网站或社交媒体群组，实时更新项目状态和重要通知；制订每周或每月的团队简报，包含项目动态、成员亮点和即将到来的活动。

(9) 建立冲突解决机制。在必要时引入专业的调解专家，帮助解决团队内部的深层次分歧；制订明确的冲突解决步骤和协议，包括如何提交问题、启动调解程序以及跟进结果。

(10) 定期监测和反馈。定期评估团队合作的有效性、沟通流程和成员满意度；根据反馈结果，制订具体的改进计划，并分配人员负责执行和跟踪效果。

3. 组织压力沟通

除了需要个体和群体的努力，管理个体和群体工作环境的组织在压力沟通中也扮演着至关重要的角色，需要承担消除或控制压力消极影响的责任。为了实现这一目标，组织首先应该建立健全有效的组织沟通机制，以改善工作环境，并鼓励员工以积极的态度应对压力，从而消除紧张情绪并提升工作绩效。组织压力沟通的策略包括以下几个。

(1) 保持高层领导的支持。高层管理人员应保持开放的沟通和透明度，如定期与员工进行"面对面"会议，真诚关心他们的生活状况，全面了解他们在生活中遇到的困难，并尽可能提供安慰和帮助，以减轻各种生活压力源对员工造成的不利影响和心理压力。为高层管理者提供领导力和沟通技巧培训，确保他们在处理组织压力时能够作出正确的领导决策。

(2) 改善工作环境和条件。领导者和管理者应当努力创造一个高效且宁静的工作环境，并严格控制打扰因素。例如，关注噪声、光线、舒适度、整洁度以及装饰等方面，为员工提供一个赏心悦目的工作环境，这不仅有助于员工与工作环境相适应，还能提高员工的安全感和舒适感，从而减轻他们的压力。此外，要确保员工拥有做好工作所需的良好工具、设备和条件，例如及时更新陈旧的电脑、复印机、传真机等，以提供必要的支持。

(3) 开展全方位培训。着重提升员工处理工作的技能，例如撰写公文或报告、进行工作陈述以及掌握新工具等。这些培训能够使员工在工作时更加得心应手，从而减少压力的产生。此外，还应开展员工时间管理培训，教导他们如何根据任务的紧急性和重要性来合理安排时间，从而消除时间压力源。沟通技巧的培训也是必不可少的，这有助于员工之间建立和谐的人际关系，消除由此产生的压力源。通过这些培训措施，组织能够全面提升员工的综合素质和应对压力的能力，为组织的稳定发展奠定坚实基础。

(4) 进行危机沟通演练。定期进行危机沟通模拟演练，确保在真正的危机发生时，组织能迅速有效地响应。危机沟通计划应包括员工的心理健康支持，以帮助员工应对可能的创伤或压力。

(5) 鼓励员工参与并赋权员工。设立在线和实体的建议箱，鼓励员工提出改进建议。领导者或管理者应积极向员工提供组织的相关信息，并及时反馈绩效评估结果。此外，还应鼓励员工参与和他们切身利益相关的决策过程。这样，员工不仅能了解企业正在发生的事情，还能知晓自己的工作完成情况，从而增强他们对工作的控制感，减轻不可控和不确定性带来的压力。

(6) 提供心理健康支持。定期举办心理健康知识讲座，提高员工对心理健康问题的认识；提供专业的心理咨询服务，包括匿名咨询、团体辅导等。

(7) 举行庆祝活动。组织团队建设活动，如户外拓展、团队旅行等，增强团队凝聚力；定期举办表彰大会，公开表彰优秀员工和团队，营造正向激励的氛围。

(8) 持续改进文化。鼓励员工提出改进倡议，设立专门的基金支持这些项目的实验和实施；提供丰富的在线课程、图书资源和专业培训，支持员工的终身学习。

(9) 保持反馈循环。定期进行员工满意度调查，收集员工对工作环境、文化和管理的反馈；设立开放论坛，让员工可以自由地分享想法、意见和建议。

【相关案例32】

谷歌幸福工程计划

谷歌的幸福工程计划是谷歌公司内部的一项创新项目，其目的是通过一系列举措和实验来探索如何提升员工的幸福感和生产力。这个项目由谷歌的人力运营团队领导，旨在创造一个更具支持性、灵活性和整体幸福感的工作环境。以下是该计划采取的一些措施，这些措施也有助于缓解员工压力。

（1）提供灵活的工作安排。提供更加灵活的工作时间和地点选项，如远程工作、弹性工作时间等，帮助员工更好地平衡工作与生活，减少通勤压力。

（2）增加休息空间。在办公区域设置休息室或放松区域，员工可以在这里进行短暂休息，进行冥想、小憩或与同事进行非正式交流。

（3）提供健康和福利计划。提供健康保险、健身设施、免费健康食品等，以鼓励员工关注个人健康。

（4）关注员工学习与发展。为员工提供培训和发展机会，帮助他们获得新技能，增强职场安全感和成就感。

（5）强化归属感。通过团队建设、社区服务和集体庆祝会等活动，加强员工间的联系和归属感。

（6）重视员工反馈。定期收集和认真对待员工的反馈，以便及时调整政策和环境，使之更贴近员工需求。

（7）提供心理支持服务。为员工提供心理健康资源，比如心理咨询服务以及应对工作压力的策略。

（8）关注领导力发展。培养具有同理心和支持性的领导风格，确保管理层能够理解并支持员工的需求。

（9）鼓励休假。鼓励员工充分利用他们的休假时间，彻底远离工作，充电和恢复活力。

（10）建立开放沟通渠道。建立开放的沟通渠道，让员工感到他们的意见被倾听，从而提升职场透明度和信任感。

【内容小结】

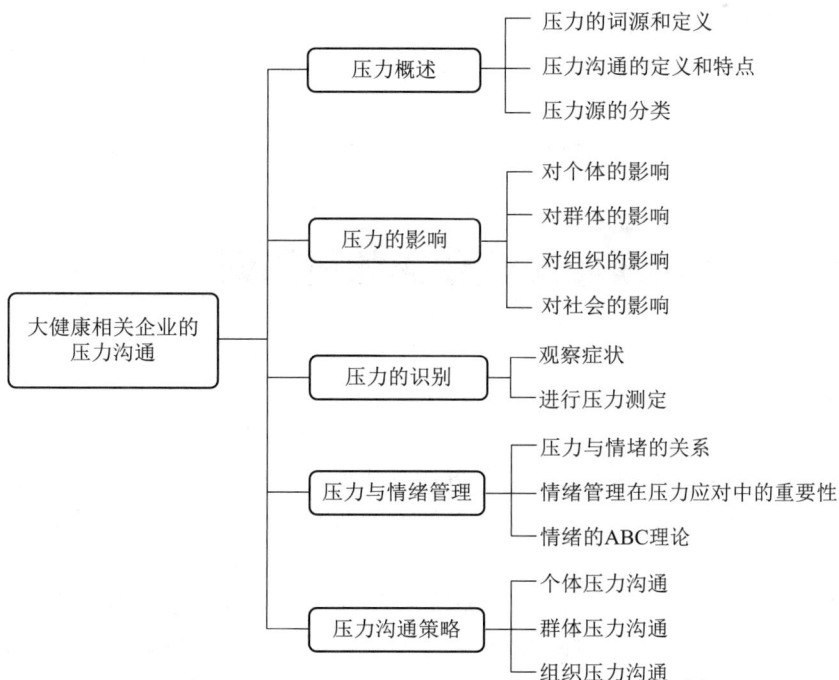

【习　题】

一、问答题

1. 压力如何影响健康？举例说明并分析该影响。

2. 根据自身情况制订一套个性化的应对压力的态度和行为准则，并在实际生活中践行。

3. 收集至少 3 种不同的压力沟通方法，并对这些方法进行全面、客观的评价。在评价过程中，要结合实际案例，分析每种方法在不同压力情境下的有效性和适用性，撰写一份关于压力沟通方法的评价报告。评价报告字数不少于 1000 字，且评价结果具有一定的参考价值。

二、案例分析题

小许的烦恼

小许是一名应届大学毕业生，刚入职公司财务处。在工作中，她觉得力不从心，很多看起来很简单的事情，她做起来却很吃力，而且频频出错。除此之外，她发觉自己大学学到的知识根本用不到工作中去，她不禁对自己的能力以及专业知识水平产生了很大的怀疑。渐渐地，她做事越来越没自信，甚至害怕去上班，害怕领导交代她做事，每天的情绪都处于低落状态，甚至想到了辞职。

1. 小许的压力源主要是什么？

2. 以健康管理公司专业健康咨询人员的身份给小许提出一些缓解压力的方法，并写成健康咨询文案。

3. 从公司管理者的角度提出缓解小许压力的方法和措施。

任务9　大健康相关企业的危机沟通

【学习目标】

态度目标：树立危机管理意识，提升责任感和担当精神；将危机管理意识内化为自身的价值观，在日常学习和生活中，主动思考如何预防和应对潜在危机，形成良好的危机管理习惯。

知识目标：准确记忆危机的特点；了解危机形成发展的 5 个阶段的特点和表现以及各阶段之间的相互关系及影响；掌握危机沟通中的障碍因素，并举例说明这些障碍如何影响危机沟通的效果；能够对不同的危机沟通策略进行评价，根据实际情况选择合适的危机沟通策略；举例说明危机沟通管理者的基本素质。

技能目标：在模拟的危机情境中，能够独立运用所学的危机处理技巧和方法，有条不紊地进行危机处理，展现一定的应对能力；在实际生活中遇到危机事件时，能够准确判断危机的类型和严重程度，迅速采取有效的应对措施，减少危机带来的损失和影响。

【课前预习】

1. 什么是危机沟通？日常生活中是否存在危机沟通，举例说明。
2. 危机的特点是什么？危机前、危机中与危机后的沟通有何不同？
3. 以小组为单位，查找一个大健康行业危机沟通案例，并进行案例分析。

【场景导入】

场景描述：某知名健康食品企业因产品原料问题引发公众质疑，面临严重的品牌信任危机。企业迅速成立危机应对小组，通过承担责任、真诚沟通、速度第一、系统运行、权威证实等举措成功化解危机，这些举措不仅让企业挽回了公众信任，还让其赢得了更多消费者的支持。

问题引导：如何在危机中通过沟通赢得信任？有效的危机沟通如何为该健康食品企业创造更好的发展环境？

【相关知识】

一、危机概述

1. 危机的定义

危机是指对组织、个人和环境造成巨大影响和威胁的突发事件或潜在风险。通常表现为信息不完整、不确定性高、压力巨大、时间紧迫和影响范围大。

赫尔曼(Hermann)认为，危机是指一种情境状态，在这种状态中，其决策主体的根本目标受到威胁且作出决策的反应时间很有限，危机的发生也出乎决策主体的意料。罗森塔尔(Rosenthal)等人认为，危机是对一个社会系统的基本价值和行为准则架构产生严重威胁，并且在时间压力和不确定性极高的情况下，必须对其作出关键决策的事件。巴顿(Barton)认为，危机是一个会引起潜在的负面影响的具有不确定性的大事件，这种事件及其后果可能对人员、产品、服务、资产和声誉造成巨大的损害。危机在《现代汉语词典(第 7 版)》中有两种释义，一是指潜伏的危险，二是指严重困难的关头。这里可以把危机理解为"危险时刻与机会"。

企业危机是指在企业经营管理的过程中，由于宏观大环境的突然变化(如国家标准更新或制定、行业问题的暴露)及企业在经营管理的过程中没有按照规范进行生产运营，未达到客户的要求，所引发的一系列危害企业的行为。就社会组织而言，危机则是指由于组织自身或公众的某种行为而导致组织环境恶化的那些突然发生的、危及生命财产的重大事件，如飞机失事、火车脱轨、地震、台风、水灾、爆炸等恶性事故，还包括罢工、骚乱、舆论危机等。这些危机不仅给组织造成人、财、物的损失，而且会严重损坏组织形象，使组织陷入困境。因此，组织处理突发事件，提升处理危机的能力，是关系组织生死存亡的大事。

2. 危机的特点

危机具有如下特点。

(1) 突发性。危机往往是突然发生的，没有明显的预兆或征兆，这要求企业或组织能够快速反应并作出决策。

(2) 不可预测性。危机的发生往往难以预测，其发生的时间、地点、影响范围等都存在不确定性。

(3) 严重的危害性。危机通常会对企业或组织的声誉、利益、运营等产生严重的负面影响，甚至可能导致组织的崩溃。

(4) 舆论的关注性。危机所具有的严重的危害性，导致它往往会受到社会舆论的广泛关注，这要求企业或组织在应对危机时能够妥善处理与公众的关系。

3. 危机的分类

不同学科和研究者根据不同标准对危机进行划分，导致危机分类呈现多样性。

1) 按照成因和来源分类

按照成因和来源来分，危机分为以下几种。

(1) 自然灾难：海啸、台风、暴雨、洪水泛滥、山林大火、地震、火山爆发、山泥倾泻等。

(2) 经济危机：信贷风波、挤兑、破产或组织高层管理者潜逃等谣言、过度证券化、大规模罢工等。

(3) 社会危机：与利益失衡或冲突、政治暴力、黑恶势力有关的群体性事件等。

(4) 突发公共卫生事件：重大传染病疫情、群体性不明原因疾病、重大食物中毒和职业中毒、其他严重影响公众健康的事件。

2) 按照持续时间与影响范围分类

按照持续时间与影响范围来分，危机分为以下两种。

(1) 短期性危机。这类危机通常具有突然性、规模小、持续时间短等特点。它们可能由外部冲击因素引起，在短时间内发生并很快平息，不会给社会带来长久影响。例如，空难、沉船、垮塌等突发事件。这类危机的影响范围可能相对有限，但也可能在某些情况下对社会造成较大影响。

(2) 长期性危机。这类危机可能由于经济结构调整不当、政策失误、环境破坏或社会不稳定等因素，在较长时间内形成，并且规模较大、持续时间较长。它们可能对社会、经济和环境造成深远影响，需要长期的应对和恢复。例如，全球气候变化、持续的经济危机、长期的环境污染等。

3) 按照危机的发生主体分类

按照危机的发生主体来分，危机可以划分为个人危机、企业危机、政府危机与社会危机。个人危机主要涉及个人形象危机和家庭财务危机；企业危机则涵盖产品或服务质量危机、财务危机、品牌形象危机与人力资源流失危机等；政府危机主要与政府治理工具、政府权威性与合法性、行政行为、政府官员行为等有关。

> **【相关案例33】**
>
> **正确认识危机**
>
> 　　近年来，我们面临严峻复杂的国际形势和接踵而至的巨大风险挑战。为此习近平总书记指出，"要增强机遇意识、风险意识，准确识变、科学应变、主动求变，勇于开顶风船，善于化危为机。"风险既有全球化时代的共性特征，也受特定发展阶段、独特国情和治理体系的影响。中国共产党一直把防范与治理风险作为一项重要任务，并在与风险的博弈过程中不断提高经济社会发展水平。党强调风险的辩证性，认为内因是决定事物发展的根本性因素，要一分为二地看待风险。因此，在认识到面临风险挑战的同时，也应该看到更广阔的机遇。风险应对不当，固然有转化为危机的可能。但危中亦有机，只要应对得当，风险也可能成为重要发展机遇。
>
> 　　以中美贸易摩擦为例。美国单方面挑起针对中国的大规模贸易争端，加征高额关税等一系列举措，给中国许多外向型企业带来了巨大风险，如订单减少、成本上升、市场份额面临冲击等。但中国积极应对，一方面加快产业升级转型，推动企业向高端制造、智能制造迈进，加大研发投入，提升产品附加值；另一方面积极开拓新兴海外市场，如加强与"一带一路"沿线国家的贸易往来与经济合作，促进国内国际双循环相互促进。许多企业在压力下苦练内功，在技术创新、品牌打造、管理优化等方面取得长足进步，不仅降低了对美国单一市场的依赖，还在全球产业链中占据了更有利的位置，实现了从传统加工贸易向高附加值产业的转变，化贸易摩擦的风险为提升产业竞争力和拓展国际合作空间的机遇。

二、危机沟通概述

1. 危机沟通的定义

　　危机沟通是以沟通为手段、以解决危机为目的的一系列行为和过程，旨在化解和避免危机。有效的危机沟通能够降低企业或组织面临的危机冲击，甚至有可能将危机转化为转机或商机。若忽视危机沟通，小危机可能逐渐演变成大危机，给企业或组织带来巨大损失，甚至可能导致企业或组织消亡。危机沟通不仅仅是一门科学，更是一门艺术，它能够帮助我们识别并抓住危机中的机遇，同时降低其中的风险。

2. 危机沟通的对象

　　根据迈克尔·布兰德的理论，企业危机沟通的对象大致可分为四大类。

　　(1) 受危机影响的群众和组织。这包括直接或间接受到危机影响的所有个体和团体。这些群体可能因为危机事件而面临生命危险、财产损失或其他形式的损害。例如，如果一家化工厂发生化学品泄漏，周围的居民和受影响地区的组织(如学校、医院)将是沟通的主要对象。

　　(2) 影响企业运营的单位。这些单位对危机的响应和处理能力直接影响企业的生存和发展。这些单位包括投资者、金融机构、业务合作伙伴等。他们关注的是企业的财务健康、市场声誉以及长期盈利能力。例如，在金融危机期间，银行和投资者可能会特别关注旗下企业的流动性和偿债能力，以确保自己的投资不受损失。

(3) 被卷入危机的群众或组织。这是指那些虽然不是直接受害者，但因危机而被迫参与其中的其他群体，可能包括竞争对手、行业协会、政府机构等。例如，如果一家食品公司的产品引起健康问题，那么同行业的其他食品公司可能需要相关信息来评估自己的风险并调整自己的市场策略。

(4) 必须被告知的群众和组织。这类对象可能不直接受到危机的影响，但出于法律、道德或社会责任，组织需要向他们通报情况。这包括媒体、政府机构、投资者、非政府组织(NGO)等。例如，一家石油公司在海上发生泄漏事故，该石油公司除向受危机直接影响的地区和组织通报情况并协商处理外，还需要向环境保护机构、政府部门和媒体通报情况，以确保透明度和公众知情权。

如果企业不能与这些利益相关者进行有效的沟通，就可能会引发不同类型的危机。

3. 危机沟通的障碍

危机沟通会遇到如下障碍。

1) 信息不透明

在危机期间，信息的透明度至关重要，但许多企业或组织未能及时、准确地向公众传递信息，导致信息不透明，引发公众的猜疑和不信任。例如，在某传染病疫情防控期间，部分地区的信息公开存在延迟或不全面的情况，这导致公众对疫情的严重性和防控措施的必要性产生误解。

2) 反应迟缓

危机发生后，企业或组织的快速反应是控制危机的关键，但许多企业或组织在危机初期反应迟缓，错失了控制危机的最佳时机。例如，某制药厂在收到消费者关于其产品引发健康问题的报告后，未能及时采取公开行动，导致公众对其信任度大幅下降。

3) 情绪管理困难

在危机期间，对公众和利益相关者的情绪管理极为重要，但企业或组织往往难以有效应对公众的恐慌、焦虑等情绪。例如，在公共卫生危机中，公众对健康问题的担忧可能导致恐慌情绪蔓延，而组织未能及时进行情绪疏导，可能进一步加剧危机。

4) 文化差异与信息过载

在涉及多元文化的健康危机中，文化差异可能成为信息传递的障碍，同时信息过载也可能使公众感到困惑。

5) 缺乏专业危机管理团队

危机沟通需要专业的团队来制订和执行策略，但许多企业或组织缺乏这样的团队，导致沟通策略不当。例如，某制药厂在危机管理中未能有效协调内部资源和外部资源，缺乏统一、高效的应对机制，导致危机进一步恶化。

三、危机沟通的原则

1. 3T 原则

英国危机管理专家迈克尔·里杰斯特提出了危机信息处理的 3T 原则，主要包括"Tell

you own tale""Tell it fast"和"Tell it all"。

(1) Tell you own tale(以我为主提供信息)。在危机发生时，企业或组织应牢牢把握信息发布的主动权，及时、主动地提供信息，避免被动应对和谣言的产生。

(2) Tell it fast(尽快提供信息)。危机事件往往会在短时间内迅速传播，因此企业或组织必须迅速响应，尽快发布信息，以抢占信息传播的先机，减少负面信息的扩散。

(3) Tell it all(提供全部情况)。企业或组织在发布信息时，应全面、真实地提供所有相关信息，包括危机的原因、影响、已采取的措施及未来的计划等，以提高信息透明度，赢得公众的信任。

例如，某餐饮连锁公司的一家分店发生了食物中毒事件，导致多名消费者感到不适。该公司依据 3T 原则，采取了如下措施。

(1) Tell you own tale：公司立即关闭了受影响的分店，并主动向公众通报了事件情况。

(2) Tell it fast：事件发生后，公司迅速与媒体和公众沟通，及时发布了处理进展和调查结果。

(3) Tell it all：公司不仅向受害者道歉，还详细说明了事件的调查过程、责任认定以及后续的整改措施。

通过及时回应、诚实透明和积极行动，公司成功地重建了消费者对其品牌的信心。

2. 5S 原则

危机沟通中，另一常用原则是 5S 原则，即承担责任(Shoulder the Matter)原则、真诚沟通(Sincerity)原则、速度(Speed)第一原则、系统(System)运行原则、权威(Standard)证实原则。

(1) 承担责任原则。在危机事件发生后，企业或组织必须勇于承担自己该负的责任，否则企业或组织的信誉就会受损，在公众心目中的形象也会大打折扣，情况严重时，甚至会动摇企业或组织的根基，使之从此一蹶不振。企业或组织一旦遭遇公关危机事件，就应该坦然面对，勇敢地承担起自己的责任，切忌遮遮掩掩、闪烁其词，这样只会引起公众的反感；坦然面对，把事实说清楚，才有可能赢得公众的理解。

(2) 真诚沟通原则。当危机事件发生后，企业或组织与公众的沟通至关重要，尤其是与外部公众的沟通更为紧迫。此时的沟通必须以真诚为前提，如果不是真心实意地同公众、同媒体沟通，是无法平息舆论压力的。俗话说，"真心换真心""将心比心"，企业或组织应把公众的利益放在第一位，真诚地与公众沟通，大多数人是通情达理的。企业或组织与媒体的沟通同样重要，公众之中信息传播的速度是非常快的，媒体利用高科技的传播手段，瞬间可把信息传遍四面八方。媒体是舆论引导者，大众媒体的一端连着公众，所以企业或组织绝不可以忽视与媒体的真诚沟通。企业或组织应主动向媒体及时提供相关信息，并通过媒体引导舆论。处理危机事件过程中取得的每一步进展都及时让媒体了解。沟通的形式很多，可以发通告、印制宣传品，可以通过大众传媒发布信息，还可以举行新闻发布会或恳谈会。必要时，个别访问、谈心、调查等方法都可采用。要根据危机事件的性质、规模及影响范围和后果等情况，做到具体情况具体对待。但无论采取什么方式，真诚的态度是沟通成功的前提和保证。

(3) 速度第一原则。当危机事件发生时，企业或组织所要做的重要工作之一就是及时、准确地把危机事件的真相告诉公众和媒体，以最快的速度作出反应，掌握处理危机事件的主动权，这样才能在第一时间赢得公众的理解和支持；若迟迟不作反应，企业或组织形象会因为一次危机事件而元气大伤，若想再恢复到原有状态，则需要付出十倍甚至更多的努力，其效果也往往不如人意。所以危机事件一旦出现，便应火速出击，及时稳定人心，为后面的工作开创有利局面。

(4) 系统运行原则。在处理整个危机事件的过程中，组织者要按照应对计划全面、有序地开展工作。危机处理过程是一个完整的系统，环环相扣，若要把危机事件处理得圆满，哪个环节都不能出问题，一个环节出现问题，必然影响到其他环节。所以，一定要坚持系统运行原则，不能顾此失彼，及时、准确、有效地处理危机事件。

(5) 权威证实原则。产品质量是企业尤其是生产企业和经销企业赖以生存发展的保障。产品质量的好坏不是自己说了算的，而要靠广大消费者，即社会公众在使用之后作出评价。当然，企业如果想达到创名牌的目的，那就更需要拿出权威部门的质量鉴定。这是企业信誉的保证，企业应尽力争取政府主管部门、独立的专家或权威机构、媒体及消费者代表的支持，而不要自己去徒劳地自吹自擂，"王婆卖瓜，自卖自夸"是无法取得消费者信赖的，必须用"权威"说法，用"权威"来证明自己。

四、危机沟通的阶段及策略

危机沟通是一种特殊的沟通方式，为了确保企业或组织在面临危机时能够有效应对，应建立一套完整的危机沟通程序。

1. 危机前阶段

危机前阶段重在预防，建立危机意识和预警机制，为危机发生后的及时应对做好准备。此阶段对应的沟通策略如下。

(1) 风险评估与预警：识别潜在危机，如产品安全投诉、数据泄露、舆论争议等，建立风险清单；通过舆情监测，如社交媒体监听，捕捉早期预警信号。

(2) 预案制订与团队建设：制订《危机沟通手册》，明确角色分工，如发言人、法律顾问、公关团队等；模拟演练，如定期开展"危机桌面推演"，测试团队反应速度和协作能力。

(3) 关系储备：维护与媒体、政府、行业协会、关键客户的关系，建立信任网络。

2. 危机爆发初期(0~24 小时)：快速响应

1) 黄金时间原则

(1) 速度优先：在 4~6 小时内发布首条声明(即使信息不完整)，表明态度。

(2) 统一口径：避免内部信息混乱，确保所有渠道发声一致。

2) 核心行动

(1) 事实确认：快速成立内部调查组，明确事件性质、影响范围和责任归属。

(2) 利益相关者分级：优先沟通直接影响群体，如受害者、监管机构。

(3) 情绪管理：在沟通中表达对直接影响群体的关心和支持，缓解公众的恐慌和焦虑；用共情语言表达关切，如"我们深感抱歉，正在全力处理"。

3. 危机持续期(24 小时至数周): 信息管理与叙事控制

1) 动态信息披露

(1) 通过新闻稿、社交媒体、官方网站等多种渠道传递信息，确保信息快速、广泛地传播，定期更新进展，如调查结果、赔偿方案。

(2) 透明原则：承认已知事实，不隐瞒关键信息，但需要平衡法律风险。

2) 应对舆论焦点

(1) 主动设置议题：通过第三方专家解读、数据可视化等手段转移负面焦点。

(2) 对抗谣言：对不实信息快速辟谣，必要时采取法律手段。

3) 利益相关者互动

(1) 定向沟通：针对不同群体定制信息，如向客户发道歉信，向投资者说明财务影响。

(2) 开放对话：设立临时沟通渠道，如危机热线、在线问答，收集反馈并回应诉求。

4. 危机消退期(数周至数月): 声誉修复与信任重建

1) 长期行动承诺

(1) 公布系统性改进计划，如召回问题产品、升级安全流程，并公开执行进度。

(2) 邀请第三方机构审计或监督，增强公信力。

2) 社会责任强化

(1) 发起与危机相关的公益项目，如遭遇食品企业危机后资助食品安全研究。

(2) 通过媒体传播"重生故事"，重塑品牌形象。

3) 关系修复

(1) 对受害者进行补偿或道歉，如进行一对一沟通、提出赔偿方案。

(2) 重建员工信心，如召开内部说明会、开展文化重塑计划。

5. 危机后阶段: 复盘与体系升级

1) 全面复盘

(1) 分析危机根源，如技术漏洞、管理失误、沟通迟滞等。

(2) 评估沟通效果，如媒体报道倾向、公众情绪变化、业务恢复速度。

2) 制度优化

(1) 更新危机预案，完善快速决策机制。

(2) 将危机案例纳入员工培训，提升全员风险意识。

【相关案例 34】

乳制品公司的危机沟通

雪印乳业是日本最大的乳制品公司之一，其发展历程充满了起伏和挑战。在 2000 年 6 月，北海道大树工厂的停电导致牛奶加工过程中的温度控制出现偏差，进而引发微生物大量繁殖。这些受污染的牛奶被制成乳制品后流入市场，造成了大规模的食物中毒事件。此次事件中，约有 14 780 人受到波及，至少 155 人住院治疗，甚至有一名 84 岁的老人因此丧生。事后调查指出，工厂管理失误和食品安全意识不足是主要原因。具体而言，工厂未能妥善处理因停电导致的牛奶变质问题，并且在检测到金黄色葡萄球菌后，未能执行有效的产品回收措施。

此次中毒事件后，企业被迫重新反思企业存在的目的和价值，并且开始重构企业社会责任体系。首先，雪印乳业建立了企业的 CSR(社会责任认证)重构组织体系；然后，为了从制度与流程上确保产品质量，雪印乳业建立了品质保证体系(ISO9001 质量认证体系以及 HACCP(危害分析与关键控制点)；最后，为了更好地履行企业的社会责任，雪印乳业进行了企业社会责任体系的重构(环境质量认证体系 ISO14001)。上述努力不仅使企业的经济效益得到了提升，也明显提升了企业环境效益，使雪印乳业重新获得消费者信心，同时在国际市场上重新延续雪印乳业所代表的"日本制造"高质量产品形象。

五、新媒体时代下的危机公关

危机公关是一种应对危机的机制，具有意外性、聚焦性、破坏性和紧迫性等特点。根据爱德华·伯尼斯(Edward L. Bernays)的定义，公共关系是一项管理功能，旨在通过制订政策和程序来获得公众的谅解和接纳。具体来说，危机公关指机构或企业为避免或减轻危机带来的严重损害和威胁，而有组织、有计划地学习、制订和实施一系列管理措施和应对策略。这些策略包括危机的规避、控制、解决，以及危机后的复兴。危机公关对于国家、企业、个人等都具有重要的作用。对企业而言，没有危机感是最大的危机。企业管理者必须思考的问题不是会不会发生危机，而是它会在什么时候发生，并确保在危机来临之时做好充足准备。

在新媒体时代，危机公关面临着前所未有的挑战和机遇。以下介绍新媒体时代危机传播特点、新媒体时代下企业危机公关管理面临的挑战、新媒体时代企业危机公关管理步骤。

1. 新媒体时代危机传播特点

新媒体时代危机传播具有如下特点。

(1) 传播时效性强。新媒体的"5A"(Anyone，Anywhere，Anytime，Anything，Anyway)打破了时间和空间的限制，使信息传播具有极高的时效性。而传统媒体在处理突发性、重大性的危机事件时，其时效性往往不能满足公众对于即时信息的需求。

(2) 信息扩散广泛。新媒体平台具有广泛的覆盖范围，不受地域限制，能够将危机信息传播到全球范围内的受众。这使危机事件的影响范围大大扩展，需要企业或组织在危机发生时迅速应对，防止负面影响扩大。

(3) 用户参与度高。新媒体平台为用户提供了评论、转发、分享等互动功能，使用户能够积极参与危机传播过程，这进一步扩大了危机事件的影响力。这种互动性使危机传播更加复杂和多变，需要企业或组织在危机应对中充分考虑用户的声音和意见。

(4) 网络舆论多元化。新媒体平台上的舆论多样化，不受传统媒体的编辑控制，用户可以自由表达意见和观点。这导致危机传播更加复杂和多变，需要企业或组织在危机应对中密切关注网络舆论的变化，及时回应公众的关切和质疑。

(5) 突发性与不确定性。危机往往是突然发生的，没有预警和准备时间。在危机初期，往往信息不完全、不准确，导致公众对危机事件的认识和理解存在偏差。因此，企业或组织必须迅速应对和传播信息，以防止危机的负面影响扩大化。

(6) 公众关注度高。危机事件往往引起公众广泛的关注和讨论，媒体对危机的报道也非常密集。这就要求企业或组织主动与媒体沟通，及时提供信息，以保持公众对企业或组织的信任和支持。

2. 新媒体时代下企业危机公关管理面临的挑战

新媒体时代下企业危机公关管理面临如下挑战。

(1) 传播速度的挑战。在新媒体时代，信息的传播速度极快，危机事件可以在瞬间传遍全球。这要求企业在极短的时间内作出反应，否则可能会错过最佳的危机处理时机，导致负面影响迅速扩大。

(2) 信息真实性的挑战。新媒体环境下，信息的来源多种多样，其中不乏虚假信息。企业在面对危机时，需要快速核实信息的真伪，以避免因误传虚假信息而加剧危机。然而，这一过程往往需要时间，而时间的延误可能导致企业形象进一步受损。

(3) 舆论引导的挑战。新媒体环境下，公众可以自由地表达意见和观点，形成多元化的舆论场。这要求企业在危机公关中有效地引导舆论，避免负面舆论的扩散。同时，企业还需要面对自媒体和意见领袖等具有影响力的个人或组织，这些个人或组织可能对危机事件进行解读和评论，进一步影响公众的认知和态度。

(4) 用户参与度的挑战。新媒体平台为用户提供了表达意见和对企业进行质疑的渠道，用户的参与度大大提高。这要求企业更加关注用户的反馈和意见，积极回应用户的质疑和批评。然而，这也增加了企业应对危机的难度，因为用户可能情绪高涨，难以理性地看待问题。

(5) 法律法规滞后性的挑战。在新媒体时代，网络监管的法律法规建设可能滞后于技术的发展和变化。这可能导致一些不法分子利用新媒体平台传播虚假信息或进行恶意炒作，给企业的危机公关带来更大的挑战。

3. 新媒体时代企业危机公关步骤

在新媒体时代，企业危机公关可以概括为以下几个关键步骤。

(1) 建立危机预警机制。在危机潜伏期，建立健全的危机预警方案是至关重要的。这包括对网络媒体、公共舆论空间、热搜平台等进行定期的舆情监控，通过不断收集和分析各类信息资料，掌握舆论走向和公众关注的热门话题，对潜在的危机信息作出快速反应。在此方面，专业的舆情监控软件能充分利用智能爬虫、舆情分析、情感判断等技术，全方位监控信息，并通过信息抽取、系统智能分析和机器学习帮助企业从海量数据中快速抓取有价值信息，确保舆情监测的"快、全、准"。这种技术应用的成功实践，为企业提供了强大的舆情管理支持。

(2) 快速响应。在危机爆发期，企业需要把握新媒体传播沟通工具的作用，提高自身筛选有效信息的能力，深入挖掘危机发生的原因，找出直接原因并理解危机的本质，快速、灵活给出对策，削弱危机的破坏性。同时，保持信息的透明度，及时向公众传达真实情况，避免谣言和误解的扩散。

(3) 整合资源，多渠道沟通。优化整合新媒体资源与传统媒体资源，实现新媒体与传统媒体的联姻互动。利用企业的自媒体平台抢占舆论的制高点，同时与各种新媒体保持良好的联系。

(4) 加强意见领袖和公众的互动。在危机扩散期，要加强意见领袖的舆论引导，培养新媒体环境下的企业支持者。通过与公众的有效互动，增强企业的正面形象。意见领袖通常是具有较高知识水平、社会地位或特定领域专业知识与经验的人。这些人通过影响力和关系网络，在团队或社会中成为信息传播和舆论形成的关键节点。他们不仅仅是信息的传递者，更是意见的形成者。理解和利用意见领袖的力量，可以帮助企业在危机中更有效地沟通和恢复形象。

(5) 实施情感引导与恢复策略。在危机恢复期，进行情感引导，实施新媒体危机传播管理的感性策略。这包括对受影响的消费者和公众表达诚挚的歉意，展示企业的改进措施和未来的发展方向。

(6) 持续监控与评估。危机处理后，企业应继续监控舆情动态，并对危机公关的效果进行评估。这有助于企业从中吸取经验教训，为未来的危机管理提供参考。

在整个危机公关过程中，企业需要强化危机公关意识，构建危机公关系统，建立追责制度，整合资源，诚信面对、维护公众利益，加强媒体合作，重塑品牌。

【内容小结】

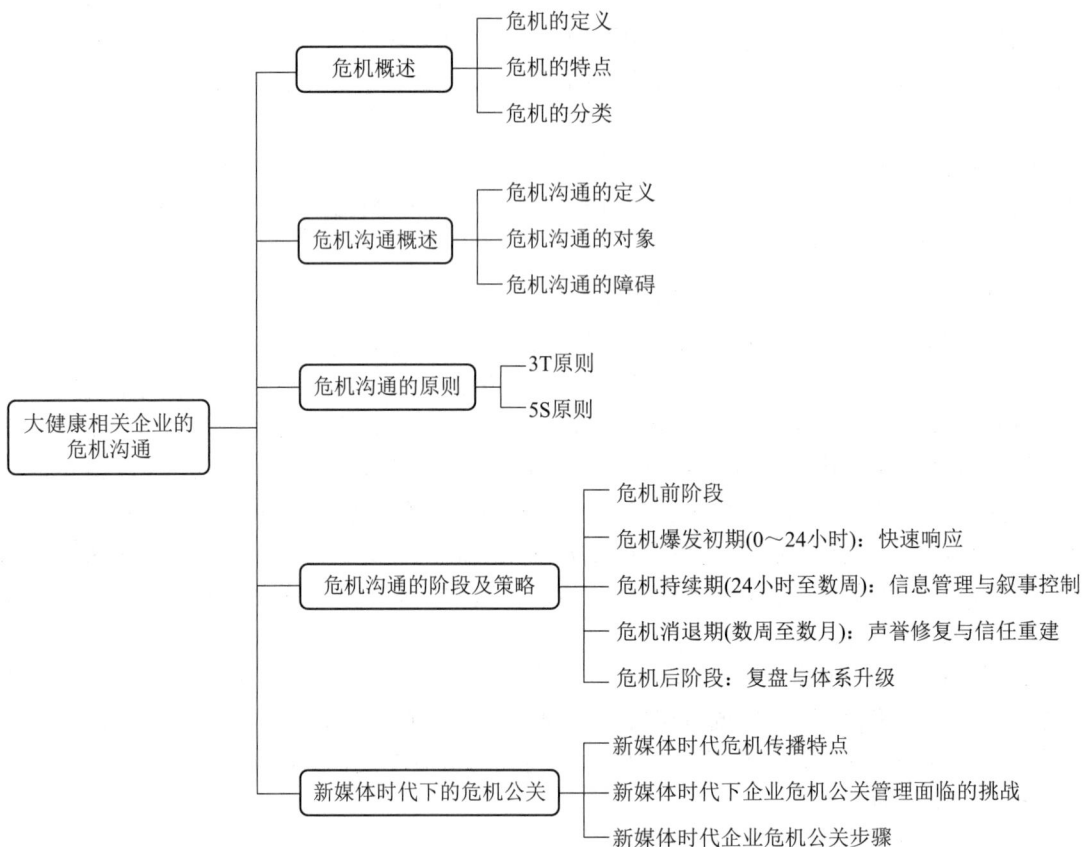

【习　题】

一、思考题

1. 根据给定的实际案例，准确列举出至少 3 种不同类型的危机沟通方式，并详细说明每种类型的危机沟通方式在应对危机中的作用和适用场景。

2. 在模拟的危机情境中，独立运用所学的危机处理技巧和方法，在规定时间(如 30 分钟)内完成危机处理任务，处理过程要有条不紊，能够有效解决危机事件中出现的各种问题，达到预期的处理效果。

二、案例分析题

送货危机

小魏是诚信药品配送有限公司的总经理，一天早上，他从收音机里听到新闻报道说，D 市、H 市和 M 市发生了市民由于服用 F 牌感冒片而中毒的事件……他立即赶到公司的药品仓库装货，装货完毕的车队准备在早上 7 点 15 分出发。

诚信药品配送有限公司是一家药品批发中间商。它的供货商来自全国各地，其主要的服务对象是独家药店、连锁药店、医院药店、家庭健康组织和许多小的药品邮寄组织。

该公司的经营策略是提供优质、快速、便捷的服务。公司建立了向其 80%的客户每天供货两次的制度。它强调与客户的面对面关系，由于计算机网络系统的便捷，通过网络随时可以查找到所需信息，每周还发送两次信息邮件，为客户订货提供方便，并且还拥有一支由懂礼貌、素质高、能力强的司机组成的送货车队。

但是，这种服务也遭遇了意想不到的挑战。1995 年，该公司的两家药品配送站发生了火灾，由此造成网络系统被破坏，订单被延误，送货系统几乎瘫痪。结果是公司失去了 20%的客户。

现在魏总经理再一次面临危机的考验。他做的第一件事就是给厂家和药品监督管理局以及另一家分销商分别打电话，询问有关情况。可是，他们没有一个能够提供任何证据来证实这件事情和给予任何建议。魏总经理只是知道，引起中毒的药品可能来自包装编号为 LA202 的 F 牌感冒片。而今天配送的药品中就有这种编号的感冒片。

魏总经理意识到自己处在两难抉择的境地。所有的送货车都已满载药品准备出发，已经来不及从上百家客户的订货中卸下 F 牌感冒片。如果卸货重新检货，送货将会推迟。虽然药品安全了，但药品却不能按时送达，客户的经营将会受到影响。如果这样，其后果不亚于上次火灾带来的影响。如果继续按时送货，又怎样保证药品安全，预防危机的发生？

1. 案例分析

根据案例提供的信息，诚信药品配送有限公司主要以提供优质服务为宗旨，以计算机网络为手段，实行快速、便捷、及时的服务赢得客户，为客户创造价值。每日送货两次，每周提供两次药品信息，配有高效快捷的送货车队等，帮助客户降低库存成本，甚至是零库存。但是，一旦网络系统出现问题，不能按时送货，就很可能造成客户流失，火灾事件就是一个例证。

(1) 危机分析。当魏总经理闻悉有人因服了某药品而中毒的消息后，立即打电话向厂家、药品监督管理局和同行求证，却一无所获。信息的不完整性、事件的突发性、结果的危害性和舆论的关注性是危机发生的基本特征。这种情景给管理者带来了决策的困难。

(2) 药品供应链分析。由案例描述提供的信息来看，药品流通的基本走向是厂家发货，经配送中心送至各药店、医院等单位，最终到患者手上。从药品安全的角度来看，魏总经理可以拥有一个实现药品安全的缓冲空间，就是他的下线药店和医院等部门，他可以与他们共同承担药品安全的责任。如果他不利用这个缓冲空间，那他将独自承担药品安全的责任。但是，这样也会影响客户的利益。因此，要保证药品的安全，又要满足客户利益，客户就应该与公司共同承担药品安全的责任。

(3) 公司抵御危机能力的分析。从火灾事件来看，诚信药品配送有限公司的抵御危机的能力是比较低的，而潜在的危机是如果处理不好，重则造成公司倒闭，轻则丢失大量客户。

2. 问题诊断分析

案例问题的焦点就是按时送货，还是延缓送货？如果按时送货，疑似有问题的药品随着其他药品一同流向了客户，药品安全系数降低，但好处是客户可以及时得到其他的药品；如果延缓送货，疑似有问题的药品可以得到控制，药品安全有保证，但这会影响客户其他药品的经营和销售，这将有可能造成客户流失。面对这种情景，魏总经理该如何决策？而且他必须在发货之前作出决策。

3. 解决方案设计思路提示

无论是按时送货，还是延缓送货，都需要采取必要的措施来避免各自所带来的不利因素。如果是按时送货，就必须采取措施保证药品安全；如果延缓送货，就必须采取措施保证客户急需的货品尽早送达。无论采取哪一种方案，魏总经理都必须与客户进行及时的沟通，求得客户的理解和支持。

4. 方案设计与评估

方案的选择无外乎是按时送货或延缓送货。方案的核心是规避不利因素，以及如何与客户沟通。

方案一：按时送货。

具体措施：给送货的货车增派人员，当货到达客户时，当即卸下疑似有问题的药品，并立即带回；或者，按照常规送货，当送货抵达客户后，告知客户暂时不要上架疑似有问题的药品，等下次送货时带回，主要是不影响下站的送货。

方案二：延缓送货。

具体措施：动员公司所有人员参与药品的重新分拣和包装工作，调配公司所有车辆或租赁车辆分解送货路线，以缩短延误时间，尽快将货送达客户手中。同时，立即建立与客户的沟通渠道，如24小时咨询热线等，向客户说明情况，对延缓送货表示歉意，取得客户的理解和支持。另外，还要了解客户的紧急需求，并及时提供紧急货品等。

方案三：讨论和引导学习者设计新的方案。

5. 方案评估与决策

建议对各方案采取对比分析的方法进行评估，其评估要素主要包括药品安全、客户利益、客户关系维护、投入回报率、社会影响等。

小组研讨：分析案例，以魏总经理的身份，任选方案一、方案二、方案三，阐述具体措施、沟通渠道和方式、沟通内容(注意开头、正文、结尾的写法和措辞)，撰写文字沟通材料。

任务 10　　大健康相关企业的跨文化沟通

【学习目标】

态度目标： 提升管理思维能力，养成良好的跨文化沟通习惯；培养谦虚、开放、尊重文化差异的精神，能够在多元文化环境中有效沟通与合作。

知识目标： 识别缺乏跨文化沟通能力的表现；区分东西方文化差异，比较不同文化背景下的沟通风格和价值观；解释影响跨文化沟通的因素，如语言障碍、文化习俗、社会规范等；举例说明跨文化沟通的策略；灵活应用跨文化沟通的技巧解决实际问题。

技能目标： 能够根据不同的文化情景选择合适的沟通策略，确保信息传递的准确性和有效性；设计跨文化沟通方案，促进跨文化团队建设。

【课前预习】

1. 文化的模型有哪些？
2. 跨文化沟通障碍的表现形式有哪些？
3. 跨文化沟通障碍的产生原因有哪些？
4. 跨文化沟通有哪些策略？
5. 跨文化沟通有哪些技巧？

【场景导入】

场景描述： 某国际健康科技企业推出了一款智能健康监测设备，计划在全球多个国家上市。但由于文化差异，产品在不同市场的推广面临挑战。该企业通过本地化策略、跨文化培训、文化融合、反馈机制等成功实现跨文化沟通，其产品在全球市场大获成功，该企业成为跨文化沟通的典范。

问题引导： 如何通过跨文化沟通提升产品全球竞争力？有效的跨文化沟通如何为健康

企业创造更好的市场机会?

【相关案例 33】

K 可乐与 B 可乐之间的全球市场竞争

(1) 品牌定位和营销策略。K 可乐和 B 可乐在全球市场上采取了不同的品牌定位和营销策略。K 可乐强调其经典、传统的品牌形象,通过传递"享受每一刻"的价值观,与消费者建立情感连接。而 B 可乐则注重年轻、时尚的品牌形象,通过与流行文化、音乐和体育等领域的合作,吸引年轻消费者。这种差异化的品牌定位和营销策略体现了两个品牌对目标市场文化特征的深刻理解和精准把握。

(2) 跨文化沟通和产品适应。在面对不同国家和地区的消费者时,K 可乐和 B 可乐都进行了深入的跨文化沟通和产品适应。例如,在中国市场,K 可乐推出了多种符合中国消费者口味和文化习惯的饮料产品。同时,K 可乐还通过与中国传统节日、文化符号等结合,开展了一系列具有中国特色的营销活动。B 可乐也针对中国市场的特点,推出了 B 可乐无糖版、B 可乐青柠版等产品,并积极参与中国本土的体育、音乐等文化活动。这种跨文化沟通和产品适应不仅有助于两个品牌更好地融入当地市场,也体现了它们对当地文化的尊重和理解。

(3) 社交媒体和数字营销。在全球化的背景下,社交媒体和数字营销成为 K 可乐和 B 可乐进行跨文化沟通的重要渠道。两个品牌都积极利用社交媒体平台与全球消费者进行互动和交流,通过发布有趣、引人入胜的内容吸引消费者的关注。同时,它们还利用数字营销手段进行精准营销和品牌推广,提高品牌知名度和美誉度。这种跨文化的社交媒体和数字营销不仅有助于两个品牌在全球范围内建立统一的品牌形象和价值观,也促进了不同文化之间的交流和融合。

【相关知识】

一、跨文化沟通概述

随着经济全球化的加速,跨国、跨文化的交流活动变得日益频繁,不同文化背景的人员间的跨国往来不断增加。大量跨国公司的涌现使得劳动力的文化背景多元化趋势日益明显,这进一步凸显了跨文化交流的重要性。在沟通过程中,沟通主体的文化背景直接影响着沟通效果,使人们深切地感受到文化的影响力。

1. 文化的词源和含义

在中国古代,文化二字是分开的。"物相杂,故曰文""五色成文而不乱",中国古代典籍指出,"文"字有"各色交错的纹理"的本义。《尚书》上称伏羲画八卦,造书契,"由是文籍生焉"。进而"文"字有了与"质""实"相对的精神修养与美善德行之义。而"质胜文则野,文胜质则史,文质彬彬,然后君子""文犹美也,善也",可见"文"字与今日"文化"一词有着不解之缘。"化"字本义指事物动态的变化过程,后来又延伸出造化、大化等义。"文化"合用,则见之于《周易·贲卦·象传》:"观乎天文,以察时变；观乎人文，以化成天下。""文化"从这里最初的联用起，便具有明确的文明教化之义。

"文化"在西方来源于拉丁文 cultura，原义是指农耕及对植物的培育。自 15 世纪以后，逐渐引申使用，把对人的品德和能力的培养也称为文化。19 世纪，英国泰勒则在其《原始文化》一书中认为文化包括知识、信仰、艺术、道德、法律、习俗和任何人作为一名社会成员而获得的能力和习惯在内的复杂整体。

由此可见，文化是人类群体创造并共同享有的物质实体、价值观念、意义体系和行为方式，是人类群体的整个生活状态。广义的文化是指人类在社会历史实践中所创造的物质财富和精神财富的总和。狭义的文化是指社会的意识形态以及与之相适应的制度和组织机构。

2. 文化的模型

1) 文化的冰山理论

文化的冰山理论最初由心理学家弗洛伊德和著名作家海明威在各自领域里提出，但由爱德华·霍尔于 1976 年将其应用到跨文化交际和文化研究领域

该理论是将文化比喻为大海中的冰山，只有一小部分是显露在水面上的，这部分是显性的，容易被人察觉和认识。它包括了人们日常接触和可以直接观察到的各种文化现象，如饮食、服饰、语言、仪式、文学、艺术等。这些显性文化反映了文化群体的基本生活方式和表面特征。

而冰山的大部分是隐藏在水面下的，这部分是隐性的，不容易被人察觉和认识。它包括了文化群体的价值观、世界观、信仰、态度等深层次的内容。这些隐性文化虽然深藏不露，但包含了文化的核心内容，对人们的行为和观念产生深远的影响。

文化的冰山理论强调了在理解一个文化时，需要同时关注其显性和隐性两个方面。显性文化是文化的外在表现，而隐性文化则是文化的内在核心。只有同时了解这两个方面，才能更全面地认识和理解一个文化。

2) 文化的洋葱模型

文化的洋葱模型是由格里·约翰逊(Gerry Johnson)和凯万·斯科尔斯(Kevan Scholes)在 1999 年的《探索企业战略》一书中首次提出的。这个模型将组织文化可视化为一个多层结构，每一层都代表企业文化的不同方面。文化的洋葱模型内涵丰富，具体来说，它包含以下层次。

(1) 表层文化，通过人们平时能观察到的外在物品来表现，包括语言、艺术作品、电影、绘画、服装、音乐、饮食、建筑、装修甚至商品市场等。这些外在的符号是文化最直接、最显性的表达，能够直观地反映一种文化的基本特征和风格。

(2) 中层文化，涉及一个社会的规范和价值观。社会规范是一个群体中的多数人在特定情形下都会遵循的行为模式，它反映在人们的日常行为举止、习俗和生活方式上。而价值观则是一个社会对"好"与"坏"的定义，它与社会群体共有的理想密切相关，指导着人们的行为选择和道德判断。

(3) 核心文化，是一个社会共享的关于人为什么存在的假设。它触及该社会中人们最根深蒂固、不容置疑的东西，比如，人与生俱来的权利、人存在的价值、个人与他人的关

系。这些要素是文化最内在、最本质的部分，它们对文化的形成和发展起着决定性的作用，同时也是区分不同文化的关键所在。

洋葱模型的三层之间有着不可分割的联系：核心文化驱动和影响中层文化，中层文化又驱动和影响表层文化。该模型强调了文化的层次性和复杂性，有助于人们更深入地理解和分析文化现象。

3) 霍夫斯泰德文化维度理论

霍夫斯泰德文化维度理论由荷兰心理学家吉尔特·霍夫斯泰德提出，是用以衡量不同国家(地区)之间文化差异的六维框架。

这一理论最早出现于《文化的效应》一书中，作者霍夫斯泰德在 1967—1973 年对 IBM 跨国公司 11.6 万名员工进行文化价值观问卷调查，初步总结出 4 个反映社会差异的文化维度：权力距离、个人主义与集体主义、男性化与女性化、不确定性规避。此后，受学者彭麦克等人的价值观调查及迈克尔·明科夫的世界价值观问卷调查的启发，霍夫斯泰德先后以"长期导向与短期导向""自身放纵与自身约束"扩充其原有框架，形成完整的霍夫斯泰德文化维度理论。

(1) 权力距离。权力距离指社会中权力较小的成员对权力分配不平等的接受程度。权力距离大的文化中，人们更倾向于接受等级制度和权威，对医生等专业人士的依从性可能较高；权力距离小的文化中，患者可能更期望与医疗团队平等交流，参与治疗决策。

(2) 个人主义与集体主义。个人主义文化强调个人的独立和自我实现，在健康领域，患者可能更关注个人的治疗效果和体验；集体主义文化注重群体利益和人际关系，患者可能更看重家庭和社会支持，治疗决策也可能更多地受到家庭的影响。

(3) 男性化与女性化。男性化文化强调竞争、成就和物质成功，在健康方面可能更注重疾病的治愈和身体功能的恢复；女性化文化则更注重人际关系、生活质量和情感关怀，对心理健康和整体幸福感的关注度可能更高。

(4) 不确定性规避。不确定性规避指社会成员对不确定性和模糊性的容忍程度。不确定性规避程度高的文化中，人们可能更依赖明确的医疗方案和规范，对新的治疗方法或技术接受较慢；不确定性规避程度低的文化中，人们对不确定性的容忍度较高，更愿意尝试新的治疗方式。

(5) 长期导向与短期导向。长期导向文化注重未来回报和长期目标，比如在健康行为上更愿意进行预防性保健和健康投资；短期导向文化则更关注眼前的利益和即时的满足，比如对疾病的预防不够重视，更倾向于在出现问题后再寻求治疗。

(6) 自身放纵与自身约束。自身放纵的文化允许人们相对自由地满足自身的欲望和需求，在健康行为上可能表现为对健康生活方式的遵循程度较低；自身约束的文化则强调对欲望的克制和规范，人们可能更注重健康的饮食、运动等生活习惯。

3. 跨文化沟通的含义和意义

所谓跨文化沟通是指跨文化组织中拥有不同文化背景的人们之间的信息、知识和情感的互相传递、交流和理解的过程。地域、种族等因素的不同导致文化差异，因此，跨文化沟通可能发生在国家之间，也可能发生在不同的文化群体之间。跨文化沟通的意义在于促进个人成长、推动组织发展、增进社会和谐以及推动文化交流与融合。在全球化的时代背景下，跨文化沟通能力已成为促进个人、组织和社会发展的重要素质。通过跨文化沟通，人们能够更好地理解彼此，共同应对全球性挑战，创造更加美好的未来。

二、审视文化的不同视角

1. 东西方文化的差异

文化差异是指不同民族及社会之间的文化差别。由于经济条件、社会环境、种族因素以及地理环境不同，各种文化特质在历史发展过程中所表现出的功能交互作用、演变方式也各异，因此形成了各种独特的文化类型和模式，进而造成不同社会和民族的文化各异。世界的丰富多彩，可以说在很大程度上源于文化的广泛、深远和多样性。对于东西方文化之间的差异性，人们的看法因人而异，见仁见智。

"东方"一词的含义在历史上和现实中都有所变化。最初，"东方"可能指的是地球(除极地以外)上太阳升起的方向，即大致的地理方位。在地理和文化的语境中，"东方"通常指的是亚洲，包括近东、中东和远东。近东通常指的是地中海东部沿岸地区，如巴尔干半岛、土耳其、叙利亚等地；中东则包括西亚及北非部分地区，如埃及、伊朗、伊拉克、沙特阿拉伯等地；远东则涵盖了东亚如中国、日本、朝鲜半岛等地区。在这个辽阔的地区，居住着占世界一半以上的民族，有 1000 多个民族。东方文化，一般认为包括中国文化体系、印度文化体系、伊斯兰文化体系等。东方文化是一个综合性的概念，它涵盖了所有通过传统作用于东方人的知识、价值观念和行为的文化因素。以下所指的东方文化主要为中国文化。

西方，主要指地球的西半球、北半球等地区。西方文化有时也称作"欧美文化"，包括西方的精神传统、价值伦理观念、文学艺术成就、意识形态理论、风俗礼仪系统、语言文字体系等。一般意义上，它指具有西方特色的思想文化传统。其源头主要是"两希"——古希腊的理性传统和希伯来的宗教信仰传统。经过中世纪基督教文化的长期统治，伴随着阿拉伯文化的融入以及资本主义经济萌芽的出现，西方出现了影响深远的文艺复兴和宗教改革。经过 17 世纪的工业革命、18 世纪启蒙运动，现代西方文化到了 19 世纪趋于成熟，并向全世界扩张，20 世纪以来面临内外多方面的挑战。

1) 宇宙观的差异

宇宙观是文化的核心，西方文化的宇宙观是建立在人与自然、精神与物质、主体与客体，重视抽象逻辑思维基础之上的机械综合论。西方科学家们一方面不断地进行科学实验，寻求征服自然之道；另一方面，他们认为自己的科研只是发现了某一自然法则，并承认自然规律的不可抗性。在教育和人生处世上，西方人崇尚理性，鼓励人们积极进取、勇于冒险、参与探索。

东方文化倾向于将世界视为一个整体，强调万物之间的相互联系和依存。这种观念体现在对自然、社会、人际关系的认知中，强调和谐、平衡和共生。中华文化作为东方文化的代表，其"天人合一"的有机整体宇宙观，在处理人与人、人与物的关系时，更加突出人际关系的重要性；在对待物质与精神的关系上，注重两者的统一性和一致性。正如《道德经》所云"道生一，一生二，二生三，三生万物。万物负阴而抱阳，冲气以为和。"这体现了东方文化对和谐统一的追求。东方文化重视内在修养和心灵成长，认为人的内心状态和精神世界对其世界观具有重要影响。通过修身养性、追求内心的平静和清明，可以更好地理解和把握世界。

2) 价值观念的差异

东西方文化在价值观方面的差异表现在政治、经济、宗教、法律、教育、社会等各个方面，这里只探讨涉及个人与群体关系的核心价值观部分。西方个人主义价值观念是西方文化的内核，包含如下内容：强调个人的自主权和自由意志，主张每个人都有权利自由地追求自己的目标和价值，主张每个人都应该享有平等的权利和机会，不受种族、性别、社会地位等条件的限制，鼓励个人积极进取，通过竞争实现自我价值，认为每个人都应该享有与生俱来的不可剥夺的权利，包括但不限于生命权、自由权、财产权等。

东方文化以整体作为其价值基础，注重群体关系的和谐、群体目标的实现和群体利益的维护。在中国文化中，集体主义是一个重要的价值观，"天下兴亡，匹夫有责"乃至舍生取义的集体主义精神已深深融入民族意识中。在中国人的精神谱系中，国家与家庭、社会与个人，是密不可分的整体，在漫长的岁月中，无数次天灾人祸、兴衰危亡，早已塑造出中华民族同风共雨、守望相助的"共同体"情感，塑造了强调集体利益、强调个体责任的价值观念。

3) 思维方式的差异

西方文化注重思辨理性，把抽象的逻辑思维方式作为认识和把握事物真理的最基本的手段，并把分析学或者逻辑学视为一切科学的工具。近代以来，这种实证和分析的思想方法发展迅速，逻辑思维和实证分析已成为西方人的思维方式和研究方法。西方人解决问题的时候更多从法律上考虑问题，习惯用法律手段处置纠纷。西方文化是契约文化，他们非常重视契约的精确性和权威，认为契约一旦生效就应严格执行。西方人在思维方式上遵循从小到大、从近到远、从局部到整体的思路。例如，写信的时候西方人先写名字，再写门牌号、街、区、市，最后是国家。

在东方世界，很多思想学说是非理性主义的产物，是通过直观、内省、神秘主义的个人体验而获得的认识。"东方思维更着重从特殊、具体的直观领悟中去把握真理。"东方文化的传统中，人与人相处更注重的是信誉和信任。中国人在思维方式上遵循从大到小、从远到近、从整体到局部、从一般到具体的思路。所以在书写信封的方式上，中国人先写国名，再写省，后写市、区、街、门牌号，最后是收信人名字。两种思想文化差异的背后实际是价值观的差异，是重规章制度还是重人情的差异。

【相关案例 34】

电影《刮痧》与文化冲突

电影《刮痧》讲述了一个在中国传统文化熏陶下长大的中国人在美国生活时因文化冲突而遇到的一些问题。

开篇，许大同的儿子与其老板的儿子因为游戏打了一架。这事被许大同知道后，他让孩子道歉，可孩子并不服气，许大同就用手狠狠地拍了儿子的头。老板却很不认同这一行为，即使许大同向老板解释这是为了给他面子，但在老板看来许大同的行为侵害了孩子的人身权利。

后来许大同的儿子肚子疼，许大同的父亲因不懂外文说明书而不敢给孩子吃药，于是采用了中国传统的医疗方法——刮痧，给孩子治病。后来孩子意外受伤被送往医院，护士发现了孩子身上刮痧的痕迹，认为孩子受到虐待，从而引起一场官司，导致原本幸福美满的家庭破裂。

电影中主要展示了两方面的中西文化差异，第一方面是医学认知的差异。刮痧是整部影片的导火索，是引发人物冲突的主要原因。这一流传千年的中医疗法到了美国则成了家长不爱护儿童的证据。在影片中，从普通公民到法官甚至医生都对许多中国传统治疗手段一无所知，这一幕从侧面反映了中医与西医之间缺乏有效的交流与沟通。另一方面是教育观念的差异。在中国传统文化中，家庭这一单位极其重要。许多中国人认为"打是亲，骂是爱，不打不骂不成材。"但在美国这个追求自由平等、独立个性的国家里，人们认为培养孩子的独立精神是非常重要的。由此体现中美两方文化冲突。

《刮痧》作为一部关乎文化冲突的电影，不仅仅让大众更深一步了解文化冲突和融合，更是让人们更加诊视自身文化，对于外部文化做到取其精华去其糟粕。在全球化的今天，我们应该以更开放包容的心态面对他国文化，并在日后的跨文化学习生活中多注意自己的言行。

2. 东西方文化的共同点

1) 倡导教育优先

从近代西欧的资本主义精神到古代东亚的儒家思想，教育在东西方社会的发展中都起到了重要作用。西方国家的现代化是建立在包括兴办新式学校在内的欧洲文艺复兴运动的基础之上的。随着城市工商业的发展，市民对知识的需求明显增加。从 11—13 世纪开始，欧洲各地纷纷兴办城市学校，从而打破了教会对教育体系的控制。欧洲出现了诸如牛津大学、剑桥大学、海德堡大学等著名的大学。由于教育事业的蓬勃发展，欧洲的自然科学和人文科学都取得了迅猛的进步。同样，儒家也倡导教育优先主义。孔子一直主张"有教无类"，提出了"学而优则仕"的教育思想，即通过学习和普及教育来提高人的智能和素质，以便更好地服务社会。自孔子提出这一教育思想以来，中国和其他东亚国家一直将其作为指导思想。在这种思想的影响下，战国时代的教育水平得到了极大提高。由于中华民族文化素质的不断提升，中国一直维持着强大的国家地位，直到 18 世纪中叶。

2) 倡导人道主义思想

无论是欧洲文艺复兴时代的反神权、倡导"尊重人"的人文主义思潮，还是 18 世纪法国资产阶级革命时期的"自由""平等""博爱"等政治口号，它们都是反封建的人道主义思想，这与 2000 年前孔子提出的"仁道""爱人"的思想有许多相似之处。孔子所倡导的"仁"即"爱人"，"泛爱众，而亲仁"是儒家人道主义思想的核心概括。

3) 提倡全球性的文化整合

20 世纪 60 年代，加拿大著名传播学家马歇尔·麦克卢汉(Marshall Mcluhan)在《理解媒介：论人的延伸》中提出"地球村"的概念，强调了在信息时代，媒介是人的延伸。习近平总书记指出，无论是对内提升先进文化的凝聚力感召力，还是对外增强中华文明的传播力影响力，都离不开融通中外、贯通古今。经过长期努力，我们比以往任何一个时代都更有条件破解'古今中西之争'，也比以往任何一个时代都更迫切需要一批熔铸古今、汇通中西的文化成果。从一定意义上讲，全球化是整个人类文明的新阶段，全球化就是人类社会的整体化、互联化、依存化。在这样的情境下，国际文化交流成本下降，文化交流更趋深度、广度，文化整合也成为必然。

文化整合是指各种文化协调为整体的过程或整体化的状态。在整合过程中，一方面，表现为功能上的相互依赖的加强；另一方面，表现为各种行为规范及人的心理、情感上的适应。东西方文化的整合，旨在强调把东西方各种分散的、孤立的，甚至差异冲突的文化价值力量整合为一种凝结着人类整体利益和整体价值理想的力量。

文化越是高度分化，文化整合越是需要。在此意义上，习近平文化思想具有深刻的文化整合功能。学习贯彻习近平文化思想，应当坚持马克思主义中国化时代化，传承发展中华优秀传统文化，促进外来文化本土化，贡献出一批熔铸古今、汇通中西的文化成果。如江苏护理职业学院以东西方共启共肇共享的天医星文化及其倡导、践行的"上替昊天行医道，下替黎民求安生"的大医之道，精微、精诚、精粹之行，入世、济世、行道、成仁之医者大德，为天下医者弘医道、树典范。这对于汇聚行业文化的整合之力，推进"健康中国"建设，构建人类卫生健康共同体，具有重要的理论意义与实践价值。

【相关案例35】

如何有效运用中西医结合内科

在我国医疗领域，中西医结合内科是一种独具特色的医疗模式。这种医疗模式将中医与西医的优势结合，使两种治疗手段的优势相辅相成，以达到更好的治疗效果。在现代社会人们越来越关注健康问题，中西医结合内科在促进健康和预防疾病方面发挥着重要作用。下面详细介绍应该如何有效运用中西医结合内科，以促进健康和预防疾病的发生。

1. 注重整体观念

中医认为，人体是一个以五脏(心、肝、脾、肺、肾)为中心的有机整体，脏腑、经络、气血、阴阳等相互联系、相互影响。而西医则强调人体各个器官系统的协同作用。中西医结合内科在诊断和治疗疾病时，既注重局部病变，又会考虑整体状况，从而制订出更全面的治疗方案。在诊断疾病时，可以先用西医的检查手段如实验室检测、影像学检查等确定疾病的具体类型和程度，然后再用中医的望、闻、问、切四诊合璧的方法，综合判断患者的体质和病情。

2. 辨证施治

中医认为，疾病的发生与发展与外界环境、人体内在因素密切相关。西医则通过研究疾病的发生机制，寻找有针对性的治疗方法。中西医结合内科在治疗疾病时，充分考虑病因，力求从根本上解决问题。当为患者展开治疗时，可以先根据患者的具体情况制订一个中西医结合的治疗方案。在西医治疗的基础上，例如，使用抗生素、降压药物等，结合中医的治疗手段，如使用中药汤剂、针灸、推拿、按摩等，以达到更好的治疗效果。

3. 预防为主

中医强调"治未病"，提倡养生保健。西医强调预防为主，通过疫苗接种、健康教育等手段预防疾病的发生。中西医结合内科在预防疾病方面，既有中医的养生保健方法，又有西医的预防措施，为人们提供全方位的健康保障。通过这两种医疗手段的有效结合，可以更好地进行疾病的预防和控制。

4. 发挥优势

中医主要运用中草药、针灸、推拿、按摩等方法展开治疗，其治疗安全性高，疗效确切，副作用小。而西医则是通过口服药物、手术等方式进行治疗，其可起到迅速缓解症状，改善不良机体状态的作用。中西医结合内科在治疗疾病时，将药物和非药物疗法结合，可以达到最佳治疗效果。

5. 中西医结合的应用

中西医结合内科已在许多疾病领域取得了显著成果。例如，在心血管疾病方面，中西医结合内科通过运用西医的药物治疗和中医的草药调理，有效降低了心血管疾病的发病率和死亡率。在肿瘤治疗方面，中西医结合内科采用西医的化疗、放疗手段，结合中医的草药治疗和心理疏导，提高了患者的生存质量和生存率。在慢阻肺治疗方面，中西医结合内科采用西医的药物治疗，结合中医的温针灸疗法，有效提高了患者的治疗效果。

三、跨文化沟通的障碍及产生原因

文化是人们在长期生活实践中的创造性活动产物，它是一种历史现象，是社会历史的积淀物。当不同背景的文化进行沟通时，必然会出现各种障碍，从而影响沟通的有效性。

1. 跨文化沟通障碍的表现形式

1) 认知层面的障碍

在沟通过程中，人们遇到的各种障碍和差异主要源于认知方式的不同。由于跨国企业中的管理者和员工来自不同的国家和地区，拥有各自独特的地域文化，因此在交流信息时，他们常常会在认知层面产生矛盾，形成消极的定势观念，这会阻碍企业中良好人际关系的建立。

2) 价值观层面的障碍

文化背景不同的人具有不同的价值观。按霍夫斯泰德文化维度理论中的个人主义指标得分排序，美国为91(100最高)，委内瑞拉为12。由此可知，美国是一个具有高度个人主义价值取向的国家，因而美国管理者偏好个人决策；委内瑞拉是一个具有高度集体主义价值取向的国家，其管理者更倾向于集体决策。

3) 语言交际层面的障碍

在跨国企业环境中，由于多种语言的并存，不同语言的使用者在沟通时常常容易在语义和语用层面上产生误解，导致跨文化沟通出现障碍，进而引发文化冲突。这种冲突不仅影响企业内部和谐人际关系的建立，还可能破坏企业与合作伙伴之间的良好关系，给企业带来重大损失。例如，美国的百事公司有一句著名的促销广告词："畅饮百事可乐，使你心旷神怡(come alive with Pepsi)。"这一广告词在中国，配合其产品名称的巧妙翻译，取得了极好的市场效果。然而，当同样的广告词在德国推广时，却遇到了麻烦。因为如果这句广告词直译为德语，"come alive"的意思就变成了"死而复生"，这与原意相去甚远。

4) 非语言交际层面的障碍

在跨文化沟通中，语言与非语言相互补充、密切相关。非语言行为包括表情、眼神、手势、身体移动、姿势、衣着、空间距离、接触以及时间观念等，这些在不同文化中所扮演的角色各异，且相较于有声语言，更难以掌握。以美国文化为例，办公室的大小和位置往往与主人的地位息息相关，通常管理者的级别越高，其办公室面积越大，楼层也越高。然而，北欧国家如瑞典、丹麦、挪威等，普遍注重平等和团队合作的文化价值观。在这些国家中，办公室的布局和设计往往更加注重开放性和功能性，而非体现主人的地位。高级管理人员和普通员工的办公室在大小和位置上可能不会有太大的差异，更多的是基于工作需要和团队协作的考虑。在谈判中，日本人常常做出点头的动作，但这并不总是表示他们认同对方的观点，而更多的是表明他们理解了对方的观点。

2. 跨文化沟通障碍产生的原因

1) 文化对接的难度很大

文化的对接指的是沟通者和被沟通者在一个文化符号中达到对意义的一致理解。只有当双方实现文化对接，才能对一致的意义产生认同，从而达到真正的理解和沟通。由于生产方式、生活方式、地理环境、历史传统等因素的差异，各种文化体系都具有其独特性和特殊性，各种文化在精神体系、思维体系、智慧体系、规范体系、组织体系、符号体系、编码体系和解码体系等方面都存在很大的不同。在进行跨文化沟通时，由于不同文化间共享性差、认同性差和对接能力差，常常会导致各种沟通障碍。在跨国企业管理中，文化不对接的问题尤为突出。首先，接纳外籍员工，尤其是将其纳入企业核心团队并使其担任高层领导职务，往往面临诸多困难。其次，由于文化冲突的存在，不同文化员工在企业战略对接上常常面临巨大挑战，难以在实际工作中达成共识，这可能导致矛盾产生，破坏团队和谐，进而影响企业的正常运营。因此，在跨国企业管理中，不同文化员工的文化认同感至关重要，这是文化对接的基础和桥梁。

2) 习惯与传统导致沟通冲突

人们自幼生活在自己的文化环境中，长期受到本地文化的熏陶和教化，逐渐形成了根深蒂固的价值体系和行为模式。在没有外来文化的干扰下，这些价值体系和行为模式会逐渐形成习惯，习惯久而久之会演变成传统。习惯和传统是文化的固化形式和深层积淀，很难被改变。例如，美国企业倡导顽强的创新精神、个人英雄主义和自我价值的实现。美国企业家总是在寻找新机会，探索新的管理方法。而中国的企业文化讲究德治、人尊、人际关系(三者是统一的)，它更多地受到中国传统文化的影响，讲究权威、经验和资历，提倡个人利益服从企业利益，注重团队精神。

3) 文化中心主义

文化中心主义是指人们作为某一特定文化成员所表现出来的优越感。跨文化沟通中，人们下意识地用本民族的文化标准和价值观念来指导自己的言行和思想，并以此为标准来评判他人的言行和思想。由于文化中心主义通常是无意习得的，并且总是在意识层面反映出来，因而很难追寻根源。这种偏见使管理过程遭到破坏，尤其对于涉及跨文化沟通的管理来说。

一位美国人在秘鲁子公司担任生产经理，他坚信美国式的民主管理方法能够提高秘鲁工人的生产积极性。他从公司总部请来专家对子公司各车间的负责人进行培训，教他们如何征求工人的意见，并从中选择合理的部分加以采用。可是这种民主管理方法推行不久，秘鲁工人就纷纷要求辞职。原因是在秘鲁以及整个拉美文化中，人们敬重权威，下属不仅服从上司，而且还把上司看作是自己的主人，并希望上司对自己的生活负责。工人们认为，征求工人的意见代表上司自己不知道该做什么，反过来问他们。既然上司无能，公司就没有希望，不如提早离职，以便及时找到新的工作。但是生产经理对此却不甚了解，而是以美国人崇尚个体主义、参与意识较强的观念去揣度秘鲁的员工，最终导致双方沟通失败。

4) 缺乏共感

所谓共感，是指设身处地地体味他人的苦乐和遭遇，从而产生情感共鸣的能力。人们缺乏共感的主要原因，常常是习惯从自身立场而非他人立场出发去理解、认识和评价事物。这种缺乏共感的现象由多种原因造成。首先，在正常情况下，设身处地站在他人立场想象他人的境地已属不易，而当涉及文化差异时，这个过程则变得尤为复杂。其次，沟通中显示优越感的态度也会阻碍共感的产生。如果一个人总是强调自己的管理方法的科学性并固执己见，那么我们就很难与之产生共感。最后，对于某个群体、阶级或个人的先前了解不足同样会阻碍共感的产生。如果我们从未在国外企业工作或从事过管理工作，就没有机会深入了解他人的文化，就很容易误解他人的行为。这种知识的缺乏使我们在沟通过程中难以体谅他人。

5) 文化思维定式

定式，也称作定型(Stereotype)，是指人们对另一群体成员持有的简化和概括化的看法。文化思维定式有其积极的一面，它可以帮助个体在特定的文化环境中更快地适应和理解他人的行为和期望。对于文化思维定式，我们需要保持一种辩证的态度，既要充分利用其积极的一面，促进文化适应和群体凝聚力，又要警惕其可能带来的偏见和误解，努力打破思维定式的限制，拓宽自己的思维视野和提倡创新能力。在跨文化交流和合作中，我们应该保持开放和包容的心态，尊重并理解不同文化的差异和多样性，以促进有效的沟通和合作。

四、跨文化沟通的策略

随着国与国之间交流的日益频繁，跨文化沟通已成为一种趋势。当来自不同文化背景的人们汇聚一堂，及时有效地克服沟通障碍是跨文化沟通取得成功的关键。跨文化沟通中，应采用以下策略。

1. 文化适应

(1) 识别文化差异。通过阅读书籍、观看纪录片、与当地人交流等方式，深入了解目标文化的历史、习俗、价值观、宗教信仰等，提前对文化差异有清晰的认知，要善于观察和分析不同文化在语言、非语言沟通、礼仪规范、宗教信仰、工作方式等方面的差异。比如，在与日本客户沟通时，要注意到他们在商务场合中非常注重礼仪，他们在鞠躬的角度、交换名片的方式等方面都有严格的规范。在与阿拉伯国家的合作伙伴沟通前，要了解他们的宗教信仰和生活禁忌，在商务宴请中避免提供不符合其宗教规定的食物，以体现尊重，促进良好沟通。

(2) 发展共感。努力站在对方的角度去理解和感受他们的观点、情感和需求，设身处地地体会对方的文化背景对其行为和思维方式的影响。这需要我们放下自己的文化偏见和先入为主的观念，以开放和包容的心态去接纳不同的文化。例如，在与中东地区的合作伙伴交流时，了解到他们的宗教信仰对日常生活和工作有着重要影响，他们可能会在特定的时间进行祷告。当我们能够理解这一行为背后的文化原因，并给予尊重和支持时，就能与对方建立起更深层次的情感连接，增强彼此之间的信任和理解。通过发展共感，能够更好地弥合文化差异带来的隔阂，促进跨文化沟通的顺利进行。

(3) 调整自身行为。根据目标文化的特点，主动调整自己的行为方式和习惯。比如，在一些注重等级制度的文化中，注意使用恰当的称呼和礼仪，避免过于随意的言行；在时间观念较强的文化环境中，严格遵守约定时间，展现对对方的尊重和专业素养。

2. 文化敏感性训练

(1) 开展文化培训课程。组织专门的跨文化培训，邀请专家学者或有丰富跨文化经验的人士，为员工或团队成员讲解不同文化的特点、差异以及应对方法。通过案例分析、角色扮演等互动方式，加深参与者对文化差异的理解和认识，提高他们在跨文化情境中的敏感度和应对能力。此外，还可以安排员工到海外工作或出差，让他们亲身体验不同文化的冲击，或者安排员工与来自不同文化背景的人(如总部的外籍员工)相处。通过这些实践经历，员工可以获取应对文化冲突的技能。

(2) 培养文化反思能力。鼓励个人在跨文化交流后进行反思，思考自己在沟通中的行为和反应是否受到自身文化的影响，以及这些影响对沟通效果产生了怎样的作用。通过不断反思，逐渐减少文化偏见，提高自身对不同文化的适应能力。

3. 跨文化团队建设

(1) 明确共同目标。为跨文化团队设定清晰、明确且具有吸引力的共同目标，让来自不同文化背景的成员能够认识到彼此的利益是一致的，从而激发他们的合作意愿和积极性。例如，在跨国项目中，将项目的成功交付作为共同目标，使团队成员能够围绕这一目标紧密协作，减少因文化差异产生的内耗。

(2) 促进团队成员相互了解。组织团队建设活动，创造机会让成员们相互认识，了解彼此的文化背景、工作方式和个人特点。通过增进彼此的了解，建立起信任关系，提高团队的凝聚力和协作效率。

(3) 建立有效的沟通机制。制订适合跨文化团队的沟通规则和流程，明确沟通的方式、频率和渠道。例如，定期召开线上或线下会议，确保信息能够及时、准确地传达给每一位成员；鼓励成员使用多种沟通方式，如书面报告、面对面交流、即时通信工具等，以满足不同文化背景成员的沟通习惯。

4. 弱化文化冲突

当文化冲突不可避免地发生时，要采取积极有效的措施来弱化冲突。首先，要保持冷静和理智，避免情绪化的反应，以免加剧冲突。然后，要及时与对方进行沟通，了解冲突产生的原因和双方的立场。在沟通中，要以解决问题为导向，而不是互相指责和抱怨。可以通过协商、妥协等方式，寻求双方都能接受的解决方案。例如，在跨国项目团队中，不同文化背景的成员可能对项目的进度安排、决策方式等存在不同的看法，从而产生冲突。

此时，可以组织一次团队会议，让大家充分表达自己的观点和理由，然后共同探讨出一个兼顾各方利益的方案，以弱化冲突，保证项目的顺利进行。

5. 求同存异

在跨文化沟通中，既要寻找双方文化的共同点，以此作为沟通的切入点和基础，又要尊重和包容彼此之间的差异。通过强调共同点，可以增强双方的认同感和亲近感，促进沟通的顺利进行。例如，在与不同国家的企业进行合作时，虽然文化背景不同，但大家都追求商业利益的最大化，注重产品质量和客户满意度，这些共同点可以成为双方合作的共识。同时，对于文化差异，不能强行要求对方改变或忽视，而是要以开放的心态去接受和包容。比如，在工作方式上，欧美企业可能更注重个人的创新和自主性，而亚洲企业可能更强调团队合作和集体利益。在沟通中，要尊重这种差异，找到一个既能满足双方需求、又能实现合作目标的平衡点。中华养生文化和中医药产业的国际化也为跨文化沟通提供了一个重要的视角，例如，中医孔子学院依托中医药文化特色，以中医药教育作为汉语传播的重要载体，开展中医药知识普及和文化教育、中医药基础知识传授和技能教育、中医药高等教育和中外医学合作等活动。这些活动不仅贴近当地民众的医疗、教育、职业需求，而且为世界民众提供了一个认识和了解中医药的优质平台。伦敦中医孔子学院的教学实践就是一个具体的案例，它通过加强师资建设、因地因材施教、丰富教学环境、搭建互联网平台、完善教学内容等措施，提高了教学质量，推动了中医药国际化发展。

【相关案例 36】

肯德基的跨文化管理

肯德基在中国取得成功，是运用跨文化优势来实现跨文化管理成功的典范。其在跨文化方面的成功体现在以下几方面。

(1) 人才本土化。着力培养、提拔和使用本地人才，发挥他们熟悉本国政策、竞争环境和市场特点的优势。这样的领导团队能够在最短时间内作出最符合中国市场的决策，从而确保肯德基在中国市场的顺利运营。

(2) 产品本土化。深入了解中国消费者的口味和需求，不断推出符合中国消费者口味的新产品。例如，他们推出了老北京鸡肉卷、早餐粥、四季鲜蔬等具有中国特色的产品，这些产品深受中国消费者的喜爱。

(3) 供应链本土化。肯德基在中国的供应链也实现了本土化，这不仅提高了质量与效率，降低了成本，还降低了因气候、运输、政府进出口政策等不可预测因素而导致的断货可能性。

(4) 经营本土化。肯德基在中国采用了特许加盟的经营模式，这种模式使肯德基能够更快地扩张市场，同时也降低了经营风险。特许加盟商在本地拥有一定的资源和人脉优势，能够更好地推广肯德基品牌，吸引更多消费者。

(5) 文化融合。他们尊重并融合了中国文化元素，使品牌更具亲和力。例如，在春节期间，肯德基会推出具有中国特色的新春套餐和装饰，营造出浓厚的节日氛围，吸引更多消费者前来消费。

五、跨文化沟通的技巧

1. 非语言沟通

(1) 了解肢体语言差异。不同文化中的同一种肢体语言的含义可能截然不同。例如，在西方文化中，点头通常表示同意；而在一些亚洲文化中，点头可能只是表示在倾听，并不一定意味着同意。了解这些差异，有助于在跨文化沟通中准确理解对方的意图，避免误解。

(2) 注意面部表情和眼神交流。面部表情和眼神交流在跨文化沟通中也起着重要作用。在一些文化中，长时间的眼神接触被视为自信和真诚的表现；而在另一些文化中，这可能被认为是不礼貌的行为。因此，要根据对方的文化背景调整自己的面部表情和眼神交流方式，以确保沟通的顺畅。

2. 文化调适

(1) 灵活调整沟通风格。根据沟通对象的文化背景和沟通情境，灵活调整自己的沟通风格。例如：在与注重直接表达的文化背景的人沟通时，要简洁明了地表达自己的观点；而在与注重委婉表达的文化背景的人沟通时，要注意措辞和表达方式，避免过于直接而引起对方的反感。

(2) 尊重对方的文化习惯。在沟通中，尽量尊重对方的文化习惯，如在语言使用上，适当使用对方熟悉的词汇和表达方式；在沟通时间和地点的选择上，考虑对方的文化偏好。

3. 建立信任

(1) 诚实守信。在跨文化沟通中，要做到诚实守信，遵守承诺。按时履行自己的义务，不隐瞒重要信息，不欺骗对方。只有建立起信任的基础，才能让沟通更加顺畅和有效。例如，在与国际合作伙伴签订合同后，严格按照合同条款执行各项任务。

(2) 分享个人经历。适当地分享一些个人的经历、故事或兴趣爱好等信息，可以拉近与对方的距离，增加彼此的了解和信任。但要注意选择合适的话题和方式，避免涉及敏感或私人的内容。比如，在团队建设活动中，分享自己在不同文化背景下的生活趣事或工作经历。

(3) 尊重隐私。尊重对方的隐私和个人空间，不要过度打听对方的私人生活或敏感信息。在不同的文化中，人们对隐私的重视程度有所不同，这要求说话者了解并遵守当地的习俗和规范。例如，在一些西方文化中，个人的财务状况、家庭情况等属于隐私范畴，不宜随意询问。

4. 明确表达

(1) 语言简洁清晰。使用简单、明了的语言来表达自己的想法和观点，避免使用过于复杂的句子结构、生僻的词汇或模糊的表述。特别是涉及关键信息和重要事项的说明时，确保对方能够轻松理解你的意思。例如，在国际商务谈判中，用通俗易懂的语言阐述产品的优势、价格条款等。

(2) 逻辑连贯有条理。表达内容时要有清晰的逻辑顺序，按照一定的逻辑关系组织语言，如采用总分总、因果关系、时间顺序等结构。这样可以帮助对方更好地跟上你的思路，理解你的观点。比如，在介绍项目的流程时，可以按照项目的启动、执行、监控和收尾的顺序对其进行说明。

(4) 避免使用俚语和行话。俚语和行话往往具有特定的文化背景和行业特点，对于来自不同文化背景的人来说可能难以理解。尽量使用通用的、标准的词语和表达方式，以确保信息的准确性和可理解性。

5. 积极倾听

(1) 专注理解对方意图。在跨文化沟通中，认真倾听对方说话，不要急于表达自己的观点。集中注意力理解对方话语背后的情感、意图和需求，避免因分心而产生误解。例如，当你与不同文化背景的同事讨论项目时，停下手中其他事务，通过眼神交流、点头等方式表示自己在认真倾听。

(2) 不随意打断。尊重对方的发言，不要轻易打断对方的谈话，除非是涉及关键信息的澄清或紧急情况。在一些文化中，打断别人说话被视为不礼貌的行为，比如在日本等亚洲国家，耐心听完对方的表述是对对方的尊重。

(3) 给予反馈确认。在倾听过程中，适时地给予反馈，如通过简短的语言"我明白了""请继续"等回应或者用自己的话简要复述对方的观点，以确认自己的理解是否正确。这样，对方不仅可以感受到你的关注，还能及时发现并纠正你理解上的偏差。

6. 冲突管理

(1) 及时识别冲突。密切关注跨文化沟通中的各种信号，及时发现潜在的冲突。例如，当沟通双方的观点出现明显分歧，或者语气、表情发生变化时，要意识到可能存在冲突的风险。

(2) 理解冲突根源。深入了解冲突产生的原因，是文化差异、利益分歧还是沟通不畅等。只有明确了冲突的根源，才能采取有针对性的解决措施。

(3) 寻求双赢解决方案。在解决冲突时，避免单方面的妥协或强硬对抗，而是寻求能够满足双方利益的双赢解决方案。通过积极沟通、协商和妥协，化解冲突，维护良好的跨文化沟通关系。

【相关案例37】

华为公司的跨文化管理

从2013年开始，华为就已经全面发力医疗行业，提供了包括云计算、大数据、人工智能等在内的多种技术解决方案，旨在推动医疗信息化的发展。华为利用其ICT基础设施和智能终端业务，为全球医疗健康机构提供服务，保障医院核心业务系统的高效稳定运行和医疗数据的安全。2021年，华为在海外医疗健康领域也有所布局，例如与泰国医疗服务局签署谅解备忘录，利用5G、人工智能等技术提升当地医疗服务水平。

作为我国高科技企业国际化的代表，华为的人力资源培训对于其获得竞争优势起到了重要的支撑作用。在战略层面上，华为公司将人力资源培训作为重要的人力资源战略，进行了大规模的培训投入。在实施层面，华为公司将人力资源培训的内容与企业国际化经营战略紧密联系起来，通过人力资源培训使公司顺利建立起适应国际化经营的各种管理体系和环境，并依赖强有力的企业文化培训将企业国际化经营的团队凝聚起来，推动企业国际化经营中的各种战略举措的实施。

华为公司在不同国家和地区的培训体系存在一定的差异，这些差异主要受到文化、行业趋势以及当地市场需求的影响。

(1) 国际化与本地化的结合。华为在全球范围内推广其认证的考试项目，并使用最新版本的培训教材实施华为认证培训课程。这表明华为在全球范围内保持了一定程度的标准化培训流程，同时也在适应各地区特定的技术需求和市场变化。

(2) 针对高级网络工程师的专门培训。华为推出了高级网络工程师(HCSE)培训，主要针对中大型园区网络配置、维护及方案设计。这种专门化的培训可能更多反映了中国等亚洲市场对于高级技术人才的高需求。

(3) 研发人才培养模式。华为非常重视研发人才的培养，这已成为其核心竞争力之一。这种重视可能在全球范围内有所不同，因为不同国家和地区在研发领域的重点和资源分配上可能存在差异。

综上，华为的全球培训体系不仅保持了一定的统一性和标准化，也显示出对地区特定需求和文化差异的敏感性和适应性。

六、与不同国家人的跨文化沟通技巧

1. 与美国人的沟通技巧

(1) 理解并尊重非语言交流的方式。美国文化中的非语言交流方式包括直接的眼神接触、较少的身体接触和保持一定的个人空间。了解这些非语言交流方式对于避免误解至关重要。

(2) 掌握文化价值观。美国文化倾向于强调个人主义、自由和个人权利。在沟通中表达对个人意见和隐私的尊重，可以促进更顺畅的交流。

(3) 建立清晰的交流目标。在与美国人沟通时，明确交流的目的和预期结果非常重要。这有助于确保对话双方对交流的内容和目标有共同的理解。

(4) 有效的倾听和反馈。在与美国人交流时，要展现出真诚的倾听态度，通过有效的反馈来展现你对他们所说内容的理解和关注。

(5) 灵活运用语言。美国人在沟通时可能会使用较为口语化和非正式的语言。在非正式场合，可以适当地使用轻松的语言风格来建立亲近感。

(6) 采用直接和明确的沟通方式。美国人在沟通时倾向于直接和明确。因此，在与美国人交流时，应尽量避免含糊其词或过度使用委婉语，而是应该清晰、直接地表达自己的观点和需求。

2. 与英国人的沟通技巧

(1) 尊重礼貌和客套。英国人非常重视礼貌和谦逊。在日常交往中，英国人经常使用"please"和"thank you"等礼貌用语来表达尊重和感激。

(2) 直接而明确的交流风格。英国人倾向于使用直接和明确的沟通方式。在商务或工作场合，他们喜欢直截了当地表达观点和需求，而不是采用过于委婉或间接的方式。

(3) 重视时间管理。英国人通常对时间非常敏感，守时是他们文化的一个重要方面。在安排会议或社交活动时，尊重时间表和日程安排是至关重要的。

(4) 理解文化差异。认识到中英文化之间的差异，比如集体主义与个体主义的不同，这可以帮助你更好地理解对方的行为和决策方式。

(5) 适应性强。在跨文化交流中，英国人可能对不同文化背景的人持开放态度。展现适应性和愿意理解不同文化的姿态，可以促进更顺畅的沟通。

(6) 注意非语言交流习惯。非语言交流，如肢体语言和面部表情，也是沟通的重要组成部分。了解英国人的非语言交流习惯可以帮助避免误解。

(7) 建立信任。英国人重视长期建立的关系和信任。在商务环境中，通过一贯的诚信和专业行为来建立信任是非常重要的。

(8) 注意语言的精确性。英语作为英国人的母语，他们倾向于使用精确和具体的表达。在沟通时，使用清晰和明确的语言表达可以减少误解。

3. 与法国人的沟通技巧

(1) 尊重个人表达。法国人非常重视个人表达和自由。在与法国人沟通时，要尊重他们的观点和想法，鼓励他们分享个人看法。

(2) 理解文化价值观。了解法国文化背后的价值观，如对艺术、时尚和美食的重视，这有助于更好地理解法国人的行为和偏好。

(3) 适应直接沟通风格。法国人在沟通时可能更倾向于直接表达自己的观点，而不是拐弯抹角。因此，在与法国人交流时应该学会直接而礼貌地表达自己的想法。同时，法国人可能更喜欢通过故事或案例来传达信息，而不是仅仅依赖统计数据或专家证据。

(4) 重视关系建立。与法国人建立良好的关系对于商业成功至关重要。通过社交活动和个人交流，可以加深与法国人的关系。

(5) 注意非语言交流方式。法国文化中，肢体语言和面部表情等非语言交流方式具有重要意义。了解并适应这些非语言交流方式，有助于更好地融入交谈。

(6) 了解商务礼仪。熟悉法国的商务礼仪，如会议的安排要点、商务餐宴的礼节等，可以避免在商务场合中出现失礼的情况。

(7) 展现耐心和细致。法国人在决策过程中可能需要更多时间来思考，展现出耐心和对细节的关注可以赢得他们的信任和尊重。

4. 与日本人的沟通技巧

(1) 尊重礼节和谦逊。日本文化中非常重视礼节和谦逊。在与日本人沟通时，应使用恰当的敬语和礼貌表达，展现出尊重和谦逊的态度。

(2) 间接和含蓄的表达。日本沟通风格倾向于间接和含蓄。在表达意见或反馈时，可能不会直接说出，而是通过暗示或非语言信息来传达，因此要注意观察和理解这些细微的表达方式。

(3) 重视团队和谐。日本文化强调集体主义和团队精神。在沟通和决策过程中，要展现出对团队和谐的重视，避免直接冲突或对抗。

(4) 注意非语言交流方式。在日本文化中，非语言交流如鞠躬、面部表情和个人空间的使用等都具有重要意义。了解并适应这些非语言交流方式，有助于更好地融入交谈。

(5) 适应性强。展现出适应日本文化和商业环境的能力，愿意学习和理解不同的工作方式和思维模式。

(6) 有效的反馈和确认。在沟通结束后，给予适当的反馈和确认，确保双方对交流内容有共同的理解，避免后续的误解或错误执行。

【内容小结】

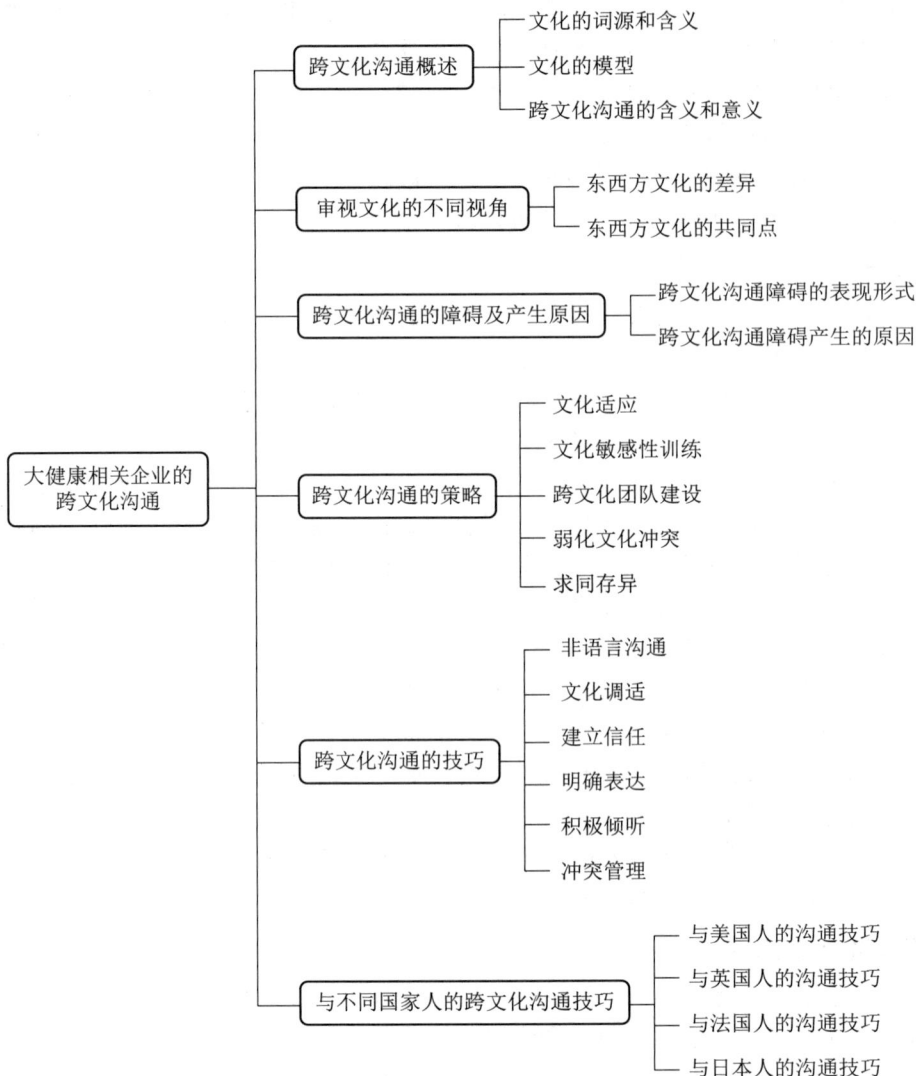

【习　题】

一、思考题

1. 参与跨文化团队模拟活动，展示在团队合作中如何体现包容精神和文化敏感性。

2. 设计一个跨文化沟通情景，应用非语言沟通、文化调适等技巧解决沟通问题。

3. 开发一份跨文化沟通培训课程，说明其目标、内容和预期效果，并实施一次模拟培训。

二、案例分析题

【案例1】

陈某的治疗方案

陈某，40岁男性，华裔，中学文化水平，已婚。8年前从中国移居美国夏威夷，在某机构担任电工。主诉：半年前，被单位老板骂工作表现不好后，唯恐被辞职，变得很焦虑、恐慌与忧郁，住进精神科病房，接受治疗。他的第一主治医师是美国白人，该医师认为陈某因在工作环境受了心理打击而情绪崩溃，最好的治疗办法就是早点回原来的职业岗位工作，去面对和处理所遭遇的挫折。这实际上是美国文化特征，即积极面对困难、想办法克服问题的文化观点在医疗上的反映。可是，陈某认为自己既然精神受了打击，就该好好地"休养"，等身体恢复了元气以后，再慢慢地回去工作为宜。这符合东方文化传统。特别是陈某总希望得到医生的多方关照，离不开医生。但对这位美国医生来说，依赖医生是"不健康、不成熟"的表现，甚至是"病态"的取向。结果陈某因得不到该医生的特别关照而病情加重。

【案例2】

大副的跨文化沟通

有一艘轮船航行在大海上，开了一半的路程时，轮船出了故障，船长需要大家弃船逃生，转移到救生艇上，他到船舱里向游客解释了轮船目前遇到的状况，但是等他解释完毕，居然没有一个人愿意这样做。船长十分生气，懊恼地回到甲板上。大副见到他一个人出来了感到十分奇怪，了解到情况以后，他自告奋勇向船长请命去说服这些游客。5分钟以后，这些游客居然都自愿跳到了救生艇上。船长感到十分纳闷，问大副是怎么完成这件事的。大副说我对他们几个不同国家的人说了不同的话。

我对英国人说这是一件很有绅士风度的事；

我对德国人说这是命令；

我对法国人说这是一件浪漫的事；

我对美国人说你是被保了险的。

所以，同样一个哲理在不同的国家、不同的领域有了不一样的说法，比如，我们常说"枪打出头鸟"。而在日本就说，出头的钉子会挨锤子的敲打；在韩国会说，能干者的背后必定会有其他能干者；在土耳其会说，离群的羔羊会让狼先吃掉……

【案例3】

餐桌礼仪

林华曾陪同一个美国代表团访问中国，并向他们展现出中国人民的热情好客。回到美国后，林华去拜访他们，他们很高兴再次见面并相约一起吃饭。林华主动提出主持这顿饭，但他们拒绝了。他们点了自己的菜，林华点了自己的。结账的时候，他们只付了自己的部分，没有人愿意为林华买单。林华尽管知道美国人通常只会为自己买单，但仍觉得他们不好客。因为在中国，为了表示好客，人们倾向于请朋友吃饭并付款。在美国，人们倾向于为自己买单，以显示平等和独立。林华知道这个习俗，但是从中国人的角度来看，她还是觉得难以接受，觉得有点不友好。

1. 小组研讨：分析以上 3 个案例，总结美国医师、船长、林华在跨文化沟通中存在的问题，并提出改进建议。

2. 个人作业：查找大健康行业中跨文化沟通的案例，并进行案例分析，做成 PPT 课件。

附　　录

本表参考 GB/T 4754—2017《国民经济行业分类》中的 Q 类编写。

附表 A　卫生和社会工作行业分类和代号(2019 年修订)

代码				类别名称	说　明
门类	大类	中类	小类		
				卫生和社会工作	本门类包括 84 和 85 两大类
	84			卫生	
		841		医院	
			8411	综合医院	
			8412	中医医院	
			8413	中西医结合医院	
			8414	民族医院	指民族医院的活动
			8415	专科医院	
			8416	疗养院	指以疗养、康复为主，治疗为辅的医疗服务活动
		842		基层医疗卫生服务	
			8421	社区卫生服务中心(站)	
			8422	街道卫生院	
			8423	乡镇卫生院	
			8424	村卫生室	
			8425	门诊部(所)	指门诊部、诊所、医务室、卫生站、护理院等卫生机构的活动
		843		专业公共卫生服务	
			8431	疾病预防控制中心	指卫生防疫站、卫生防病中心、预防保健中心等的活动
			8432	专科疾病防治院(所、站)	指对各种专科疾病进行预防及群众预防的活动
			8433	妇幼保健院(所、站)	指非医院的妇女及婴幼儿保健活动
			8434	急救中心(站)服务	
			8435	采供血机构服务	
			8436	计划生育技术服务活动	指各地区计划生育技术服务机构的活动

续表

代码				类别名称	说　明
门类	大类	中类	小类		
		849		其他卫生活动	指健康体检服务及其他未列明的卫生机构的活动
			8491	健康体检服务	
			8492	临床检验服务	
			8499	其他未列明卫生服务	
	85			**社会工作**	指提供慈善、救助、福利、护理、帮助等社会工作的活动
		851		提供住宿社会工作	指提供临时、长期住宿的福利和救济活动
			8511	干部休养所	
			8512	护理机构服务	指各级政府、企业和社会力量兴办的主要面向老年人、残疾人提供的专业化护理的服务机构的活动
			8513	精神康复服务	指智障、精神疾病、吸毒、酗酒等人员的住宿康复治疗活动
			8514	老年人、残疾人养护服务	指各级政府、企业和社会力量兴办的主要面向老年人和残疾人提供的长期照料、养护、关爱等服务机构的活动
			8515	临终关怀服务	
			8516	孤残儿童收养和庇护服务	指对孤残儿童、生活无着流浪儿童等人员的收养救助活动
			8519	其他提供住宿社会救助	指对生活无着流浪等其他人员的收养救助等活动
		852		不提供住宿社会工作	指为孤儿、老人、残疾人、智障、军烈属、五保户、低保户、受灾群众及其他弱势群体提供看护、帮助活动但不提供住宿，以及慈善、募捐等其他社会工作的活动
			8521	社会看护与帮助服务	指为老人、残疾人、五保户及其他弱势群体提供不住宿的看护、帮助活动
			8522	康复辅具适配服务	指为老年人、残疾人、运动伤残人员、孤残儿童及其他弱势群体提供的假肢、矫形器、轮椅、助行器、助听器等康复辅具适配服务的活动
			8529	其他不提供住宿社会工作	指慈善、募捐等其他社会工作的活动

附表 B　笔记评分表

评分项目	评分参考		分值
字迹工整度(30分)	优秀		27~30
	良好		24~26
	一般及以下		24分以下
逻辑条理性(20分)	条理清晰，笔记大纲清晰易懂		17~20
	条理一般，逻辑一般，阅读较为容易		14~16
	条理混杂，逻辑不清晰，难以阅读		14分以下
笔记内容准确度(30分)	对课堂内容记录简洁明了，准确度高，总结性强		27~30
	对课堂内容记录较为浅显，准确度一般，总结性一般		24~26
	对课堂内容记录混乱，准确度较差，没有总结		24分以下
笔记内容及形式的创新(20分)	内容形式新颖，具有较高的创新性		17~20
	内容形式有所创新，但创新性一般		14~16
	内容形式不具有创新性，较普通		14分以下

注：(1) 对笔记进行自行评分，在下一次课时抽查上一次课笔记自评情况。

(2) 严格按照评分表进行评分，如果评分失真度高，低质量高评，一次扣平时成绩2分；也不要出现高质量低评价情况，出现抽一次扣平时成绩1分。

附表 C　案例分析评分表

项目	A 优秀 90~100	B 中等 70~79	C 不及格 60以下	案例1	案例2	案例3	案例4
分析形式、结构、说服力、专业水平(50分)	分析透彻，层次分明，主题突出。有较强的独立解决实际问题的能力和扎实的专业理论基础	分析简单，层次不够清晰，主题不明确。基本上掌握所学理论基础知识，有一定的独立解决实际问题的能力	分析混乱，层次模糊，主题非常不明显。对专业理论与知识一无所知，在指导教师帮助下，不能解决实际问题				
撰写质量(30分)	案例描述与分析准确，结论观点明确，论证科学严谨，论据充分可靠，文字通顺，书写整洁美观	案例描述与分析基本正确，结论观点基本明确，论证基本合理，论据基本可靠。文字基本通顺，版面整洁，格式基本符合规定	案例描述与分析混乱、错误明显，结论错误，论证不合理，论据失真。文字表达不清，错别字较多，语句不通顺				
学习态度(20分)	学习态度科学、作风严谨,严格保证作业时间，提前完成任务	学习态度尚好，遵守纪律，基本保证作业时间，按期完成各项任务	学习马虎，纪律涣散，工作作风不严谨，不能保证作业时间和进度				

附录 D　PPT 汇报评分表

评分项目	具体指标	评 价 标 准			
知识体系 (20分)	知识覆盖(10分)	知识内容范围完整、知识体系结构合理，内容科学、正确、规范。无科学性和知识性错误。(错一处扣1分，扣完为止)			
	体系结构(10分)	逻辑结构清晰，层次性强，具有内聚性			
资源扩展 (25分)	资源形式(15分)	有和课件内容配合的各种资料、案例，或者网络资源链接等，有利于引导学习			
	资源引用(10分)	涉及的理论、数据能标注来源出处			
目标组织 (20分)	目标设计(10分)	能突出重点与难点。详略得当，内容呈现顺序合理			
	内容组织(10分)	能调动听众的学习积极性，有较大的启发性和针对性，有创新性			
现场感(15分)	演讲得分(10分)	语速适中，发音准确，吐字清晰，用词贴切，表情恰当，富有感染力，有恰当的肢体动作			
	观众反应(5分)	观众反应热烈，情绪高亢			
回答问题 (20分)	配合度(10分)	团队配合度高，互相补充、支持			
	准确度(10分)	回答问题精准，表达清晰，有理有据			

注：

(1) 每次汇报前提前拷贝好课件，不得耽误课上时间进行拷贝。

(2) 可以采用"212"汇报模式，先抽汇报小组，再抽汇报组员。每次汇报的问题应聚焦，汇报时间不超过2分钟。汇报之后，随机抽取同学点评，点评时间不超过1分钟。最后老师进行点评，时间不超过2分钟。点评需要给出分数，指出亮点、不足和改进措施。

(3) 珍惜上台汇报的机会，如果敷衍潦草，全组每人扣平时成绩分。

参 考 文 献

[1]　唐飞. 管理沟通[M]. 大连：东北财经大学出版社，2021.

[2]　康青. 管理沟通[M]. 5 版. 北京：中国人民大学出版社，2018.

[3]　杜慕群，朱仁宏. 管理沟通[M]. 4 版. 北京：清华大学出版社，2023.

[4]　杜慕群. 管理沟通案例[M]. 北京：清华大学出版社，2013.

[5]　张华. 管理沟通[M]. 成都：电子科技大学出版社，2017.

[6]　杜惠英. 管理沟通[M]. 重庆：重庆大学电子音像出版社，2020.

[7]　黄婧，丁黎明，胡芳萍. 实用沟通与礼仪[M]. 成都：电子科技大学出版社，2020.

[8]　陆纯皓. 中国食品企业危机管理[D]. 上海：复旦大学，2009.

[9]　金环，孙增. 管理沟通[M]. 北京：北京理工大学出版社，2022.

[10]　张天瑾. EL 二甲综合医院绩效管理优化研究[D]. 沈阳：沈阳工业大学，2023.